侯一农 主编

舞台大世界

中外课本剧节选

吉林教育出版社

图书在版编目（CIP）数据

舞台大世界：中外课本剧节选 / 侯一农主编. —
长春：吉林教育出版社，2020.12
ISBN 978-7-5553-9238-5

Ⅰ.①舞… Ⅱ.①侯… Ⅲ.①语文课—课堂教学—教
学研究—中小学 Ⅳ.①G633.302

中国版本图书馆CIP数据核字（2020）第252162号

舞台大世界：中外课本剧节选　　　　　　　　　　　　　　　　侯一农　主编

责任编辑　亢明明　　　　　　　　　　　　　　　　**装帧设计**　言之凿

出版　吉林教育出版社（长春市同志街1991号　邮编：130021）
发行　吉林教育出版社
印刷　北京政采印刷服务有限公司

开本　787毫米×1092毫米　1/16　**印张**　18.25　　**字数**　329千字
版次　2022年6月第1版　　**印次**　2022年6月第1次印刷
书号　ISBN 978-7-5553-9238-5
定价　45.00元

编 委 会

　　兰州市侯一农中学语文名师工作室课本剧专著《舞台大世界：中外课本剧节选》的编辑，是工作室领衔人侯一农所在学校兰州市第二中学教育教学活动中的一件大事。为保留戏剧传统经典佳作，进一步弘扬校园文化，在侯一农老师的精心策划与全力指导下，工作室相关成员将各自一直以来一线执教的相关戏剧经典和学校课本剧剧本编订成书，以飨读者。

　　校园课本剧是一种小型话剧，是对学校语文教材中相关篇目的深入理解与想象延伸。课本剧集文本创作、道具、表演、化妆、对白于一身，具有欣赏性、教育性和娱乐性的特点。课本剧可以有效地培养学生的发散性和创造性思维能力，力求使学生在实践中有所感悟，在实践中有所创新，当然，也可以在活动中锻炼学生口语交际、肢体表达等方面的能力。课本剧的编排演出有利于学生与学生、教师与学生之间的交流与合作，有利于为学生未来的人生发展与职业规划奠定坚实的基础，也有利于塑造学生热爱祖国和中华文明、献身人类进步事业的精神品格，使学生进一步形成健康美好的情感和奋发向上的人生态度。

　　校园课本剧的演出是语文课堂的转换、延伸，既培养了学生学习语文的浓厚兴趣，又使学生从中汲取丰富的文学与戏剧营养，旨在提升学生的文化素养，增强其审美能力。语文教学很少通过直观的形象去再现课文的场景和意蕴，学生也无法直观感受和体验课文所要表达的情感和艺术魅力，而学生自编自演的课本剧则很好地展现了课文文本的具体形象，是形象化教育在语文教学中的具体实施，它具有极强的艺术感染力，能够引起学生的情感共鸣。

　　本书共设置古代、现代、外国和随笔四个部分。个别篇目为工作室成员的教学结晶，蕴含了特有的课堂内涵以及课本剧独特的华彩魅力，当然，更渗透了工作室

语文人对于校园课本剧、语文大世界、戏剧大舞台的精进探索和真知灼见。

例如，工作室领衔人侯一农老师的《文姬归汉》《主角登场》等剧本，皆为校园课本剧剧本精品，使本书充满了一种高远、深邃的戏剧智慧。同时，成员郑显祖老师的《林教头风雪山神庙》、段晓琴老师的《吴老太爷进城》、林建军老师的《鸿门宴》等剧本皆为华丽呈现，再现了古老的历史传奇；石恒燕老师的《浮世茶馆·爱国心》剧情跌宕起伏，再次奏响了爱国强音；马媛老师的《林黛玉进贾府》异彩纷呈，带领师生一同走进红学；侯一农老师的《雪孩子》风趣幽默，唤醒了师生童年的美好记忆。诸如此类，不一而足。

语文包罗万象，上至天文，下至地理，自然科学、社会科学不一而足。本书中有颂扬祖国大美山川的作品、礼赞英雄人物高尚情操的故事，也有讴歌风云历史的篇章。它们从不同角度体现出语言、艺术、心灵、生活的美，真可谓大美无言。课本剧的演出，就是引导学生发现美、感知美，进而创造美。我们将进一步积极探索，以此次本书编订为契机，使学校语文教学在语文核心素养发展的征途上越走越宽、越走越远。

本书的编订也凝聚了诸多领导、师生的辛勤汗水，在此，一并致以诚挚的谢意。由于时间仓促，剧本编订难免有诸多疏漏之处，敬请广大读者批评指正。

甘肃省中语会理事长，兰州文理学院教授　王金寿

2019年11月5日

第一篇　古代部分

第二篇 现代部分

第三篇 外国部分

第四篇　课本剧教学随笔

第一篇

古代部分

晏子使楚

时间：春秋末年。

地点：楚国。

人物：晏子、随从、大臣、楚王。

背景：齐景公在晋国访问时的狂妄态度，引起了晋国高层的不满。齐景公意识到单凭齐国的力量是无法与强晋抗衡的，于是他将目光放到了南方的楚国，决意与楚国修好，共抗晋国。

旁白：春秋战国时期，群雄逐鹿，诸侯纷争，这是一个中华民族智慧闪耀的伟大时代，造就了诸子百家和无数的智慧之星、勇武之士。晏子就是其中一位。晏子字平仲，名婴。他博学多才，智慧超群，生活简朴，忧国忧民，在外交活动中不畏强权维护了国家尊严，这不，他来了——

【第一幕】

晏子带随从二人上。

晏子：今奉齐王之命出使楚国，事关国家社稷之安危，晏婴责任重大。

随从一：先生，你看楚国的山水多美啊！土地还真不小啊！

晏子：楚国虽称"蚂蚁之地"，但百姓安居乐业，这也许就是它强大的原因吧！

随从二：先生，看来我们不虚此行啊！

随从一：我们快快赶路吧！

【第二幕】

楚王及随从二人、大臣四人上。

楚王：国泰民安，歌舞升平，百姓安居乐业。

士官：报——大王！齐国使者求见。

楚王：来者何人？

士官：齐国大相晏婴。

楚王：听说晏婴智慧超群，能言善辩。各位大臣，寡人要试他一试，也显示楚国的威风！

众大臣：大王圣明！

楚王：各位大臣，有什么高见？

大臣一：启奏大王，听说这晏婴口才了得！

大臣二：让晏婴给大王奏乐？

大臣三：让晏婴给大王舞剑？

大臣四：让晏婴给大王——

楚王：哎！你们都是浅钝之人，太让寡人失望了！我楚国若有晏婴这等人才，何愁不称霸天下？

大臣一：臣有一计，定让这晏婴出尽洋相，大展我楚国威风！

楚王：哦？爱卿有何计策？

（大臣一耳语）

楚王：正合孤王之意，爱卿，一切由你安排！

大臣一：遵命！

大臣们：恭送大王！

大臣一：各位大人都听见了吗？你们三个随我去城门口，你去找个贼来。你们下去准备吧！

大臣们：遵命！

大臣一：传令，晏婴晋见——

3

【第三幕】

（城门旁）四位大臣上，晏子及随从二人上，士兵一名。

晏子：进入楚地，真是令人耳目一新。

随从一：山清水秀，江水滔滔。

晏子：咦？怎么城门紧闭？

大臣一：晏相！大王有请！

晏子：哦？那为何城门紧闭啊？

大臣一：大王说，你身材矮小，从狗洞进来就行了。

晏子：没想到，楚国居然这等刁钻。

大臣二：喂，你倒是快钻啊！

晏子：好的。好的。

随从（阻止）：先生！

晏子：今生有幸访问狗国，当然是从狗洞钻进去啦！

大臣：那——不许这样侮辱我楚国！

晏子：连城门都没有，何来国度？

大臣：快去禀报大王。

晏子（自语）：看来还未进朝堂，较量就开始了。

士兵：报——大王命打开城门，迎接齐国使者。

大臣二：慢，不能就这么轻易地放他进来。我看，不如——

大臣三：快，打开城门，迎接晏相！

大臣二：你们齐国没有人了吗？

晏子：差矣，我们齐国人挨人、肩并肩，展开袖子遮天蔽日，挥洒汗水，就像下雨，怎么说我们齐国没人了呢？

大臣：嘿嘿，要是你们齐国有人的话，怎么会派你这等矮小的人来出访我们楚国呢？这不是滑天下之大稽吗？

随从（窃语）：先生，他们真是欺人太甚。

晏子：哈哈哈哈，你不知道，齐国有个规矩。

大臣二：有何规矩啊？

晏子：敝国有个不成文的规矩，访问上等的国家，就派上等人去；访问下等的国家，就派下等人去。哎！晏婴不才，像我这样的下下等人，当然就到你们这种"蚂蚁之地"来了。

大臣三：岂有此理，快去禀告大王，就说晏婴无礼。

士兵：是！

大臣二：慢——晏相能言善辩，我甘拜下风，请晏相入内吧！

士兵：有请齐国大相——晏婴。

（众人退场）

【第四幕】

楚王及四位大臣，楚王端坐，晏子及随从二人上。

大臣一：有请齐国使者晏婴。

晏子：齐国使者晏婴拜见陛下！

楚王：免礼，赐座。设酒宴款待！

（随从上瓜果酒水）

晏子：多谢大王！

楚王：晏卿，齐王近来可好？齐国百姓可好？

晏子：禀大王，齐王和百姓都安好！请问，大王是否安康？

楚王：很好，无恙！

士兵：报——

楚王：这是怎么回事？

士兵：回大王，刚才抓住一个偷盗的人。

楚王：在我楚国竟然有这种事情发生？

大臣一：盗贼是哪里人啊？

士兵：大王，他说他是齐国人。

楚王：齐国人？齐国人本来就善于偷盗吗？

晏子：有这等事？臣听说，橘生在南国就是可口甘甜的橘子，但在北方却

5

是又干又苦的枳。大王，这是水土不一样啊！而现在齐国人在齐国不偷盗，到了楚国偏要干这种偷鸡摸狗的事。莫不是楚国的水土使他喜欢偷盗吧！啊？

楚王：啊？哈哈，晏卿果真巧舌如簧、智慧超群，佩服佩服！拿酒来！

晏子：过奖过奖。

楚王：我楚国愿与齐国结为友谊之邦。

晏子：晏婴感谢楚王的诚意，愿我们两国永结盟好，共同发展！

大臣们：永结盟好，共同发展，干！

（侯一农）

蔺相如传奇

时间：公元前283年。

地点：赵国、秦国。

人物：缪贤，赵王侍从，赵王，大臣甲、乙，廉颇，蔺相如。

背景：秦昭王派使者带国书出使赵国。

【第一幕】

缪贤荐贤

人物：旁白，缪贤，赵王侍从，赵王，大臣甲、乙，廉颇，蔺相如。

旁白：公元前283年，秦昭王派使者带国书出使赵国。

侍从：大王，秦国使者到，是否召其觐见。

赵王：快快有请。

侍从：传秦国使者觐见。

使者（没有行礼）：此乃秦王的国书。（把国书给了侍从）

赵王（紧张）：快快呈上来。（侍从呈上国书给赵王）

赵王（看完后）：此事事关重大，等寡人与诸大臣商议后再予答复。来人，带秦使下去休息。

侍从：诺。大人，请。

（使者一声不吭，与侍从退下。）

赵王（左右踱步，低头沉思一会儿，抬头）：来人，去把大将军与诸大臣给寡人叫过来。

（过了一会儿）

大将军（廉颇）与诸大臣：臣等拜见大王，不知大王召臣来有何事？

赵王：秦王来信，情愿以十五座城来换和氏璧。寡人想答应，怕上秦国的当，既丢了和氏璧，又拿不到城池；如若不答应，又怕得罪秦国。不知众大臣有何看法？

赵王：谁有良策寡人重重有赏。

（诸大臣听后马上议论纷纷。）

大臣甲（上前）：大王，此事非同小可。臣认为派人把和氏璧让给秦王是最好的办法。

廉颇（上前）：大王，臣认为不可把和氏璧给秦王。若秦兵来，请允许臣带兵抵御他们。

大臣乙（上前）：大将军，这可使不得。秦乃大国也，以赵国之力难以抵挡秦兵啊。

赵王：这……（叹息）那该如何是好呢？

宦官（缪贤）（上前）：大王，臣有个门客叫蔺相如，臣认为蔺相如或许有办法解决。

赵王：你怎么知道他有办法？

缪贤（弯下身）：微臣曾犯过罪，私下打算逃亡到燕国去，我的门客蔺相如劝阻我，对我说"您怎么会了解燕王呢？"我对他说"我曾随从大王在国境上与燕王会见，燕王私下握住我的手，说'但愿跟您交个朋友'。因此认识他，所以打算投奔燕王"。相如对我说"赵国强，燕国弱，而您受宠于赵王，所以燕王想要和您结交。现在您从赵国逃亡到燕国去，燕国惧怕赵国，这种形势下燕王必定不敢收留您，而且还会把您捆绑起来送回赵国。您不如脱掉上衣，露出肩背，伏在斧刃之下请求治罪，这样也许能侥幸被赦免"。臣听从了他的意见，大王也开恩赦免了微臣。微臣认为这人是个勇士，有智谋，应该有良策。

赵王（高兴）：那就快宣他觐见。

旁白：诸大臣与大将军退下。

（半个时辰后）

蔺相如：臣拜见大王。

赵王：先生，快快请起。

蔺相如：不知大王召臣来有何事？

赵王：秦王许以十五城换寡人的和氏璧，给不给？

蔺相如（想了片刻）：不能不给。

赵王：秦王若得了我的宝璧，不给我城池，怎么办？

蔺相如：秦国请求用城换璧，赵国如不答应，赵国理亏；赵国给了玉璧而秦国不给赵国城邑，秦国理亏。衡量一下两种情况，宁可答应，使秦国来承担理亏的责任。

赵王：谁能当使者？

蔺相如（想了片刻）：大王如果无人可派，臣愿捧护宝璧出使秦国。城邑归属赵国了，我就把宝璧留给秦国；秦王出尔反尔，我一定把和氏璧完好地带回赵国。

赵王：好，那寡人就派你出使秦国。

旁白：赵王于是遣相如奉璧向西出使秦国。

【第二幕】

秦廷护璧

人物：旁白、蔺相如、秦王、美人、秦王大臣、秦王侍从、九宾、廉颇门客、蔺相如门客。

旁白：几天后，蔺相如到达秦国。

蔺相如：臣拜见大王。

秦王：快快请起。

蔺相如：臣已把璧带到。（双手奉上和氏璧）

秦王（接过和氏璧）：这真不愧是和氏璧，雪白无瑕，真是绝世无双的宝物！（交给身旁美人、侍从传看）

美人及秦王的侍从：恭喜大王，贺喜大王，喜得宝物。

（秦王一直把玩和氏璧，蔺相如等了很久也不见秦王提十五城的事。）

9

蔺相如（冷静）：大王，璧上有个小斑点，让我指给大王看。

秦王（紧张）：有此等事？快指给寡人看看。（叫侍从把璧递给蔺相如）

（蔺相如接到璧后，捧着璧退了几步站住，背靠着柱子，怒发冲冠。）

蔺相如：大王想得到宝璧，派人送信给赵王，赵王召集大臣商议，大家都说"秦王贪得无厌，倚仗秦国的强大，想骗宝璧，承诺给我们城邑恐怕不可能"。商议的结果是不想把宝璧给秦国。但是我认为平民百姓之间的交往尚且互不欺骗，更何况是大国之间呢！况且为了一块玉璧就得罪强大的秦国，也是不应该的。于是赵王斋戒了五天，派我捧着宝璧，在殿堂上拜送国书。为什么要这样呢？这是尊重贵国的威望以表敬意呀。如今我来到贵国，大王却在一般的台观上接见我，态度十分傲慢；得到宝璧后，传给姬姜们观看，这样来戏弄我。我观察大王没有给赵国十五城的诚意，所以我又取回宝璧。大王如果一定要逼我，我的头今天就同宝璧一起在柱子上撞碎！（他拿着璧，做出要砸的样子）

秦王（急忙）：等等，寡人这就让人拿地图。来人，快把地图呈上来。

（侍从急忙呈上地图并打开。）

秦王（把十五城随意指给蔺相如看）：这十五个城池给赵国。

蔺相如：和氏璧是天下公认的宝物，赵王惧怕贵国，不敢不献出来。赵王在送璧之前斋戒了五天，如今大王也应斋戒五天，在殿堂上安排九宾大典，我才敢献上宝璧。

秦王：好，寡人就斋戒五日。

蔺相如：臣恭候秦王佳音，告辞。

秦王：来人，送赵使。（到驿站）

蔺相如（侧身望着路边）：来人。

随从：小人在。

蔺相如：秦王虽然斋戒，但是一定会背信弃义，你换上粗布衣服，拿着和氏璧从小路走，把和氏璧带回赵国。

随从：诺。（随从下）

（秦王斋戒五天后，就在朝堂上设了"九宾"礼仪，请赵国使者蔺相如。）

九宾：传赵国使者蔺相如觐见。（九声）

蔺相如：拜见大王。

秦王：先生不必多礼了，怎么没有把和氏璧拿来？

蔺相如：秦国从穆公以来的二十余位君主，从没有一个是能切实遵守信约的。我实在是害怕被大王欺骗而对不起赵王，所以派人带着宝璧，已从小路回到赵国了。况且秦国强大赵国弱小，大王派遣一位使臣到赵国，赵国立即就会把璧送来。如今凭着秦国的强大，先把十五座城邑割让给赵国，赵国哪里敢留下宝璧而得罪大王呢？我知道欺骗大王是会被诛杀的，我愿意接受汤镬之刑，只希望大王和各位大臣从长计议！

（秦王与群臣面面相觑，侍从中有的要拉蔺相如离开朝堂加以处治。）

秦王（对近旁大臣）：如今杀了相如，终归还是得不到宝璧，反而破坏了秦赵两国的交情，不如趁此好好款待他，放他回到赵国，赵王难道会为了一块玉璧而欺骗寡人吗！

秦王（对相如）：你下去吧。

蔺相如：谢大王，臣告辞。

旁白：蔺相如回国以后，赵王认为他是个贤能的大夫，出使诸侯国家能不受辱，就任命他为上大夫。此后秦国没有给赵国城池，赵国也没有把和氏璧给秦国。而这时，廉颇的心思却悄然发生了变化。

廉颇门客（躬身）：哎哟，这不是蔺大人家的门客吗？怎么有心思逛街了？不在家多练练嘴皮子骂人？

蔺相如门客（躬身）：你还不是没在家练武？

廉颇门客：切，和你主子一样，只会嘴上逞英雄罢了。（背手大摇大摆地走开）

【第三幕】

渑池之会

人物：旁白、赵王、赵王侍从、使者、廉颇、蔺相如、秦御史、赵御史、秦王大臣、秦王侍卫。

地点：秦赵边境秦国渑池。

旁白：秦王一心要使赵国屈服，接连入侵赵国边境，攻占了赵国的一些城池。公元前279年，秦王又耍了个花招，约赵王在渑池会见。

侍臣（躬身）：大王，秦国使者求见。

赵王：传。

使者（微微躬身、傲慢）：大王，我们秦王要与大王和好，要在渑池举办宴会，希望您一定参加。（退下）

赵王（左右踱步，担心的样子，抬头）：宣蔺相如和廉颇。

侍臣：诺。

（蔺相如、廉颇上殿。）

蔺廉（躬身）：参见大王。

赵王（无奈地摆摆手）：不必多礼了，秦王想和我在渑池见面，我不想去，你们的意思呢？

蔺相如：不能不去，大王不要失了赵国威严。

廉颇：如果大王不去，显得赵国怯懦又胆小，您必须去。

赵王（面露难色）：这……好吧，我去。

旁白：廉颇在秦赵边境为赵王送行。

廉颇：大王，再向西就是秦国了，军队会驻扎在这里等您回来。不过大王此行，自出发到会谈结束，再加上返回的时间，不会超过三十天。如果三十天后您还没回来，就请您允许我们立太子为王，以断绝秦国要挟的妄想。

赵王：廉将军……也只好如此了。

旁白：秦王和赵王在渑池相会，秦王举行宴会，与赵王喝酒谈天。

秦王：来，赵王，坐在这。给赵王倒酒。

秦王（举杯喝酒，面带醉意对赵王）：听说赵王弹得一手好瑟，请你弹个曲儿，给大伙助助兴。（示意大臣把瑟拿上来）

赵王（难以推辞）：恭敬不如从命，献丑了。（勉强鼓了一段）

秦王（面对秦史官）：史官，快把这件事记录下来！

秦史（边记录边高声读）：某年某月某日，秦王和赵王在渑池相会，赵王给秦王鼓瑟。

赵王（脸色铁青、浑身发抖）：你，你……

蔺相如（拿一个缶，突然走到秦王跟前）：赵王听说秦王挺擅长秦国的乐器。我给大王准备了一个缶，也请大王赏脸敲个曲儿吧！

秦王（放下酒杯，瞅了蔺相如一眼，傲慢）：要本王为一弱国国王击缶，真是岂有此理！

蔺相如（高举手中之缶）：您现在离我只有五步远。您不答应，我就跟你拼了！

（秦王侍卫上前，要拉蔺相如，赵国侍卫上前，护住赵王。）

蔺相如（张大眼睛、高声斥责）：你们退下，我和秦王交谈，你们算什么东西，下去！

（侍卫后退，两腿发抖。）

秦王（大惊失色、无可奈何、结结巴巴）：我——我敲，好吧，我敲！（说着，击了一下缶。）

蔺相如（向赵国史官）：史官，把这件事情记下来！

赵史（边记录边高声读）：某年某月某日，秦王和赵王在渑池相会，秦王为赵王击缶！

秦大臣（大怒、站起）：请赵王你割十五座城给我秦王祝寿！

蔺相如（理直气壮）：请秦王你把咸阳城割让给赵国，给赵王祝寿！

旁白：秦王眼看局势十分紧张，他事先了解到廉颇已经在边境上做好了准备，真的动起武来，恐怕也占不到便宜，于是……

秦王（喝住大臣）：今天是我和赵王欢聚的日子，诸位不必多言，来来来，喝酒，喝酒！

旁白：这样，两国渑池之会总算结束。

【第四幕】

论功行赏

人物：王将军、陈大人、林大人、蔺相如、赵王、廉颇、赵王、赵王侍从、文武官员。

旁白：公元前279年某日，"渑池之会"后，赵惠文王在宫中大宴群臣，

论功行赏。谁能料到，在这一派歌舞升平的气氛中，正孕育着一场宫廷争斗。

（陈大人与林大夫议论着上场，王将军走来）

王将军：两位大人好！

陈大人、林大夫：王将军好！

（聚在一起小声商议，蔺相如上场。）

蔺相如：诸位大人好！

陈大人、林大夫、王将军：蔺大人好！

陈大人：蔺大人，您在"渑池之会"上维护了大王及赵国的威严，不畏秦王，令我钦佩不已。

王将军：蔺大人，您居然能言辞犀利地与秦王针锋相对，维护了大王与赵国的尊严，令秦王不敢小视我赵国，实在堪为吾辈之楷模、百官之典范。

林大夫：不错，蔺大人，此次"渑池之会"您立下大功，功劳盖过了廉颇将军，大王此次大宴群臣，只怕是专门为大人您庆功的吧！

蔺相如：哪里，哪里，这都是大家的功劳。

王将军：蔺老弟，改日到我府上喝酒去……

（正说着廉颇走上殿来，众人向廉颇施礼。）

蔺相如（拱手）：廉将军……

廉颇（头一转）：哼！

旁白：蔺相如满脸错愕，转而沉思。

赵王侍从：大王上殿。

赵王：诸位爱卿请入席。

文武官员：谢大王！

赵王：上酒，此次"渑池之会"，扬我国威，众爱卿与本王同饮此杯，祝我赵国国运昌隆！

文武官员：谢大王！

赵王：诸位爱卿，本王此次宴请诸位，主要是因为众卿家为国尽职尽责，忠心耿耿，在"渑池之会"上与秦国对抗丝毫不示弱，尤其是蔺大夫，在会上不卑不亢，扬我国威。今日，本王要重重犒赏蔺卿家。

蔺相如（起身）：大王，万万不可。为国尽忠乃是赵国子民的分内之事，臣之所作所为何足挂齿。若论功劳，廉将军的功劳最大。

赵王：此话怎讲？

蔺相如："渑池之会"上，臣之所以能不辱国威，是因为廉将军不辞劳苦，率大军驻守在秦赵边境，日夜戒备，秦王十分忌惮，不敢对大王施威。

赵王：廉将军护主有功，本王另有赏赐，蔺爱卿就不必推辞了。好！本王宣布，上大夫蔺相如维护国威，立下大功，拜为上卿，赐玉璧一对；大将军廉颇，护主有功，晋升为神威无敌护国大将军，赐铠甲一副；其余文武百官，月俸（起身）各加三百石，同时犒赏三军。

众臣（起身齐回）：谢大王！

赵王：今日大家当开怀畅饮，不必拘礼。本王先走一步，请蔺卿家代寡人陪宴。

蔺相如：是！

赵王侍从：起驾！

廉颇：诸位畅饮，廉某身体不适，恕不奉陪。

蔺相如（追出）：廉将军，请留步！

廉颇：哼，小人得志！（拂袖而去）

旁白：廉颇弗然不悦，离开了王宫。蔺相如呆立在原地。望着廉颇远去的身影，蔺相如若有所思。面对廉颇的不友善，他似乎预感到了，赵国将面临一场来自内部的危机。

【第五幕】

负荆请罪

人物：旁白，廉颇，廉颇门客甲、乙。蔺相如，蔺相如门客丙、丁。蔺相如仆人。

旁白：请看在廉将军府上发生的事。

廉颇门客乙：听说蔺相如已被大王拜为上卿了。

廉颇门客甲：对啊，而我们廉将军的官职还在他之下呀，这真是……哎！（摇头）

（廉将军气冲冲地上场。）

廉颇门客乙：不错，廉将军为国家出生入死，立下汗马功劳，那蔺相如凭一张嘴皮子就平步青云，哎……

廉颇（大声说）：想我廉某人自十三岁从军起，大小征战百余场，纵横疆场，身上负伤八十余处，凭借一刀一枪打拼到现在。而他蔺相如只不过是区区一个食客，仗着能说会道，凭一张嘴皮子就平步青云，有什么真本领？我最看不惯这种人了！

廉颇门客甲：下次见到蔺相如我们一定找他当面理论！

旁白：而此时在蔺相如府中，蔺相如却是忧心忡忡。

蔺相如门客丁：恭喜大人官拜上卿，大人有功于赵国，此乃当之无愧。（拱手作揖）

蔺相如门客丙：蔺大人，大王此次拜您为上卿，官职居于廉将军之上，那是无比荣耀啊，但您似乎一点也不高兴？

蔺相如：升为上卿那是大王对我的器重，但倘若此事令廉将军产生误会，导致我二人无法齐心协力，这对我、对赵国，可都是得不偿失啊！

蔺相如门客丙：所以蔺大人才拒绝大王的赏赐？

蔺相如：不错，我宁可牺牲个人利益，也不希望赵国因我与廉将军的不合而闹内讧。你嘱咐众仆人，凡在街上遇到廉将军府中之人都应礼让三分，切莫发生冲突。（微微点头，沉思状）

蔺相如门客丁：属下等记住了。（躬身）

旁白：某日，大街上，廉颇的门客遇到了蔺相如的门客。

廉颇门客甲：嘿，那不是蔺大人家的门客吗？

廉颇门客乙：是那小子。

蔺相如门客丙（笑着走来）：两位仁兄，近来可好？

廉颇门客甲（酸溜溜地）：托廉将军的福，我们跟着将军出生入死、浴血沙场，什么也没得到，倒是把身体练得健壮。

廉颇门客乙（嘲讽的口气）：哪像你们蔺相爷，凭着那三寸不烂之舌，又是加官，又是晋爵。这真是会干的不如会说的啊！

廉颇门客甲（打着哈哈）：是啊，就连你们这些门客也都是"一人得道，鸡犬升天"啦！

廉颇门客乙（恶作剧式）：那我们还跟他们说些什么？

廉颇门客甲（会意）：对啊，狗嘴里岂能吐出象牙来？

蔺相如门客丙（气得浑身发抖）：你，你们……

廉颇门客甲、乙（哈哈大笑，扬长而去）：哈哈……

蔺相如门客丁（愤愤不平）：我家大人官位在那廉颇之上，我等却如此任人羞辱，岂有此理！

蔺相如门客丙（低头长叹）：唉……咱们先走吧

旁白：某日，大街上，蔺相如与廉颇各自外出。

蔺相如门客丙（伸手遥指）：蔺大人，看，那不是廉将军吗？

蔺相如（定睛一看）：快，掉头，别和他们碰面。

（蔺相如与门客转到了一个胡同里。）

廉颇门客甲（大叫）：廉将军，看，蔺相如见了我们就跑，果然是怕了将军您。

廉颇门客乙：上次我们俩在街上好好地教训了蔺大人家的门客，替您出了一口气呢！

廉颇（沉思一下，跳下车）：你们两个，跟我去看看。

蔺相如门客丁（欲言又止）：蔺大人，我……

蔺相如门客丙：蔺大人，上次您叫我们礼让廉将军的门客，我对他们彬彬有礼，却反被奚落。可您今天见了廉将军就跑，莫非您怕了他不成？我们之所以离开亲人来侍奉您，是因为仰慕您高尚的节义呀。如今您与廉颇同在赵国为官，廉颇有意挑衅，而您却害怕得躲避着他，也胆怯得太过分了，一般人尚且感到羞耻，更何况是身为将相的人呢！我们这些人没有出息，请让我们辞去吧！

蔺相如门客丁：请让我等辞去回家吧。

蔺相如：你们认为廉将军和秦王相比谁更厉害？

蔺相如门客丙：廉将军比不上秦王。

蔺相如：以秦王的威势我尚敢在朝廷上呵斥他，羞辱他的群臣，我蔺相如虽然无能，但会害怕廉将军吗！只是我想到，强大的秦国之所以不敢对赵国用

17

兵，就是因为有我们两人在呀。我们俩相斗就如同两猛虎争斗一般，势必两败俱伤。我之所以这样忍让，就是将国家的危难放在前面，而将个人的私怨搁在后面罢了！俗话说，"文能治国，武能安邦"。赵国文有我蔺相如协助大王治理国家，武有廉将军驰骋沙场、镇守边关，秦国才不敢来犯。

蔺相如门客丁：大人远见，属下驽钝，望大人恕罪。（躬身作揖）

廉颇（深受感动，自言自语道）：是啊，有什么比国家的利益更为重要呢？我居功自傲，竟为了一个虚名与蔺大人过不去。若不是他大人有大量，不与我计较，我们不是要发生内讧吗？我们发生内讧，秦国就有机可乘。如果那样，我可就成了千古罪人了！我怎么这么糊涂啊！

廉颇门客甲、乙（面面相觑，不知所措）：将军，此事是我等的过错。

旁白：蔺相如的一席肺腑之言使廉颇的心受到了很大的震撼，他不但由此意识到朝廷内讧对国家的危害，而且由此认识了一个处处以国家为重、心怀天下百姓、心胸坦荡的国之栋梁。他对蔺相如产生了由衷的敬佩，他为赵国有这样的贤臣感到骄傲。此刻，廉颇做出了一个重大决定，要以一个能充分表达诚意的惊人之举向蔺相如谢罪，与他尽弃前嫌，共同为国效力。

旁白：蔺相如府上，蔺相如正伏案起草公文。

蔺府仆人：大人，廉大将军求见。

蔺相如：快快有请。

蔺府仆人：廉将军，老爷有请。

旁白：廉颇身负荆棘，一入正堂，就朝蔺相如单膝跪下，众人一惊。

蔺相如：廉将军，这是做什么？快快请起。（双手扶住廉颇双臂）

廉颇：蔺大人，我是个粗人，只会带兵打仗，没什么城府。若非蔺大人胸怀社稷，大人大量，不与我一般见识，则早已危及国家矣！以往多有得罪之处，望蔺大人莫放在心上。

蔺相如：相如对廉老将军一向心怀敬佩，老将军快快请起，折煞小弟了。（扶起廉颇）您我二人是大王的左右手，一文一武，撑起了赵国的半边天，助大王安邦、治国、平天下。和则利国，斗则祸国。从今往后，我们尽弃前嫌，为文武百官做出表率，如何？

廉颇：蔺大人，赵国有贤臣如你，真乃国之大幸啊！今后，廉某愿与你化干戈为玉帛，再也不会为名利之事而纷争了。

蔺相如：好啊，廉兄！团结就是力量。让我们大家同心协力，团结一致，共抗秦国！（双手抓住廉颇双手）

廉颇：对！团结一致，共抗秦国！

旁白：此后十余年间，赵国一片安定，国力一日千里。而廉颇和蔺相如"将相和"的故事，也成为后人传颂的千古佳话。

（侯一农）

诗经·氓

（舞台剧）

时间：先秦。

人物：一对青年男女。

背景：这首诗讲述了一对青年男女由恋爱到结婚再到决绝的爱情故事。

旁白：氓之蚩蚩，抱布贸丝。匪来贸丝，来即我谋。送子涉淇，至于顿丘。匪我愆期，子无良媒。将子无怒，秋以为期。

【第一幕】

（集市，有三四商贩、一两路人，男1踟蹰上场。）

小贩1（吆喝，挥动丝帕）：卖丝帕了，卖丝帕了，上好的刺绣。（见到男1，连忙上前）这位大哥，来买一方丝帕吧，看看，我们这里的丝帕是全城最好的，你看这刺绣是多么匀称，颜色是多么鲜艳，买一方送给心爱的姑娘吧！

男1（仔细看着丝帕，偏头看看远方）：这丝帕很是素雅，她看到一定会很喜欢的吧。商家，这丝帕多少钱呢？

小贩1：一点也不贵，只要五文钱。大哥的心上人一定是清丽脱俗的好姑娘，与这丝帕最为相配了。

男1（低头傻傻笑着）：呵呵……（低头翻找着钱袋，拿出五文钱递给小贩）多谢。

小贩1（接过钱，仔细看看，将叠好的丝帕递给男1）：客气客气，还要多谢大哥惠顾，以后还要多多照顾我生意啊。

男1（接过丝帕，细细收好，放至口袋里）：一定一定。

（男1、小贩们退场。河畔，女1慢慢上场，像是满怀心事的样子。）

女1：自从那日见过他，我的心中就充满了他，睁眼是他，闭上眼睛还是他，吃饭的时候想起他，就连梦境中也是与他相会。

女1（偷笑，手玩弄头发或是衣服，接着又转向愁容）：那日分别时，他答应来看我，可是都这么多天了，为什么还是不见他人呢？（陷入迷茫状，此时男1从其身后入场。）

（男1站在女1身后，想叫她，又不知该怎样开口，就这样迟疑着。）

女1（叹息，转身，见到男1惊了一下，又马上喜上眉梢）：你来了。

男1（见到女1展露笑颜，也不由得微笑）：嗯，我来了。

（互相对视一两秒，然后男女同时开口。）

男1、女1：你……（同时住口）

男1（掏出丝帕，看着女1，双手递出）：送你！

女1（接过丝帕，看男1）：送我？（低头打开丝帕，细细观赏）好美的丝帕啊，我好喜欢！

男1：喜欢就好。

（女1拿着丝帕，又陷入安静状态，两人一直走啊走啊。）

女1：前面就是界碑了，为什么他还是不说话？他没有什么话要与我说吗？（偷偷看看男1）

男1：前面就是我们要分别的地方了，我……我要怎样开口呢？她……她会拒绝我吗？（偷偷看看女1）

（直到到了一块界碑处，双方停下，对立相视，女1充满期待，男1下定决心。）

男1（鼓足勇气、深呼吸）：你……你愿意嫁给我吗？（停顿）因为……这是我第一次喜欢一位姑娘，我接近你，是因为我对你的感觉不一样，我想见你，我盼着见你，我要见你。我想永远和你在一起，你，愿意嫁给我吗？

女1：我……

男1（焦急状）：天地为证，日月为媒。欲撩巫山，共烟芝萝。比翼白屋，双飞紫阁。风雨不离，盛衰不弃。千秋百炼，永世缠绵。不管此生、来世，除

你之外，我不会再有其他女人了。不管将来怎样，或是疾病，或是贫穷，我都要和你在一起，我会照顾你，有我在，所有的事情你都不用担心，一切有我。

女1（笑容灿烂）：你的媒人呢？

男1（迷惑状）：呃……

女1（调皮）：没有媒人来我家提亲，我爹娘怎会把我嫁给你？

男1（惊喜）：你说，你是说，你，愿意嫁给我？

女1（害羞）：是。

男1：那，那我尽快去提亲。此生、来世、下下辈子、千秋万世，我都要娶你做我的妻子。

（女1更加害羞，低头不语。）

男1：那，那我走了。

女1（抬头，眼中尽是不舍）：好。

男1（拉起女1的手）：我会来看你的。

女1：嗯。

（男1倒退，女1挥手，直至男1退场。）

女1（低声）：我会等你。

【第二幕】

（女1在界碑处眺望远方，表情很焦急，脚下踱步，突然貌似看见了某人，一下子笑得很开心，挥动着胳膊。）

女1：第二天媒人就来我家提亲，爹娘答应了，我们的婚期定在这个秋天。

男1：第二天媒人传来消息，我与她的婚期定在这个秋天。

女1：秋天，是美好的季节，有着熟透的果实缀满枝头。

男1：秋天，是美好的季节，有着成群的鸟儿振翅高飞。

女1：秋天，是美丽的季节，有着成熟的粮食堆满粮仓。

男1：秋天，是美丽的季节，有着我与她幸福的婚礼。

女1：秋天，我等待着秋天。

男1：秋天，我期待着秋天。

女1：秋天。

男1：秋天。

女1：秋天。

男1：秋天。

女1、男1：秋天。

【第三幕】

（男人家，女人在做家务，很是辛苦。）

女1：就这样，在这个秋天，我带着我微薄的嫁妆嫁进了他的家门。虽然日子过得有些清贫，可是他待我极好，他一直说要送我胭脂、新衣，但是对我来说，他才是我的唯一，只要他能把我们的一切放在心里，我就很快乐了。那日他送我的丝帕我一直珍藏着，因为那里面有着我们一切美好的回忆。

（男人回家，拍拍肩上的风雪，女人急忙放下手中的抹布，跑过来帮他拍打衣服上的雪。）

女1：相公，你回来了，外面冷不冷啊？（转身拿起热茶）快，饮了这杯热茶，祛祛寒气。

男1（接过茶，深情地望着女1）：谢谢娘子。（转身看看收拾得一尘不染的家，放下茶杯，心疼地看着女1）娘子，说过不要做这些粗重的活，你看看，天这么冷，水这么冰，你的手都冻裂了。（心疼地抚摸着女1的手）

女1（害羞低头）：这些都是为妻应该做的，不会很辛苦的。倒是你，（转向男1）相公，不要太累了，今年收成不是很好，我可以做一些针线贴补家用。

男1：这些事情娘子不用担心，为夫可以解决。

女1：相公。

男1：娘子。

旁白：日子匆匆流逝，转眼他们成亲已三年有余，女人每天依旧日出而作日落而息，整日辛辛苦苦整理家中一切，想尽办法用仅有的些许粮食做出貌似可口的饭菜。三年来，像是受到诅咒一般，夏天无比炎热而冬天奇寒无比，地里的收成自是一年不如一年。每天男人回到家中看到相同的饭菜不禁感到愧对

娘子，可是这种愧疚之情慢慢地也变了味……

女1（迎上前）：相公，你回来了。

男1（冷漠）：嗯。

女1（将男1迎到桌前）：相公一定饿了吧？来，吃饭。

男1（静静地扫过餐桌上的菜，怒吼）：又是这几样，没有钱买几个好菜吗？又是这些东西，我讨厌这些。

女1（可怜兮兮）：相公……

男1（转向女人）：都是你，都是你的错，要不是娶你进门，我也不用沦落到吃不好穿不暖，都是你的错。

女1（眼泪欲出）：相公……

男1上手打了女1：你走，我不要再见到你。（随即摔门出去）

女1（痛哭，擦眼泪，慢慢起身，环顾四周，走出门去）：他怎么能这样对我？我做了什么？又弄错了什么？这么多年，我一直恪守妇道，任劳任怨，从来没有抱怨过日子的艰苦。三年来，他一天一天在改变，脾气也越来越暴躁，时不时对我发火，可是，可是这些我都可以理解。但是，他怎么可以动手，动手打我？当初相识，他对我说"执子之手，与子偕老"，可是今天，他竟然要赶我出门。为什么？为什么？这些年，我一直以他为家，现在，我还能去哪里？（看到了自家门口）怎么走回了娘家？哥哥嫂子知道我被抛弃了还会接受我吗？（进门去）

哥哥（和几个人在赌博，压大小）：快，快，买定离手……买的多赔的多。（其他人乱乱地在叫喊）

女1（看到震惊，心寒）：哥……

哥哥：我要开了啊……

女1（大声）：哥……

哥哥（缓慢抬头）：嗨，是妹妹呀。（开心不已）你怎么回来了？那小子对你好不好？

（女1感激地看着哥哥，正准备开口。）

哥哥：有没有钱？我今天手气不好，输了点小钱。有没有？先借给哥哥，等哥哥赢了钱加倍还你。

女1：哥……

哥哥：快点啊，人家都催我了。（其他人喊叫两声）

女1：哥，他不要我了，他让我走。（眼泪流下）

哥哥（变脸）：那你就回来了？我老婆第三个孩子刚生，这儿可没空闲地方给你住。

女1：哥……

哥哥：别叫我哥，都嫁出去了，哪还有回娘家的道理，我可缺钱缺得紧，没钱养活闲人。快回你家去，说两句好话求求人家收留你，少在这杵着。

赌友：你还玩不玩？等你等得太阳都要落山了，教训妹妹也要等玩完了啊！

哥哥：知道了，就来。（转向女1）别在这给我丢人，快走！

女1（看着哥哥离去，震惊，小声）：哥哥……（看着哥哥很开心地赌博，退出门去，接着游荡）连我最亲的哥哥也不要我了，为什么？为什么女人的命就这么苦？难道我们就只能依靠男人活着？

【第四幕】

（女人走着走着路过了学堂，里面传来阵阵读书声。）

学生：桑之未落，其叶沃若。

于嗟鸠兮，无食桑葚！

于嗟女兮，无与士耽！

士之耽兮，犹可说也。

女之耽兮，不可说也。

学生A：老师，为什么女人苦恋男人就会受伤呢？

老师：因为女子太过依赖男子，若男子抛弃了她，女子就会失去一切，金钱、青春，更甚是灵魂。

学生B：那女子为什么要依赖男子呢？难道不依赖男子她们就不能活下去吗？

老师：这个嘛……

女1：不依赖男子就活不下去，不，女人不该这样子。我们会有自己的活

法，我们会有自己的一片天空。我会活得很好，比你们好。

（女1快步下台。）

附：

剧情简介

《氓》选自《诗经·国风·卫风》，是春秋时期卫国（今河南省淇县一带）的民歌，叙述了一个女子从恋爱、结婚、受虐到被弃的过程，感情悲愤，态度决绝，深刻反映了当时社会男女不平等的婚姻制度对女子的压迫和伤害。

（马媛）

烛之武退秦师

时间：公元前630年。

地点：郑国、秦国。

人物：郑伯、晋侯、佚之狐、子犯、探子。

背景：秦晋联盟围郑，烛之武临危受命。

旁白：春秋，一个没有权威、各自为利益纷争的年代。利益便是行动的最高原则。精明的外交家或说客深谙此道，穿梭往来于各国之间，或穿针引线、搭桥过河，或挑拨离间、挖人墙脚，或施缓兵之计以赢得喘息之机。一国的命运便取决于他们的三寸不烂之舌。今天，我们一起打开尘封的岁月，重新演绎当年中原大地发生的那场刀光剑影、唇枪舌剑之战。

【第一幕】

秦晋联盟围郑　郑上下想对策

晋侯：君子报仇十年不晚。

郑伯：哎，真是有眼不识泰山，哪里料到当年潦倒落魄的流亡之徒如今却拜土封疆。

探子（急匆匆）：报，报，报！有军情。

郑伯（圆瞪着眼睛）：何事如此慌张？

探子（气喘吁吁）：大王，大事不好啦！晋军、秦军浩浩荡荡向我国进发了。

郑伯（立起，惊愕）：现在情况如何？

第一篇　古代部分

27

探子：秦军在氾水南面扎营，晋军驻扎在函陵，对我国形成了合围之势。

郑伯（缓缓坐下）：寡人担心的事终于发生了。（叹气）唉，你去，继续打探。

（探子匆匆离去。）

郑伯：来人，宣众臣到大殿，有要事相商。

【第二幕】

佚之狐荐贤退秦　烛之武临危受命

（佚之狐上场。）

郑伯：悔不该，当初没有好好招待重耳贼。如今他翅膀越来越硬，气势越来越盛，且和秦国腻腻歪歪，走得越来越近，拜秦小子为丈人，做了秦国女婿了，二人合伙来整我。（站起，背手踱来踱去，气愤）还判寡人"无礼和叛逆"之罪，欲置寡人于死地。众爱卿可有良策？

佚之狐：两军联合，我军抗敌，可有把握？

郑伯（摇头）：差远了，蚱蜢斗公鸡，没把握。

佚之狐：大王不必担心。秦晋貌合神离，虽结盟好，但如今这世道"人不为己，天诛地灭"。

郑伯（面露喜色）：爱卿可有良策？

佚之狐：派人到秦营，游说秦退兵。

郑伯：何人可以？

佚之狐：有一人出马，必马到成功。

郑伯（直挥手）：谁呀？爱卿快说！

佚之狐：曾经担任圉正的烛之武。

郑伯：此人一直未受重用，他肯出面吗？

（夜访烛之武。）

佚之狐（敲门）：之武兄，之武兄，在家吗？

烛之武（迷迷糊糊）：深更半夜的，谁呀？

佚之狐：我，阿狐呀！老小子，你也忒悠闲了，如今火烧眉毛，你还睡得着。快开门，大王来看你了。

烛之武（有些打趣，开门）：甭开玩笑，大王会来我这旮旯地儿？（笑）

郑伯：武爱卿，近来安好？

烛之武（大惊）：老臣不知大王驾到，恕老臣无礼。（行拜礼）

郑伯：爱卿免礼。

（烛之武引郑伯和佚之狐上座，三人落座。）

佚之狐：大王今日来访，有要事相商。

郑伯：国家如今大难临头了，晋秦联军已经兵临城下。望爱卿能为国效力，助寡人一臂之力。

烛之武：老臣年轻的时候尚且比不上别人，也只能看马、养马、驯马罢了，到如今风烛残年了，拐杖都用上了，更没有能力做什么事了。

佚之狐：老小子，不要放肆！怎敢埋怨大王？

郑伯（连连摆手）：爱卿未受重用，寡人有眼无珠，是寡人的过失，寡人给你赔不是。可如今国事紧急，只有爱卿能使寡人和郑国化险为夷。再说，身为郑国子民，如果郑国成为别人的囊中物，你也有所不利，请先生三思而后行。

佚之狐：老小子，别不识抬举，在这节骨眼上还翻什么旧账？退秦师后，大王会弥补你的。

郑伯：对，对！爱卿，别说事成，只要你肯出行，条件你开，寡人签单。

烛之武：大王言重了。老臣不过是吐吐苦水，一吐为快。只要大王能体谅老臣，了解老臣多年失意、怀才不遇的郁闷，事成后补偿老臣青春损失费，再加上这一趟行程的差旅费，就可以了。

（三人耳语，嘀嘀咕咕一会儿。）

佚之狐：老小子，就这么定了。今天晚上，在东城门，用绳子将你放出城去，你就直奔秦营。在秦王面前，就看你的本事了。

【第三幕】

（到了秦营，探子揪住烛之武，将其带到秦王面前。）

29

探子：禀大王，抓到一名郑国奸细。

烛之武：我是郑国人，但不是奸细。本人身处郑国久不被重用，空有一肚墨水。凭老夫多年阅历，观如今局势，郑国是无法与秦国、晋国对抗的，已经知道要灭亡这个事实。

秦王（大笑）：还算识相，知道自己有几斤几两。

烛之武：消灭郑国只是瞬间的事，还要麻烦大王亲自坐镇，实在过意不去。

（秦王大笑。）

烛之武：从秦国到郑国算得上长途跋涉，而且还要越过晋国，大王应该知道其中的难处。

秦王：我知道，我高兴，我有这个财力、人力。

烛之武：秦国乃泱泱大国，而且国力一天比一天强盛。攻下郑国后，秦或许会得到好处。但是，晋国和郑国是紧靠着的，一旦郑国战败，得利最多的肯定是晋国。俗话说"近水楼台先得月"。

秦王：先生多虑了，重耳可是我爱婿，我是他老丈人哎！

烛之武：大王真重情意。大王对晋国几代君王都非常照顾。就说晋惠公吧，想当初，大王将夷吾推上王位。夷吾曾答应割让焦、瑕两地作为报答，但是最终翻脸不认人，许诺的事没有一件兑现。大王心胸宽广，不与他一般见识。但旁观者实在为大王鸣不平，痛恨这种忘恩负义之徒。看来晋国子孙身上携带着这种背信弃义的基因。

秦王（直摇头）：不提也罢，提起旧事，寡人心里隐隐作痛。

烛之武：大王，防人之心不可无。老夫为您细细说来。从晋国目前的活动看，争霸野心人尽皆知。在东面想把郑国作为自己的边境，又想扩展西边的疆界。如果不占领秦国的土地，晋国从哪里扩展西边的版图呢？

烛之武：大王，如果舍弃灭郑的念头，保住郑国，让郑国作为您东方道路上的主人，贵国的使者来来往往就会有提供食物和住宿的地方，对大王来说，只有百利而无一害。望大王好好考虑此事再做打算。

秦王：看来只有这一招棋可走了。

烛之武：大王英明神勇。

秦王：你回去传个话，寡人必须留下部分军队，在郑国建立军事基地。

烛之武：遵命。

（烛之武退下。）

【第四幕】

秦王：目前郑国处境艰难，只能答应寡人的要求。众将听令，杞子、逢孙、杨孙驻守郑国，观察郑国动向。这样一来，退兵可以算得上面子和里子都有了。（大笑）道高一尺，魔高一丈，虽没有占领郑国，可郑国全在我的掌控之下。

（晋候处。）

探子：大王，秦军开始从氾南撤离了。

子犯：大王，秦王太嚣张，自作主张，事先都不通知一声，分明不把晋国和大王放在眼里。不如这样，我军在他们归国途中设下埋伏，挫挫他的锐气，出出心中的怨气。

晋侯（摇头）：不可鲁莽行事。想当初如果没有这个人的帮助就没有寡人的今天。依靠过他，现在却来谋害他，违背仁义。来时双双而至，很团结，寡人很想维持这种局面。虽然秦国先打破了这一状态，可是他并没有发表声明，公开表示和寡人绝交，寡人决不率先为之，因为这是不明智的。如果自相冲突，只会两败俱伤，以支离破碎来代替联合一致，这不是勇，而是有勇无谋。我们也班师回朝，另做打算。

结束语：

烛之武，一个不受重用的大夫，在国家有难之时临危受命，利用自己机智善辩的口才，在对外的利害关系上寻找弱点和突破口，凭三寸不烂之舌劝退了秦军，不费一兵一卒为郑国解了围。正如孙子所说："善用兵者，屈人之兵而非战。"

（侯一农）

31

荆轲刺秦

时间：战国。

地点：燕都蓟、秦都咸阳。

人物：

荆轲——卫国人，齐人后裔。卫人谓之庆卿，燕人谓之荆卿。好读书击剑，为抗秦游历列国。

嬴政——秦王，后称始皇。

太子丹——燕王喜之子。曾为人质出使赵、秦，因不堪嬴政侮辱逃回燕国。

高渐离——燕国人。以屠狗为业，善击筑。

樊於期——秦国将领。因得罪嬴政逃至燕国。

秦舞阳——燕国人。年十五，十三岁杀人，年少而勇武，善击剑。

背景：秦国的将领王翦打败了赵国，俘虏了赵王，占领了赵国所有的土地，秦军向北侵占土地，到达燕国南部的边界。

【第一幕】

亡燕

（太子丹踱于正厅，樊於期求见。）

（樊於期上，扑跪于地，作长揖。）

樊：太子救我！

丹（惊讶、纳罕）：足下……

樊：太子不曾记得？（抬头）

32

丹（定睛，恍悟，忙上前扶起）：樊将军！竟何以至此？

樊：於期战败，秦王即欲赐於期死，於期遂狼狈亡至燕地，得以苟活。怎料秦王竟诛於期全族……

丹：秦王之毒甚矣！卿勿恐于秦，且暂居燕国。

樊：殿下救命之恩，於期无以为报，但求为太子效命！（跪地，叩头）

（太子丹搀扶起樊於期，领其下。）

【第二幕】

固请

（太子丹踱于正厅，荆轲求见。）

荆轲上。

荆：荆轲求见。（下拜）

丹（惊喜）：荆卿！

荆（沉痛）：田光先生已死。先生死前言"光已死，明不言也"。

丹（朝另一方向下拜，扑跪，叩头，哭）：丹所以诚田先生毋言者，欲以成大事之谋也。今田先生以死明不言，岂丹之心哉？

荆：殿下节哀。（扶起丹）

（荆轲坐定，太子丹亦坐。）

丹：卿知丹尝质于赵，而秦王政生于赵，其少时与丹欢。及政立为秦王，丹遂质于秦。而丹每每见辱于秦王，实是难忍。丹历千辛万苦乃亡归燕。今秦出兵山东，以伐齐楚三晋，已至于燕。秦王之于丹，国仇私恨难以尽数。秦祸日迫，而燕小弱，计举国不足以当秦。诸侯服秦，莫敢合从。丹之私计，愚以为诚得天下之勇士使于秦，窥以重利，得劫秦王，使悉反诸侯侵地，则大善矣。则不可，因而刺杀之。彼时秦大将擅兵于外而内有乱，则君臣相疑，以其间，诸侯得合从，其破秦必矣。此丹之上愿，而不知所委命，唯荆卿留意焉。（作揖）

荆（沉默片刻，为难）：此国之大事也，臣驽钝，恐不足任使。

丹（进前，连作长揖）：田先生力荐荆卿可使，故丹深信荆卿之才。诚请

33

卿念此燕危急存亡之秋，担此大任！

（太子丹见荆轲仍为难犹豫，复上前再拜。）

丹（急切）：荆卿！

荆（无奈，叹息）：敬诺。

【第三幕】

策谋

（荆轲与高渐离坐谈。）

（高渐离击筑，荆轲坐于一旁，若有所思。）

荆（愁苦）：渐离已知我事？

高：是。

荆：今王翦破赵，已至燕南界。我迟迟不行，只为……（低头，欲言又止）

高（停止击筑，神色凝重）：待使秦之信物。

（荆轲略一愣，看高渐离，垂目，沉默。）

高：樊於期亡燕，我早知矣。

荆（迟疑）：太子……

高：直言。

荆（急切）：可……

高：再无他计。

（太子丹急上，至荆轲前住，作揖。荆轲、高渐离起身，回拜。）

高：殿下与卿且谈，臣渐离少陪。

（高渐离抱筑下。）

丹：秦兵旦暮渡易水，则虽欲长侍足下，岂可得哉！

荆：微太子言，臣愿得谒之，使秦而无信物，则秦未可亲也。今秦王购樊将军首级以千金，邑万户。诚得樊将军首级与燕督亢之地图，奉献秦王，秦王必悦而见臣，臣乃得有以报太子。

丹（震惊）：樊将军以穷困归丹，丹不忍以己之私而伤其意。且丹少时在秦与樊将军有故……（面露为难、戚伤之色，不语片刻）愿足下更虑之。

【第四幕】

自刭

（荆轲私见樊於期。）

（樊於期独酌，荆轲上。）

荆：荆轲拜见樊将军。

樊（抬头，疑惑）：荆轲？

荆：臣乃太子一门客。

樊（起身回礼）：於期不知，愿足下海涵。

（樊於期言毕，二人对坐。）

荆：秦之遇将军，可谓深矣。父母宗族皆为戮没，今闻购将军首级以千金，邑万户，将奈何？

樊（仰天长叹，哭）：於期每念之，常痛于骨髓，顾计不知所出耳。

荆：今有一言，可解燕国之患，报将军之仇，何如？

樊（惊讶，忙凑上前）：为之奈何？

荆（为难，突然避席叩拜）：愿得将军之首级以献秦王，秦王必喜而善见臣。臣左手把其袖，右手揕其胸；然则将军之仇报，而燕见陵之耻除矣。将军岂有意乎？

樊（激动，上前搀起荆轲）：此臣日夜切齿拊心也，乃今得闻教。

（樊於期拔剑自刭。荆轲骤惊，后紧闭双目，落泪，跪于尸旁。太子丹跌跌撞撞奔上，见尸大惊，扑跪于尸旁，恸哭。）

丹：丹知荆卿必来见将军，随而至焉，怎料方至此，将军竟已……（伏尸而哭，极哀）

荆（悲痛，哭）：既已无可奈何，太子过哀亦无益。（扶起太子）

35

【第五幕】

函首

（高渐离独自击筑。）

（荆轲手捧樊於期头函，神情肃穆，缓步上，至高渐离前止，静立。高渐离止击筑，抬头，见荆轲手捧一木函，顿时了然于心，神色转而肃穆悲戚，双目直视木函，后紧闭双目，落泪。久之，避席起，双手托木函，与荆轲对视片刻，二人同时跪，双手皆高举，共托木函。）

【第六幕】

急遣

（荆轲独立正厅，目极远眺，若有所思。）

（太子丹上。）

丹：荆卿。（作长揖）

荆（转身面对太子，回拜）：殿下至此，未及远迎，请恕罪。

丹：卿不必拘礼。

（二人坐定。太子丹从袖中取出一锦匣，呈于荆轲前。）

丹：卿使秦需有利器以备。

（荆轲接过匣，取出匕首，细察。）

丹：此乃丹遍求天下之利匕首后所得，赵徐夫人匕首是也。使工以药淬之，以试人，血濡缕，人无不立死者。实天下匕首之至利至毒者也。

荆（看着匕首）：果真非凡。（略一停顿，思忖片刻，转对太子）殿下今特至此，想必并非独为匕首故。

丹：卿之心真如明镜也。自樊将军死，久矣，而秦之于燕愈垂涎，丹深恐燕之祸旦暮之事也。卿独使秦，亦确不甚妥。故丹特令燕勇士名秦舞阳者为副以助卿。（回头）舞阳，觐见。

（秦舞阳上。）

舞（对太子丹、荆轲下拜）：臣舞阳拜见太子殿下、荆卿。

（太子丹点头，荆轲避席回礼。）

丹（对荆轲）：舞阳年方十五，年十三时即杀人，少而勇武，人不敢忤视。为荆卿之副，则万事俱备矣。

（荆轲直视秦舞阳，良久不语，甚感不妥，微微摇头。）

丹：荆卿岂无意哉？丹请先遣秦舞阳。

（荆轲大怒，拍案而起，怒叱太子。）

荆（愤怒）：何太子之遣？往而不反者，竖子也。且提一匕首入不测之强秦。仆所以留者，待吾客与俱。今太子迟之，请辞决矣！

（荆轲提匕首，愤然离去。太子丹、秦舞阳面面相觑，尴尬，俱下。）

【第七幕】

送别

（易水边。荆轲、秦舞阳将上路。太子丹、高渐离着白衣为二人送行。）

（四人跪祭路神，叩拜，同起身。）

丹（担心）：荆卿……（停顿）此去任重而道远……（低头，沉默）

（荆轲直视太子丹，不语，转身欲行。）

高：今卿且行，渐离无多言，唯击筑一曲，待卿之功成身反！

荆（回头，沉默）：轲，不胜感激。

（高渐离坐定，击筑。）

高：探虎穴兮入蛟宫，仰天长嘘兮成白虹。

（高渐离击筑片刻，荆轲慨然和之。）

荆（悲壮）：风萧萧兮易水寒，草木黄落兮雁飞南；

    风萧萧兮易水寒，壮士一去兮不复还！

    风萧萧兮易水寒，别故土兮恋关山；

    风萧萧兮易水寒，魂魄有灵兮归故园。

（四人皆哽咽。太子丹垂头不语。荆轲唱毕，仰天长叹，再顾高渐离，决然回头，疾行而去。秦舞阳紧随其后。）

【第八幕】

刺秦

（嬴政端坐于正殿，诏荆轲、秦舞阳觐见。）

（荆轲手捧首级函，秦舞阳手捧地图匣，恭立于嬴政前。）

荆：燕王诚振怖大王之威，不敢兴兵以拒大王，愿举国为内臣，比诸侯之列，给贡职如郡县，而得奉守先王之宗庙。恐惧不敢自陈，谨斩樊於期头，及献燕督亢之地图，函封，燕王拜送于庭，使荆轲、秦舞阳以闻大王。

政（大喜）：荆轲奉樊於期头函，秦舞阳奉地图匣！

（荆轲、秦舞阳捧匣前行，至嬴政处，秦舞阳忽神色惊慌，低头，眼神游离，手抖。嬴政见秦舞阳状，惊恐，忙起身。）

政（怒）：欲何为？

荆（笑答）：北蛮夷之鄙人，未尝见天子，故震慑，愿大王少假借之，使毕使于前。

政（舒气，复坐下）：取舞阳所持地图。

（荆轲从秦舞阳手中取过地图匣。）

政：呈上。

荆：诚请大王恩准荆轲亲上前呈现地图。

政（略一停顿，狐疑）：何故？

荆：地图繁密，非燕国人几不可辨识。荆轲愿亲展地图以尽述其详。

政（释然）：准。

（荆轲上前亲展地图，图穷匕见。嬴政大惊，起身，荆轲顺势左手拉起嬴政衣袖，右手用匕首刺向嬴政。匕首未及嬴政身，嬴政忙躲闪，左袖遂断。嬴政逃下，荆轲追刺。秦舞阳瘫坐于地。嬴政至铜柱前，拔剑，惊慌不得拔出。荆轲再刺，嬴政再闪，未中。下有人喊："王负剑！"嬴政转身从背后拔出剑，猛斩荆轲左股。荆轲不备，左股遂断，于是左腿跪地，右手向嬴政掷匕首，不中，匕首击中铜柱。嬴政复以剑斩刺荆轲，荆轲被刺中八处。）

荆（知事不就，坐地倚柱，仰天大笑，无奈愤恨）：事所以不成者，乃欲以生劫之，必得约契以报太子也。

（嬴政刺荆轲胸口，荆轲倒地，死。复刺秦舞阳，秦死。嬴政独立良久，神情惊慌，茫然，喘息。）

政：厚葬荆轲。（低头，沉默）

政（复怒）：发兵诣赵，诏王翦军以伐燕。必得燕太子丹之首级！

【第九幕】

碎筑

（秦始皇端坐于正殿，平静。）

政：召高渐离。

（高渐离抱筑上。）

高：拜见陛下。（叩拜）

政：朕久闻高卿之善击筑，闻筑声者无不流涕而去者。朕今虽一统天下，亦好乐甚矣，欲置卿。奈何卿尝与太子丹、荆轲过从甚密。今丹、轲二人已殁，故朕姑免卿一死，命人以熏香曜卿之目，使卿目盲，以拜卿为乐官。朕之良苦用心，愿卿可察矣。

高：谢皇恩。（叩拜，复坐定于筑前）

政：卿今既已为朕之乐官，可否为朕击筑一曲？

高：诺。

（高渐离击筑。始皇闭目静听，良久，不自禁，言："善。"遂起身走近高渐离以近听。高渐离闻始皇既近，自觉时机已到，忽止击筑，举筑砸向始皇。始皇大惊，躲闪，未中。）

政（惊恐）：尔视朕为雠！

（始皇拔剑。高渐离起身摸筑，欲复举筑扑始皇，始皇以剑刺高渐离喉，高渐离落泪，倒地，死。）

政（呆立良久，低头，闭目，半晌）：厚葬高渐离。朕将终身不复近六国之人。

39

附：

剧情简介

荆轲，战国末期卫国朝歌（今河南省鹤壁市淇县）人，人称庆卿，据说本是齐国庆氏的后裔，后迁居卫国，始改姓荆。卫人称他为庆卿，而到燕，燕人称他为荆卿。荆轲喜欢读书击剑，为人慷慨侠义，曾游说卫元君，不为所用，后游历到燕国，随后由田光推荐给太子丹。

公元前227年，荆轲带燕督亢地图和樊於期首级，前往秦国刺杀秦王嬴政。临行前，燕太子丹等人在易水边为荆轲送行，场面十分悲壮。好友高渐离击筑，荆轲和着拍节唱道："风萧萧兮易水寒，壮士一去兮不复还。"这是荆轲在告别时所吟唱的诗句。荆轲来到秦国后，秦王在咸阳宫召见了他。荆轲在献燕督亢地图时，图穷匕见，但最终行刺失败，被秦王侍卫所杀。

（郑显祖）

楚汉之争

时间：公元前206年。

地点：秦朝都城咸阳郊外的鸿门。

人物：项羽、刘邦、张良、范增、樊哙、项庄、曹无伤、交戟之卫士。

背景：公元前206年，当时沛公刘邦率领义军攻破武关，进入关中地区。秦王子婴向刘邦投降。刘邦入关后，与秦民约法三章，并派人驻守函谷关，以防项羽进关。当时项羽刚刚于巨鹿之战取得胜利，并歼灭了秦军的主力，正向关中进攻。当项羽到达函谷关后，得知刘邦已经攻陷关中，一怒之下攻陷了关隘，并推进至戏水之西。刘邦当时与其军队同处霸上，暂未会见项羽。当时项羽的兵力大约是四十万人，刘邦军队共约十万人。

【第一幕】

旁白：公元前206年，刘邦率兵攻入关中，秦王子婴系剑投降。时项羽兵力四十万驻军鸿门；刘邦兵力十万驻军霸上，未与项羽相见。

曹无伤（奸诈地）：项王，您恐怕还不知道吧。刘邦自从进入关中以来，一直寻思着称王这件事。他要任用秦降王子婴为丞相，并且占有所有的珍宝！

项羽：好大的胃口啊！

项羽（愤怒地）：来人啊！传令下去明天犒赏士卒，并准备出兵，目标刘邦！

范增（有所思忖地）：刘邦在进入关中之前，贪财好色，现在入关了却不

41

掠取财物也不亲近女色，这说明他的目标不会只是弹丸之地，而是整个天下！（语气加重）我曾经观察过他驻地上空的云彩呈现的是龙虎之状，这是天子之气啊。一定要快点把他灭掉，否则后果很严重！

（项羽、范增下，张良上，坐在正中央，伏案写作状。）

兵卒：报……报告，有……有人求见，自称是张将军的故交。

张良：快请！

（项伯匆匆上。）

张良：项伯兄，久违了！深夜到访，有什么事吗？

项伯（焦急地）：大事啊大事，子房啊，你还是快点跑吧！

张良（奇怪地）：此话怎讲啊？

项伯：我那个侄子要召集全部兵力攻打沛公，你可不能跟他一起去送死啊！

张良：项伯兄有所不知啊！我是来替韩王送沛公的，如今独自逃走就是不守信义，这件事情我一定要告诉沛公！

项伯：那你一定要小心啊！

（项伯下。刘邦上，坐在正中。张良坐右边。）

张良：沛公，出了一件大事。

刘邦：什么大事啊？

良：项王之叔项伯告诉我说，项王已经宴飨三军，要在明天来攻打您。

刘邦（吓了一跳）：这可怎么办？这可怎么办？我也没得罪他啊！

张良（平静地）：项王应该是知道了您的心思，这恐怕不是偶然的。谁给您出的在关中称王的主意呢？

刘邦（咒骂地）：有一个混账小子跟我说，如果我们能够占领函谷关，不让诸侯攻打进来我就可以在秦地称王了。我听有道理就这么办了。

张良：那么您的兵力足够抵挡项王吗？

刘邦（怯懦地）：明摆着差远了啊，该怎么办呢？

张良：请允许我去对项伯说明白，您没有背叛项王的意思，更不是那种不讲义气的人，让他在项王面前美言几句，消除项王的怒气。

刘邦：看来你与项伯早有交情？

张良：这要追溯到秦未亡的时候，我和项伯有交往，而且救过他的命。他从此对我感激不尽，今天要出大事了他就来告诉我。

刘邦：你和他谁年纪大些？

张良：他比我大。

刘邦：请帮我把他请来，我要以对待兄长的礼仪对他！

（张良下，后随项伯上。）

张良：沛公这就是项伯。

项伯：见过沛公！

刘邦（亲自斟了两杯酒）：项伯兄，先请您高座。久仰大名，相见恨晚啊！让我先敬您一杯，祝您身体健康。（敬酒）

项伯：谢谢，谢谢。（接过一饮而尽）

刘邦：项伯兄真是好酒量。

项伯：唉，岁数大了，不如从前了。我的儿子也常常劝阻我，怕我喝醉了。

刘邦：您的儿子可真孝顺哪。您的儿子多大了？

项伯：犬子不才，一十有六。

刘邦：哦？真是巧了，我正有一女，今年也是十六岁。如果大哥不嫌弃愿与大哥结为亲家。

项伯：好啊！我是几辈子修下这么大的福分能与沛公结亲。这门亲事我应下了。

张良：祝贺两位结为秦晋之好。

刘邦：刚才听子房说道项王要带兵攻来，亲家确定这是真的？

项伯：可不是吗！籍儿那孩子认为沛公要在关中称王啊。

刘邦：我怎么敢呢？自从入关以来，我丝毫不敢将财物占为己有，忙着登记官吏名册和户籍册，等待着项王的到来，怎么敢谋反呢？至于我派将士守关，是为了防止发生意外的变故。不仁不义的事情我万万不敢做啊！希望亲家您能劝劝项王消除误会。

项伯：好的。不过明天您还是要早点去见项王，去晚了他就出兵了！

43

【第二幕】

（项羽、项伯上。）

项羽：叔叔，你说刘邦那小子今天能来吗？

项伯：一定会来的。刘邦虽然是个不学无术之人却也不是个坏人。如果他不先打入关中，你怎么能轻易进入呢？现在你又要反过来攻打有功劳的人，这是不正确的。

项羽：我没有出兵的打算了，那不过是句气话。

（项羽先坐在正座上，然后项伯坐在项羽的旁边。）

（范增上。）

范增：启奏大王，我劝你今天可千万别心慈手软，那刘邦可是你的死敌。今天你要是不杀他，就是放虎归山，以后其必为心腹大患。

项羽：亚父请坐。

（范增坐在座位上。）

兵卒：报，沛公到。

项羽：让他进来。

兵卒：是。

（沛公、张良上。）

刘邦：罪臣刘邦给大王请安。

项羽（不屑地）：沛公来啦。

刘邦（又对范增施礼）：罪臣问候范老先生，给老先生请安。

范增（蔑视地）：哼！

刘邦（对项伯施礼）：给项伯将军请安。

项伯：沛公何必多礼，请坐。（对张良）也请张将军坐。

（范增对项王使眼色，项王装作没看见。）

项羽（傲慢地）：坐下吧。沛公，你有什么要说的吗？

刘邦：启禀大王，臣与您一起攻打强秦，您在黄河以北作战，臣在黄河以南作战，我能先进入关中，实在是没有想到的事。想当年您威猛无比，哪里是我能比得了的。不知道是哪个居心叵测的小人挑拨我和您的友好关系……

项羽：那是你的左司马曹无伤说的，他要是不那样说，我何必这样做？

刘邦（嗫嚅地）：请您不要相信他的话。不过臣有罪，打入关中以后的事情没有向您汇报……请您原谅。

项羽：哼！说的就是这个意思！

刘邦（恐惧地）：大王我是个小小亭长出身，有什么魄力跟您争夺呢？

（范增再次对项王使眼色，同时举起玉玦示意项王。项王装作没看见。）

项羽：沛公这么说，那就算了，我们喝酒吧！来，为了咱们久别重逢先干一杯。（众人干杯）

沛公（松一口气）：谢谢项王不怪之恩，让我再敬大王一杯。

（范增举起玉玦示意，项王仍作不知。刘、项二人对饮。）

项羽（自豪地）：想当年我带领八千骑兵反秦，铁马金戈，战无不胜，攻无不克……

刘邦：没错没错！

（范增再次对项王使眼色，同时举起玉玦示意项王。项王装作没看见。）

刘邦：为大王的丰功伟绩干一杯！（与项王又同饮一杯）

范增（咳嗽一声，同时举起玉玦，项王有些不快，皱眉）：大王，臣偶感不适失陪片刻。

（范增出，项庄走到台前。）

范增：项庄，今天给你个机会，成就大事。

项庄（惊讶地）：军师的意思是……

范增：我们大王心太软，下不了手杀刘邦。你上前去给他们祝寿，然后舞剑……明白吗？

项庄：不明白。

范增：榆木疙瘩，那刘邦小儿，人格下流，野心勃勃，能夺项王天下的非他莫属。如今要趁他羽翼未丰赶紧除掉他，否则我们都要成为他的俘虏！

项庄：啊，我明白了。可是大王怪罪下来……

范增：大王并不是真心善待刘邦，你只管去做就是了。

项庄：是。

（项庄上，执剑而拜。）

项庄：拜见大王。臣以为在这里没有什么可以为您和沛公助兴的，于是斗胆献丑，请大王允许我舞剑助兴。

项羽：好吧。庄弟的剑术恐怕无人能及了。

项庄：大王过奖！

（开始舞剑，渐渐接近沛公。项伯起，与之共同舞剑。）

项伯（挑开刺向沛公的项庄的剑，耳语项庄）：你不能杀沛公。

项庄（双剑交叉）：这是范军师的命令。

项伯：你这孩子真不听话，记着，连大王都听我的！

张良（不安地起身）：大王，请允许我出帐方便一下。

（项羽点点头，张良下。）

项羽：项庄退下吧。

（项庄快速而下。）

（范增恶狠狠地看看刘邦，又无奈地看着项羽。）

（张良见樊哙。）

樊哙（焦急地）：里面什么情况？

张良：糟糕透顶！项庄准是受命于范增，以舞剑的名义，时刻想着刺杀沛公！沛公危险啊。

樊哙：欺人太甚！让我进去和沛公同生共死！

（樊哙直冲帐门而去。张良紧跟在后面。卫士想挡住他，被他用盾撞倒在地上。）

（樊哙入帐，披帷站在宴席前怒视着项羽。）

项羽（有所戒备地）：这位是谁？

张良：大王，这是沛公的车夫樊哙。

项羽：是个壮士！赐酒！

（兵卒上酒。）

樊哙：谢项王！（饮尽，不卑不亢地看着项羽）

项羽：好酒量！来人，上菜！

（兵卒扛着生猪前腿上。）

（樊哙接过来先把盾牌扣在地上当作菜板，拔出剑来切着吃。）

项羽：壮士还能再喝酒吗？

樊哙：项王太小看人了。我连死都不怕，还害怕喝酒吗？想当年秦王有虎狼般的心肠，杀人只怕不能杀光，给人用刑只怕不能把刑具用尽。就是因为他太残暴了，天下的人都背叛了他。当年咱们出兵的时候，怀王曾经与各位将领约定说，能够先打败秦国、进入咸阳的人，就让他称王。现在，是我们沛公先打败秦国，进入咸阳，我们沛公本来是应该在秦地称王的。可是我们进入秦国却秋毫无犯。我们封闭了宫殿和仓库，又把军队退到霸上，等待着大王您的到来。可以说沛公是功比天高，可是您却要杀掉功臣。您这样做跟秦王有什么两样？您难道忘了秦国为什么会亡国了吗？依我看，大王您不会这样做吧？

（众人神色惊愕。）

项羽（语塞）：壮士请坐。

（樊哙坐在张良边上。）

刘邦：启禀大王我失陪片刻。（示意樊哙）

项王：沛公请便。

（沛公召樊哙、张良一起出去到兵卒歇息处小声商议。）

刘邦：现在出来了，没有当面告辞不太合适吧？

樊哙：您现在讲究这些吗？干大事就不要顾虑细枝末节，行大礼就不要计较小的谦让。现在人家好比是菜刀和菜板，咱们就像那菜板上的鱼和肉。您还告辞干什么！

刘邦：那么子房留下来向他们告辞吧。

张良：您有带着什么礼物吗？

刘邦（从袖子里拿出）：这是一对白玉，我本来要给项王的；这是一双玉如意给范增。刚才看他们一个个表情严肃我没敢拿出来，就委托你了。

张良：您放心吧！

刘邦：先不要急，从这里到我们驻扎地有二十里路，你估计我们到了再进去。

张良：明白。

沛公：哼，等我回去，一定要杀了那个大叛徒！我要让他死无葬身之地。

张良：沛公说得是。

【第三幕】

（沛公等人下。）（帐内）

范增：怎么这么久没有回来？他们三个不会溜了吧？

项羽：不可能！我专门派了陈平跟着呢。

（张良上。）

项羽：张将军可回来了，沛公他们呢？

张良（恭敬地）：沛公喝醉了，不能来告辞，他让臣来转送为您和亚父准备的礼物。（递上）这玉给您，这双如意给亚父。

项羽（收下放好）：那沛公现在在哪里？

张良：沛公听说您要责备他，怕惹您不高兴，独自离开了，现在恐怕已经到了军中了吧。

范增（将如意掷地摔碎）：唉！这小子不值得跟他商量大事。夺项王天下的人一定是沛公了。唉！（起身扬长而去。项羽惊愕地看着他的背影。）

张良（给项羽施礼）：感谢大王盛情款待，在下告辞。

（项羽点头，起身，送别，张良下。）

旁白：话说沛公回到军中，立即诛杀曹无伤。从此，刘项之间的矛盾已经公开化，轰轰烈烈的楚汉战争开始。

附：

排演要求

课本剧能缩短文本与学生现实生活的距离，调动学生学习的主动性和积极性，是一种寓教于乐、行之有效的教学方式。《鸿门宴》节选自司马迁《史记·项羽本纪》，课文叙述了项羽和刘邦争夺天下、相互斗争的一个场面。文章情节跌宕起伏，矛盾冲突紧张激烈、扣人心弦，人物形象栩栩如生、丰满鲜明，人物对话、行动、情态等极富个性，语言表述也十分形象生动，特别适合改编成课本剧，让学生在改编、表演、鉴赏中分析人物的矛盾斗争，认识人物的性格特点。《楚汉之争》是学生在结合课后译文疏通文义的基础上，用现代语言自编、自导、自演的课本剧，取得了较好的教学效果，激发了学生学习语文的兴趣。在课文的阅读、改编和表演的过程中，学生提高了听、说、读、写能力，展现出极为可贵的创造力。同时，课本剧还培养了学生对戏剧文学及艺术的兴趣，陶冶了学生情操，培植了学生丰富的情感。

（段晓琴）

浮世茶馆·昭君出塞

时间：唐朝大历年间。

地点：浮世茶馆、汉代宫廷、唐朝宫廷、宋朝年间

人物：茶馆老板、王昭君、宫女、毛延寿、汉元帝，杜甫、王睿、白居易、刘长卿、戎昱、唐宪宗、大臣三人，王安石。

背景：安史之乱后十年，国家动荡，民生凋敝，杜甫出游三峡，过昭君村作诗怀古，此后多年，昭君出塞的故事在文人当中广为流传。

剧本类型：原创历史情境话剧。

（黑幕，旁白说明。）

旁白：汉元帝建昭年间，王昭君被选入皇宫。如果能得到君王的宠幸，她就能够从民女跃升为皇妃，从此彻底改变命运。但后宫的女人实在太多，汉元帝连看都看不过来，只能安排宫廷画家给每个女人绘制肖像，谁的肖像画得美些，谁就能得到侍寝的机会。

（道具：一桌、一椅、一人、一壶，聚光灯照在此人身上，他面带微笑慢慢起身，他正是浮世茶馆的老板）

老板：各位客官，欢迎各位来到浮世茶馆。各位一路舟车劳顿一定累了吧！是否有口干舌燥的感觉？如果有的话您可一定得尝尝本店的招牌——安神补心茶。什么？您问我茶在哪里？可不就在您的手边吗？怎么样？好喝吗？您说您感觉眼皮越来越沉了？那就对了。不过别担心，本店可不是什么"人肉包子铺"，在下只是想帮您找回您遗失的那一部分。现在，演出才刚刚开始。

（在聚光灯的照射下王昭君和宫女一众人上。）

王昭君（幽幽地）：毛延寿画了几个人了？

宫女：回姐姐，宫女们的肖像都已画完了。姐姐虽则容貌出众，也应按规矩行事，送一些金银钱物过去才是。

王昭君：好姑娘应该矜持，若让我放下尊严，向一个无耻小人赔上笑脸、打点金银、弄虚作假，我宁可在皇宫里寂寞终老。

宫女（叹息）：唉，姐姐不愿放低身段求他，就比不过那些享受美颜滤镜待遇的女子，纵使你容貌出众，但青春是不会等人的。

毛延寿（大摇大摆，被一众拿着笔墨丹青的宫人簇拥着）：想从前我地位卑微，沿街卖画，看今朝我炙手可热，前呼后拥。听说今天要画像的宫女叫王嫱，到今天还未将心意表来，且让我看看这不识抬举的丫头是何模样。

王昭君（安静地坐在椅上，容貌端庄，气质出尘）：来的可是毛延寿画师？

毛延寿（偷偷地瞄几眼王昭君，脸上显出吃惊之色）：这王嫱果然生得绝艳惊人，难怪如此傲慢。不过，纵使你仙女下凡、沉鱼落雁，也得过我这一关，没有银子，满脸麻子。（摆开画纸，提笔挥墨，寥寥几笔，草草了事。）

（灯光渐渐暗下去，幕布拉上。）

老板：各位客官看，这位王昭君身上倒有几分古代知识分子的清高……

旁白：竟宁元年，匈奴单于呼韩邪向汉朝示好，三入长安，提出和亲的请求。一直不被皇帝召见的王昭君听说后，主动请求出塞和亲。这天，正是送昭君出宫的日子。

（王昭君在众多宫女、太监的簇拥下盛装上台。）

宫女：姐姐真傻，没有哪个汉人女子愿意远嫁匈奴，让后半生陷落在既陌生又荒凉的地方，姐姐这又是何苦呢？

王昭君（微微一笑）：与其在皇宫里虚度年华，不如抓住这个机会，赌一下未来的命运。

汉元帝（坐在舞台中央，远远看着慢慢走来的王昭君）：难得我大汉有这样深明大义的女子……（他说话的声音渐渐低了下来，两只眼睛却盯住低头垂眉跪在大殿之上的王昭君，脸上露出惊讶之色）你是宫女王嫱？

王昭君：诺。

汉元帝（低头沉思，脸上显出懊恼的神色，抬头对着大臣高声说）：择个

日子，让呼韩邪单于和王昭君在长安成亲。

旁白：汉元帝真正见到王昭君本人，才发现自己被画像骗得好惨。但这时候后悔已经来不及了，王昭君正式嫁给呼韩邪。呼韩邪单于得到年轻美貌的王昭君，心里既高兴又感激，于是有了昭君出塞的传奇。而汉元帝越想越气，杀掉了以毛延寿为首的一干画家。王昭君远离自己的家乡，长期定居在匈奴地区。她劝呼韩邪单于不要发动战争，还把中原的文化传给匈奴。从这以后，匈奴和汉朝和睦相处，有六十多年没有发生战争。

（聚光灯灭，幕布拉上。）

旁白：时光荏苒，岁月如梭，王昭君再没有回过家乡，死后葬在塞外草原。高大的坟冢称为青冢。昭君虽已作古，然而她的故事却给了诗人们一个绝佳的舞台，各种深刻的见解在美丽诗歌的包装下争奇斗艳。

（在聚光灯的照射下杜甫上台。）

杜甫：在下杜甫，路过湖北秭归，（远远地眺望昭君村的方向，边走边吟）群山万壑赴荆门，生长明妃尚有村。一去紫台连朔漠，独留青冢向黄昏。画图省识春风面，环佩空归月夜魂。千载琵琶作胡语，分明怨恨曲中论。（他吟完以后，自言自语）昭君啊，你不是弱女子，你是英雄豪杰。只有这湍急的江河、群山万壑才配得上你啊！远离家国故土，你一定满怀怨恨……（稍作停顿）但无论怨恨多深，你一定也还思念故国……

王睿（踱着方步上）：莫怨工人丑画身，莫嫌明主遣和亲。当时若不嫁胡虏，只是宫中一舞人。杜老前辈，在下王睿，偶读您的《咏怀古迹》，觉得昭君不该埋怨命运，如果不是远嫁匈奴的话，这辈子她也只能是后宫里一名无人注意的舞女罢了。

白居易（风尘仆仆，略显疲惫）：两位仁兄此言差矣，你们只是远观，若去昭君生长过的村庄去看看就会知道，昭君定然不会只是怨恨或觉得侥幸啊！（突然高声吟唱）灵珠产无种，彩云出无根。亦如彼姝子，生此遐陋村。至丽物难掩，遴选入君门。独美众所嫉，终弃出塞垣。唯此希代色，岂无一顾恩。事排势须去，不得由至尊。白黑既可变，丹青何足论。竟埋代北骨，不返巴东魂。惨澹晚云水，依稀旧乡园。妍姿化已久，但有村名存。村中有遗老，指点为我言。不敢往者戒，恐贻来者冤。至今村女面，烧灼成瘢痕。（吟罢叹气）

昭君的美色总会被人发现，昭君注定会被选入宫，也注定会因为旁人的嫉妒落得出塞远嫁的结局，这就是人性呀！这正如天下读书人凭着绝代才华进入权力场的漩涡，在万分凶险当中博取富贵，难保不会弄巧成拙，下场还不如安安分分的普通百姓。昭君她是天生丽质难自弃，真的是身不由己啊！

刘长卿（彬彬有礼地行礼）：白兄觉得昭君自己没有错吗？（幽幽吟出）自矜妖艳色，不顾丹青人。那知粉缋能相负，却使容华翻误身。上马辞君嫁骄虏，玉颜对人啼不语。北风雁急浮清秋，万里独见黄河流。纤腰不复汉宫宠，双蛾长向胡天愁。琵琶弦中苦调多，萧萧羌笛声相和。可怜一曲传乐府，能使千秋伤绮罗。昭君对自己的美貌太自负了，相信是金子就一定会发光，这才不把那些画家放在眼里，不肯向他们低眉折腰，哪曾想到自己的一生就毁在这样一个细节上。（突然神情黯然，喃喃自语）貌美就容易骄矜，才高就容易自负，自负就不愿在他人面前放低身段啊！

戎昱（须发皆白的戎昱上，面对着杜甫道）：仁兄啊，你们都是借题发挥啊，哪一个不是借昭君来说自己呀？汉家青史上，计拙是和亲。社稷依明主，安危托妇人。岂能将玉貌，便拟静胡尘。地下千年骨，谁为辅佐臣。国家安危只能仰仗英明的君主和将相大臣，哪能寄托在女人的身上呢？昭君一个女子，自己的命运都不能主宰，又岂能左右其他呢？

（几位诗人都各抒己见，欲言又止。幕布在一片讨论声中缓缓拉上，旁白从幕后传出。）

老板：昭君出塞的故事竟然引得无数文人墨客借此酒浇自己心中块垒，不知各位客官可有什么高见？

旁白：元和十二年，边疆接连告急，唐宪宗召开高级会议，要商量一个解决办法出来。老成持重的大臣们集思广益，一致认为和亲才是上策。

唐宪宗（不置可否，忽然顾左右而言他）：最近听说有个诗人，姓名很特别，一时忘记他到底叫什么。朕记得那人的《咏史》诗"汉家青史上，计拙是和亲。社稷依明主，安危托妇人。岂能将玉貌，便拟净沙尘。地下千年骨，谁为辅佐臣"。（吟咏一番之后，笑道）写这首诗的人倘若健在，该把武陵桃花源赏给他，这才配得上他的好诗。

（大臣们低头耳语，议论纷纷。）

大臣一：皇上这不是在夸戎昱，他是在给边疆政策定调子。

大臣二：提议和亲的事就该从此打住了，免得祸从口出啊。

大臣三：欲戴王冠，必承其重。江山是李家的江山，让皇家出几位公主去和亲换来几年太平，免得要百姓们多劳作、多交税来提供军费，免得千千万万的军兵战死疆场，这难道有什么不好吗？难道不应该吗？备战当然必要，但和亲至少可以作为一种辅助的手段嘛……

（大臣们的讨论声此起彼伏，皇上已经退朝离开，幕布缓缓拉上。）

旁白：时光飞逝，历史的车轮碾压了这些议论纷纷的声音，朝代更替，人们的认识也日新月异。

（镁光灯下，王安石若有所思地上台。）

王安石：在下王安石，诗学杜甫，今日偶得一诗。明妃初嫁与胡儿，毡车百辆皆胡姬。含情欲语独无处，传与琵琶心自知。黄金杆拨春风手，弹看飞鸿劝胡酒。汉宫侍女暗垂泪，沙上行人却回首。汉恩自浅胡恩深，人生乐在相知心。可怜青冢已芜没，尚有哀弦留至今。（吟罢自语）汉朝对昭君不好，但匈奴待昭君很好，昭君和匈奴人心心相知，终于过上了开心的日子，为什么非要眷恋故国不可呢？心心相知才是人进退取舍的标准，像杜甫老师那样对皇帝和国家一往情深、虽九死其犹未悔的境界，我是无法企及的啊！

（灯光移动，身着古装的诗人们渐渐退出舞台，灯光聚集在一人、一椅、一壶茶的老板身上，老板起身。）

老板：各位客官，今天我们送出的茶可还和您的胃口？您品出了几重味道呢？

（全体演员上，演员齐诵一首诗谢幕。）

"不把黄金买画工，进身羞与自媒同。始知绝代佳人意，即有千秋国士风。"

老板：王昭君不过是男权时代里的一名弱女子，却甘愿以寂寞终老为代价，甘愿孤立于那些向画师行贿的同伴。那么我们又该怎样活着呢？故事到这里就要告一段落了。如果将来的某一天您又觉得若有所失，请记得浮世茶馆的大门永远为您敞开，再来尝一尝我们的安神补心茶。让我们期待下次再会。

（聚光灯灭，舞台灯都亮起，所有演员谢幕。）

附：

演出注意事项

剧本类型：原创历史情境话剧。

剧本演出串词：昭君出塞的故事流传甚广，不仅因为昭君出塞后维持了两个国度半个多世纪的和平，还因为昭君入宫后不为富贵荣华所动、洁身自好的品格得到了中华民族的认可。本剧的亮点在于昭君去世后，她的故事给了诗人们一个绝佳的舞台，让各种深刻的见解在美丽的诗歌的包装下争奇斗艳，这是一场思想和思想的碰撞。

剧本演出道具：昭君的画像、戏曲舞台的化妆、不同朝代的人物服装。

剧本演出注意事项：演员要全情投入，专注于细节的表演，注意演出不同的年代感，尤其是昭君的耿直和清高。而不同诗人的诗作，都是借昭君之事谈自己的遭遇，所以要注意入戏的争论不是重点，借他人之酒杯抒己心之块垒才是重点。所以对各位诗人的表演一定要悟透诗歌的深层思想，让情感自然流露才好。

特别提醒：演员的选择要稍微注意一下外貌和气质，要和大众心中的历史人物有相似之处。

（石恒艳）

文姬归汉

（京剧精品）

时间：公元216年。

地点：军营、家中。

人物：蔡琰、曹操、左贤王、四番兵、苍头、侍琴、四兵丁。

背景：蔡琰字文姬，陈留圉人也。幼侍卫仲道，只因夫亡无子，只得归宁在家。

【第一幕】

（侍琴引蔡琰同上。）

蔡琰（引子）：才华空把青春误，薄命难赓白首吟。

（念）：镜鸾孤掩已成尘，念乱忧家更痛心。自古文章难赎命，可怜身做未亡人。

（白）：奴家蔡琰字文姬，陈留圉人也。我父在日，官拜左中郎将，封高阳乡侯。奴家幼侍卫仲道，只因夫亡无子，只得归宁在家。幸有我父留下满架书籍，堪以日常消遣。今日闲暇无事，我不免将焦尾琴抚弄一回，也好解除愁闷。待琴。

侍琴（白）：有。

蔡琰（白）：取焦尾琴。

侍琴（白）：是啦。

（侍琴取琴。）

侍琴（白）：小姐，瑶琴在此。

蔡琰（白）：放下。

侍琴（白）：是啦。

蔡琰（白）：待我抚弄一回便了。

（南梆子）：日长时怎解我心中烦闷？见瑶琴不由我睹物思人。

（白）：想我父以抚琴传名，今已成《广陵绝调》了。

（南梆子）：好比那寡女丝弦清调冷，又好比别鹤吟动魄凄心。

（西皮摇板）：在家中从未见捕蝉奇景，却缘何带有那杀伐之声？

（苍头上。）

苍头（白）：启禀小姐，大事不好了！

蔡琰（白）：何事惊慌？快快讲来！

苍头（白）：今有匈奴国造反，逢州抢州，遇县夺县，堪堪杀到我们这里来了哇！

蔡琰（白）：这便如何是好哇？

苍头（白）：小姐就该寻个安静所在，躲避躲避。

蔡琰（白）：事已至此，也只好暂且逃离。苍头。

苍头（白）：在。

蔡琰（白）：你在我家多年，家中之事，只好奉托与你。别是物件都不要紧，唯有老爷留下的书籍，你须要小心保护。待琴。

侍琴（白）：有。

蔡琰（白）：将焦尾琴带好，同我逃生去吧。

侍琴（白）：是啦。

蔡琰（西皮摇板）：没奈何我只得仓皇逃命，留下了老苍头看守门庭。

苍头（白）：哦，是是是。

蔡琰（西皮摇板）：家中事还望你多多地照应。

侍琴（白）：小姐，咱们可快点儿走吧！

（众人同下。）

第一篇 古代部分

【第二幕】

（李榷、四兵丁同上。）

李榷（白）：俺，大司马李榷。适才探马报道，左贤王统兵前来，岂肯容他张狂？众将官！

四兵丁（同白）：有！

李榷（白）：阵前去者！

四兵丁（同白）：啊！

（吹排子。众人同下。）

【第三幕】

蔡琰（内西皮导板）：登山涉水争逃命，

（蔡琰、侍琴同上。）

蔡琰（西皮快板）：女哭男号不忍闻。

胡兵满野追呼近，

哪晓今朝是死生？

举目看，旌旗影，

侧耳听，刀剑声。

我呼天，天不应，

我待入地地无门。

没奈何我只得奔波前进，

（西皮散板）：乱哄哄后边来万马千军。

（二番将、四番兵同上。）

二番将（同白）：哎！你们是做什么的？

侍琴（白）：你管我们呐！我们是逃难的！

二番将（同白）：哪里是逃难的，分明是奸细！巴图鲁！

四番兵（同白）：有！

二番将（同白）：拿下了！

四番兵（同白）：啊！

（二番将、四番兵擒蔡琰、侍琴同下。）

【第四幕】

（左贤王、四番兵同上。）

左贤王（西皮摇板）：此次行军多不利。

（中军上。）

中军（白）：拿住奸细！

左贤王（白）：怎么？奸细？押了上来！

中军（白）：是。将奸细押了上来！

（四番兵押蔡琰、侍琴同上。）

蔡琰（西皮摇板）：听传唤想必是凶多吉少，一霎时怕就要玉殒香销。

左贤王（白）：看这二人，好像好人家女子。左右！

四番兵（同白）：有！

左贤王（白）：与她二人松绑。

四番兵（同白）：啊！

（四番兵同与蔡琰、侍琴松绑。）

左贤王（白）：你们家住哪里？姓字名谁？不要害怕，慢慢地讲来。

蔡琰（白）：容禀。

（西皮摇板）：我本是汉通儒蔡中郎女，姜名字叫文姬通晓诗书。

左贤王（白）：哦！你乃蔡中郎之女，文姬姑娘吗？失敬得很。来！

中军（白）：有！

左贤王（白）：与蔡小姐看座。

中军（白）：是！

蔡琰（白）：谢座！

（蔡琰坐。）

左贤王（白）：你乃聪明女子，若是服从本帅，同享荣华富贵。

蔡琰（白）：我乃名父之女，岂肯充人下陈？国破家亡，无心求活。若蒙见杀，妾之惠也。

侍琴（白）：哎！小姐！别这么样说话呀！

左贤王（白）：你如此激烈，本帅决不难为于你。来，将蔡小姐带到馆驿，好生款待。若有怠慢，定责不贷！

中军（白）：遵命！

左贤王（白）：啊，蔡小姐，安歇去吧。

侍琴（白）：小姐，咱们走吧，小姐，走吧，走吧，咱们……

（蔡琰、侍琴同下。）

左贤王（白）：来！

中军（白）：有！

左贤王（白）：将王妃官服备好，鼓乐送到馆驿。要好言相劝，不要怠慢，违令者斩！

中军（白）：遵命！

左贤王（白）：正是。

（念）：难得相逢遇才女，忙将天书叩单于。

（众人同下。）

【第五幕】

（四龙套同上，中军引曹操同上。）

曹操（引子）：队伍神威，气轩昂，统三军，剿灭他邦。

（众曹将同上。）

曹操（念）：堂堂将才恃英武，威威虎将镇帝都。纷纷剑戟如霜雪，个个儿郎胆气足。

（白）：老夫，曹操。自讨灭群雄，迁都许昌，自为首相，这且不言。今日故旧凋零复痛，桥公之墓。最可叹者，蔡中郎伯喈与我十分交好，又无子嗣。闻得他女文姬，流落南匈奴，为左贤王匹配。此女才学，颇有父风。老夫准备厚礼，欲赎她回国。使蔡中郎有后，以继香烟。想周近熟悉胡情，便命他前往。来！

中军（白）：有。

曹操（白）：周近进帐。

中军（白）：是。周大夫进帐！

周近（内白）：来也。

（周近上。）

周近（念）：　一生素识边夷信，怕是曹公命远行。

（白）：参见丞相。

曹操（白）：一旁坐下。

周近（白）：谢座。传唤小官，有何吩咐？

曹操（白）：老夫今日想起一事，想蔡中郎与老夫交好，又无嗣子。闻得其女文姬，流落南匈奴，为左贤王妃。命你去往胡营，将她赎回国来。老夫准备黄金千两、彩缎百段，送与那单于。我想此事，定能办到，只是有劳大夫远行了。

周近（白）：区区远行，何劳之有？待小官收拾起行便了。

曹操（白）：有劳大夫了！

（西皮摇板）：想此事表人情一番举动，准备着行聘礼送到胡中。

周近（白）：遵命。

（西皮摇板）：别丞相此远行亦非劳顿，表一表朋友情五伦之中。

（周近下。）

曹操（西皮摇板）：记当日拜桥公过世腹痛，

（白）：掩门。

（四龙套同下。）

曹操（西皮摇板）：喜此番赎文姬定庆成功。

（曹操下。）

【第六幕】

（侍琴上。）

61

侍琴（西皮摇板）：胡中岁月无皇历，但见草枯又一年。

（白）：我，侍琴。只因我家小姐听我相劝，嫁了左贤王，左贤王倒也十分喜爱。怎奈我家小姐终日愁眉泪眼，闷闷不乐，想念家乡。唉！这也难怪，就是连我，将来也不知道如何打算哪？计算起来也有十年了，且喜我家小姐生下二子，我家小姐的意思，叫我教给二位公子汉朝的文字，将来也好回国。咳！这也是我家小姐一片痴心妄想。人家的孩子哪能跟你回国呢？咳，看今日天气晴和，不免带他们两人出去游逛便了。

（西皮摇板）：在胡中衣和食两都不便，悔不该与小姐误进忠言。

（侍琴下。）

【第七幕】

（周近、四兵丁同上。）

周近（西皮摇板）：奉朝命不辞劳远行万里，

　　　　　　　　都只为怜才女赎那文姬。

　　　　　　　　满目中蔽尘沙已到胡地，

　　　　　　　　要与那匈奴国说明是非。

（白）：周近。奉曹丞相之命，去到南匈奴，赎回蔡文姬。看看离胡地不远。左右！

四兵丁（同白）：有。

周近（白）：趱行者！

四兵丁（同白）：啊。

周近（西皮摇板）：数月间在鞍马程途难定，又只见半空中雨雪霏迷。

（周近、四兵丁同下。）

【第八幕】

（四宫娥引蔡琰、侍琴同上。）

蔡琰（西皮原板）：荒原寒日嘶胡马，

万里云山归路遐。

蒙头霜霰冬和夏，

满目牛羊风卷沙。

伤心竟把胡人嫁，

忍耻偷生计已差。

月明孤影毡庐下，

何处云飞是妾家？

（左贤王上。）

左贤王（西皮散板）：看贤妻这恩情半真半假，

却缘何每日里泪落如麻？

我只得进宫院撩她情话。

蔡琰（西皮散板）：原来是上早朝走马还家。

左贤王（白）：啊，我看妃子面带泪痕，为了何事？

蔡琰（白）：我并未落泪呀。

左贤王（白）：明明泪痕未干，怎说无有？何必隐瞒于我？

侍琴（白）：对啦，小姐。

左贤王（白）：哦！莫非是我胡人粗鲁？还有什么不满意之事吗？

蔡琰（白）：王爷待我恩情甚好，还有什么不满意之处？王爷不要多疑。

左贤王（白）：既然如此，我从不见你一开笑口。你我既为夫妻，有话就该言讲，不必隐瞒于我，也好替妃子你分忧解愁。

侍琴（白）：小姐，您有什么话儿，就跟王爷说吧。

蔡琰（白）：王爷再三询问，妾也不敢隐瞒。自古道"狐死尚要首丘"，何况我们人类？是我每日思念家乡，故而伤心落泪。

左贤王（白）：这倒容易得很。

蔡琰（白）：噢！真个容易？不知几时可以回国？

左贤王（白）：待我养兵数载，夺取汉朝天下，带你回国。那时还要封你做王后，岂不容易得很？

蔡琰（白）：王爷，你要取那汉室天下，便是我国仇人。觍颜事仇，妾所不愿。唯有一死而已！

左贤王（白）：不必如此，你我饮酒取乐。

蔡琰（白）：陪侍王爷。

左贤王（白）：来，酒宴摆上。

四宫娥（同白）：是。

（吹排子。四宫娥同摆宴。）

左贤王（白）：妃子请。

蔡琰（白）：请。

左贤王（白）：啊！你为何又伤心落泪呀？

蔡琰（白）：我并未落泪。

左贤王（白）：待我与妃子把盏。

蔡琰（白）：妾实不会饮酒，王爷多吃几杯吧。

左贤王（白）：哦，妃子既不愿饮酒，你我去至郊外，行围射猎，消遣一回，你看如何？

蔡琰（白）：胡人欢喜骑射，妾是不惯的。

左贤王（白）：这又不好，那又不好，这倒难了。

（家院上。）

家院（白）：宫中宣召，速速进宫。

左贤王（白）：知道了！

（家院下。）

左贤王（白）：啊，妃子，宽饮几杯，我去去就来。带马。

蔡琰（白）：送王爷。

（左贤王下。）

蔡琰（白）：看他这样殷勤，他哪知我的苦心啫！

（西皮散板）：终日里对胡人笑啼都假，献殷勤又何必埋怨于他？

（蔡琰下，众人同下。）

【第九幕】

（单于、大臣、四侍卫同上。）

单于（西皮摇板）：满朝争识单于贵。

大臣（白）：周大夫到。

单于（白）：有请。

大臣（白）：有请。

（吹排子。周近、四兵丁同上。）

单于（白）：啊，大夫请！请坐！不知大夫驾到，孤有失远迎，面前恕罪！

周近（白）：周某来得鲁莽，单于海涵！

单于（白）：岂敢！大夫到此，有何见教？

周近（白）：只因我国有一女子，名叫蔡文姬，乃是通儒蔡中郎之女。我家丞相特命下官前来赎她回国，单于做主。

单于（白）：虽有此女，配与左贤王为妻，在此居住多年。何必叫她回去？

周近（白）：只因她父无子，就生此女。我家丞相特备黄金千两、彩缎百段，望求单于笑纳。来！

四兵丁（同白）：有。

周近（白）：礼物抬上来。

四兵丁（白）：啊。

（四兵丁同抬彩礼。）

单于（白）：呜呼呼呀！这些个礼物，孤家安能不收？嗯，我自有道理。啊，大夫，那左贤王，乃是我国大臣。若将他夫妻拆散，如之奈何？

周近（白）：啊，单于，想今日中国，俱是曹丞相势力之下。破乌桓，斩蹋顿，殆忘异心。我想为一女子，开罪天朝，未免有些不便吧！

单于（白）：大夫所言极是。这礼物焉敢不收？来！

四侍卫（同白）：有。

单于（白）：礼物抬了下去。

大臣（白）：抬了下去。

单于（白）：大夫暂居馆驿歇息，孤家自有主张。

周近（白）：周某静听大王好音。暂时别。

单于（白）：好，奉送。

（周近、四兵丁同下。单于、四侍卫、大臣同下。）

【第十幕】

（左贤王上，侍琴上。）

左贤王（白）：你将这圣旨交与你家小姐，叫她即刻回国便了。

（左贤王递旨。）

侍琴（白）：哎，是啦。

（左贤王下。）

侍琴（白）：啊！这下可好啦！我们小姐要回国了！我给我们小姐送个信儿去。有请小姐。

（蔡琰、二王子同上。）

蔡琰（念）：极目胡天空咏叹，不知何处是长安。

（白）：何事？

侍琴（白）：小姐，您大喜啦！您瞧瞧这上面都写的是什么？

蔡琰（白）：待我看来。

（侍琴呈旨，蔡琰看。）

蔡琰（白）：好了，待我谢天谢地。侍琴。

侍琴（白）：有。

蔡琰（白）：你可晓得几时可以启程？

侍琴（白）：那我也不知道哇！

蔡琰（白）：你去传话周大夫，要急速启程才好。

侍琴（白）：是啦。

二王子（同白）：妈呀！您上哪儿呀？

蔡琰（白）：无端生此两儿，我一旦回国，他二人岂不成无母之人吗？侍琴。

侍琴（白）：哎。

蔡琰（白）：你替我想来，如今我倒是去住两难了。

侍琴（白）：这叫我也是没有主意呀！

蔡琰（白）：我一心想念家乡，适逢机会，难道为这两个孽障，就永远葬身此地不成？机缘错过，后悔难追！还是硬着心肠，回国便了。

二王子（同白）：妈呀！您回去带着我吧！您带着我！您带着我！

侍琴（白）：哎，我说小姐，这父母疼子可都是一样的。

蔡琰（白）：咳！是啊！父母爱子，人有同情。想我父在日，何等疼爱于我。如今三尺孤坟，连一杯麦饭都无人祭扫。我若是牵连私情，把祖宗丘墓弃之不顾，我怎对得住先人？又怎对得起那曹丞相啊？也罢！你与我收拾行装，就此启程便了。

侍琴（白）：是啦。

二王子（同白）：妈！您带着我！带着我！您带着我！

蔡琰（白）：好好好，你二人不要啼哭，你随着侍琴去换衣服，我们带你二人回去就是。

侍琴（白）：是啦，咱们去换衣服去。

二王子（同白）：您带我们去啦？

侍琴（白）：走吧，走吧，走吧，咱们换衣裳去。

蔡琰（白）：侍琴。

侍琴（白）：哎。你们俩先去吧。

二王子（同白）：你来，你来，你来。

（二王子同下。）

侍琴（白）：小姐，您叫我什么事啊？

蔡琰（白）：你看他二人如此可爱，叫我怎生舍得？

侍琴（白）：不用说您舍不得，就是连我也舍不得他们哪！

蔡琰（白）：怎么！你也是舍不得他们？

侍琴（白）：对啦。

蔡琰（白）：哎呀，这就好了。我本想带你回国，看此情形，只好烦你抚养他们，待成人之后，我多备金银，赎你回国。你不要推辞，我这里拜托了。

侍琴（白）：我说小姐，事到如今，我也不敢推辞。可是一样，小姐此番回得国去，可不要忘了我呀！

蔡琰（白）：侍琴，我焉能忘你的大恩？你去哄住他二人，不要与我见面。免得临别之时，悲痛难挨也！

67

侍琴（白）：哎！是啦！

（侍琴下。）

蔡琰（白）：生离不如死别了！

（西皮摇板）：日日思归归又怨，

　　　　　　不归却又一心悬。

　　　　　　还乡惜别两难遣，

　　　　　　宁弃胡儿归故园。

（蔡琰下。）

【第十一幕】

李成（内白）：啊哈！

（李成上。）

李成（白）：我本，（数板）我本是中国人，是也有买卖做。记得那一年，是胡人来打我。胡人来得凶，是杀人又放火。我是惯爱说大话，是趴到死人堆里头躲一躲。偏偏肚子不争气，是叽里咕噜直觉饿。刚刚把头钻出来，胡兵看见把我掳。掳到他国不当人，是愣要当个牛马做。这样看起来，是国别亡，是家别破。给人家外国当奴隶，是真叫实难过，实难过。

（白）：在下李成，我也是中国人。只因那年胡人造反，把我掳到他国。还算好，不肯伤害我的性命。赏我一名老军，让我看守昭君墓，这且不言。听说被俘虏来的蔡文姬蔡小姐，奉旨要回国了。可惜一样啊，不打我们这儿经过。我打算往上赶上几站，到了那儿我要求要求，把我带回国去。我们这儿还有一个伙伴哪，把他叫出来，我们商量商量。我说伙计，伙计！

张四（内白）：啊哈！

（张四上。）

张四（白）：哎，什么事啊？

李成（白）：什么事情啊？

张四（白）：啊！

李成（白）：你知道蔡小姐呀，奉旨要回国啦。

张四（白）：噢！

李成（白）：可惜一样啊。

张四（白）：怎么？

李成（白）：不打咱们这儿经过。我打算哪，赶上几站哪，要求把咱们带回国去，你瞧怎么样啊？

张四（白）：是这么个事啊？

李成（白）：啊！

张四（白）：你这儿等着，我去。

李成（白）：嘿嘿嘿！什么你去呀？你瞧你长相到那儿一说砸了，不带咱们了，那怎么办哪？

张四（白）：那怎么那个？

李成（白）：怎么办？

张四（白）：啊？

李成（白）：我去。

张四（白）：你去？

李成（白）：你这儿等着我。

张四（白）：噢。

李成（白）：向例我是会运动啊。

张四（白）：是啊。

李成（白）：运动好了，把咱们带回国去，咱们还吹哪。

张四（白）：吹什么呀？

李成（白）：咱们就说呀，新近咱们游历外洋回来的。

张四（白）：哎，这倒不错！

李成（白）：听我的信，我去。

张四（白）：你可别把我忘了！

李成（白）：没错！听信儿吧！

张四（白）：听信儿！

（李成下，张四下。）

【第十二幕】

蔡琰（内西皮导板）：整归鞭行不尽天山万里，

（四兵丁、周近引蔡琰同上。）

蔡琰（西皮慢板）：见黄沙和边草一样低迷。

又听得马啸啸悲风动地，

虽然是行路难却幸生归。

悔当日生胡儿不能捐弃，

到如今行一步一步远足重难移。

从此后隔死生，

（西皮散板）：永无消息，

周近（白）：趱行者！

蔡琰（西皮散板）：反叫我对穹庐无限依依！

（众人同下。）

【第十三幕】

（周近上。）

周近（西皮摇板）：望长天观日落光辉暗淡，倒不如在此处少驻整鞍。

（白）：一路行来，天色将晚，不免在馆驿住宿一宵，明日再行。远远望见小姐来也。

（四兵丁引蔡琰同上。）

周近（白）：禀小姐，天色已晚，就在馆驿安宿一宵，特来请示。

蔡琰（白）：但凭大夫。

周近（白）：驿馆去者。

四兵丁（同白）：啊。

（众人同走圆场。）

蔡琰（白）：大夫鞍马劳乏，请歇息去吧。

周近（白）：遵命。

（周近下。）

蔡琰（念）：爱胡儿又恨胡乡，旧怨初平新怨长。

（号角声。）

蔡琰（白）：看如此荒郊，月光惨淡，朔风四起，孤灯不明，叫我这伤心人如何可以安睡？驿亭外胡笳远鸣，声声哀怨，似代我诉说离愁。我蔡文姬柔肠寸断矣！想我在胡中多年，感胡笳之声，用琴写之。曾制有《胡笳》第十三拍，今夜千愁万恨并在心头，我不免再制成《胡笳》第十四拍，也好稍抒幽愤。人生到此，怎不凄凉人也！

（号角声。）

蔡琰（二黄慢板）：身归国兮儿莫知随，

心悬悬兮长如饥。

四时万物兮有盛衰，

唯有愁苦兮不暂移。

山高地阔兮见汝无期，

更深夜阑兮梦汝来斯。

梦中执手兮一喜一悲，

觉后痛吾心兮无休歇时。

十有四拍兮涕泪交垂，

河水东流兮心是思。

侍女（白）：天已不早，请小姐登程。

蔡琰（白）：就此启程。正是，

（念）：星河寥落胡天晓，关塞萧条白日长。

（众人同下。）

【第十四幕】

李成（内白）：啊哈！

（李成上。）

李成（念）：连日赶路多辛苦，大风如刀削屁股。

（白）：今天蔡小姐奉旨回国了，我不免在这大路旁边等候小姐。看那旁黄尘起处，想必是小姐的人役来也！

（四兵丁、周近引蔡琰同上。）

李成（白）：迎接小姐！

蔡琰（白）：你是什么人？

周近（白）：人役列开！

李成（白）：是，哦，参见小姐。

蔡琰（白）：你是做什么的？

李成（白）：小人是看守昭君墓的老军，我也是中国人。听说您要回国了，求您把我带回去吧。

蔡琰（白）：啊，周大夫，我想昭君可怜得很，我想前去祭奠一番，你意如何？

周近（白）：但凭小姐。

蔡琰（白）：墓陵离此多远？

李成（白）：还有一箭多地。

蔡琰（白）：你叫什么名字？

李成（白）：小人名叫李成。

蔡琰（白）：李成。

李成（白）：有！

蔡琰（白）：带路前往。

李成（白）：是！诸位随我来。

（众人同下。）

【第十五幕】

（张四上。李成上，四兵丁、周近引蔡琰同上。）

李成（白）：来此已是。

蔡琰（白）：可有香火？

李成（白）：哦，外国不兴那个。

蔡琰（白）：待我潦草祭奠一番。

李成（白）：是。

蔡琰（白）：明妃啊！我与你境遇相同，这伤心一样。我今日到此，祭奠与你，不知你地下阴灵可能知晓否？

（二黄导板）：见坟台哭一声明妃细听。

周近（白）：席地而坐。

（众人同坐。）

蔡琰（回龙）：我文姬来奠酒诉说衷情，

（反二黄慢板）：你本是误丹青毕生饮恨，

我也曾被娥眉累苦此身。

（反二黄快三眼）：你输我及生前得归乡井，

我输你保骨肉幸免飘零。

问苍天何使我两人共命？

听琵琶马上曲悲切笳声。

看狼山闻陇水梦魂，

（反二黄散板）：犹警，可怜你留青冢独向黄昏。

张四（白）：参见小姐，我名叫张四，我也是中国人。听说您回国，您把我带回去得啦。

李成（白）：哎，小姐，他还年轻哪。让他这儿看着，您把我带回去得啦。

张四（白）：别介！别介！别介！您把我带回去得啦。

蔡琰（白）：你二人俱是中原人，可晓得墓中也是中国人哪？烦你们多看守几年，待有机会，再回国去吧。

李成、张四（同白）：是。

蔡琰（白）：看赏。

周近（白）：是。

（周近递银。）

李成（白）：谢小姐。咳！你呀！你净跟着搅吗你！

张四（白）：你净跟我吵吗！

李成（白）：谁也不带啦！

（李成、张四同下。）

蔡琰（白）：我们启程吧。

（反二黄散板）：这叫作惺惺相怜同命，

她那在九泉下应解伤心。

我只得含悲泪兼程前进，

还望她向天南月夜归魂。

（众人同下。）

【第十六幕】

（吹打，四龙套、曹操同上。四兵丁、周近引蔡琰同上。）

曹操（白）：大夫歇息去吧。

（周近下，四兵丁同下。）

蔡琰（白）：叩见伯父。

曹操（白）：免礼，快快请起。一路劳乏，歇息去吧。

蔡琰（白）：容侄女回家探视，再来叩府谢恩。

曹操（白）：好，回府歇息去吧。

蔡琰（白）：正是，

（念）：我生不辰逢离乱，幸叫生入玉门关。

（蔡琰下。）

曹操（白）：回府！

（众人同下。）

（完）

（侯一农）

鲁提辖

（初中语文课本剧）

时间：午后。

地点：郑屠肉铺前。

人物：鲁提辖、郑屠、店小二、众邻居。

背景：鲁达为金氏父女平冤，三次消遣郑屠，并三拳打死郑屠。

（郑屠开着两间门面，两副肉案，悬挂着三五条猪肉。郑屠正在门前柜身内坐定，看那十来个刀手卖肉。）

鲁达（气势汹汹地来到肉铺）：郑——屠。

郑屠（略显慌张，急忙出柜，走了个踉跄）：不知大人到此，有失远迎，提辖恕罪。（对下手做个手势，下手搬来椅子，郑屠用袖子擦凳子）提辖官人请坐。（大喝）伙计，端茶去！（恭敬地）提辖大人有何吩咐？

鲁达（坐下，跷起二郎腿，双手向左侧一抱拳）：奉着经略相公钧旨要十斤精肉，切作臊子，不要见半点肥的在上面。

郑屠（眉头微皱，随后眉开眼笑）：使得，使得。（随即叫来了下手）你们快选好的切十斤去。

鲁达（故作不耐烦）：不要那等腌臜厮们动手，你自与我切。（说完就站起来，一瞪眼）

郑屠（迟疑）：说得是，小人自切便了。

（郑屠到肉案拣了十斤精肉，细细切作臊子。手脚还麻利，不时地擦汗。心想府上可能要做混沌。不过十斤岂不多了点。郑屠边切边嘀咕着，整整切了

两个小时，只见他转动手指头，伸个懒腰，用荷叶把肉包起来。）

（店小二捂着脸，从舞台一边出，向郑屠做金氏父女逃走的手势，就是不敢上前禀报。）

郑屠：提辖官人，叫人送去？

鲁达：送什么！且住，再要十斤都是肥的，不要见些精的在上面，也要切作臊子。（提辖说完两脚叉开，两手插着腰）

郑屠（满脸疑惑）：却才精的，怕府里要裹馄饨，肥的臊子又有何用？（少了先前的殷勤，多了几分不满）

鲁达（睁大眼睛，提高嗓门）：相公钧旨吩咐洒家，谁敢问他？

郑屠（满脸堆笑，不情愿地）：是合用的东西，小人切便了。

（郑屠又选了十斤实膘的肥肉，也细细地切作臊子，把荷叶包了。整弄了一早晨，却得饭罢时候。）

（小二探出头来，和郑屠使了个眼色，不敢靠前。买肉的主顾也一并向后退了。）

郑屠（强颜欢笑）：着人与提辖拿了，送将府里去？

鲁达（不领情）：再要十斤寸软骨，也要细细地剁作臊子，不要见些肉在上面。

郑屠（不耐烦，奸笑一声，极度不满）：却不是特地来消遣我？（将肉怒置案上）

鲁达（暗自作喜，跳上桌子，睁大眼睛）：洒家就是特地来消遣你。

（鲁达把两包臊子劈面打将去，就像是下了一阵的"肉雨"。郑屠心中大怒，从肉案上拿来一把剔骨尖刀，冲向鲁达，鲁达早已跳到街上。）

（店小二傻眼了，两手哆嗦，愣在那。众邻舍也退将了去，不敢向前。）

（郑屠拿刀扑向鲁达，鲁就势按住郑屠拿刀的手。一踢小腹，二踏胸脯，三提拳头。）

鲁达（暴怒）：洒家始投老种经略相公，做到关西五路廉访使，也不枉了叫作"镇关西"！你是个卖肉的操刀屠户，狗一般的人，也叫作"镇关西"？

（鲁达照着他的鼻子一拳打下去。郑屠哀号一声。音乐起，类似叮当声。）

郑屠（被鲁达打倒在地，挣扎不起来，口里直叫）：哼，打得好！（说话

没好气）

　　鲁达（怒火冲天）：直娘贼！还敢应口！

　　（鲁达提起拳头朝眼眶际眉梢又打一拳，郑屠口中血涌了出来。作头晕目眩状只好求饶。众人有捂住眼睛的，有捂住嘴巴的，个个吓傻眼了。）

　　郑屠（有气无力）：提辖饶命，小的再也不敢了。

　　鲁达（气不过）：咄！你是个破落户！若只和俺硬到底，洒家倒饶了你！你如今对俺讨饶，俺绝不饶你！哼！

　　（鲁达抓起郑屠，又朝其太阳穴打下一拳。锣声音乐起。郑屠痛苦挣扎几下，挺在地上。鲁达伸出手指探郑屠的鼻息。）

　　鲁达（一看情况不妙，故作声势）：你这厮诈死，洒家再打！（心里盘算着）俺只想痛打这厮一顿，给个教训，不料却三拳打死了他。早晚要吃官司，不如及早撒开。（一边奔走，一边回头喊着）你这厮诈死，洒家与你慢慢理会！

　　（鲁达从人群中一侧下，众人一拥而上。店小二见状，探了郑屠的鼻息，大喊郑屠死了。郑屠的下手拖着郑屠的尸体退下。）

　　尾声：众人看到郑屠死了，纷纷拍手称快。金氏父女担心鲁达吃亏又折了回来，见到这一场面，随即跪地叩了个响头。围观的小孩口中念道：英雄一生平安。好人一生平安。

　　（音乐刘欢《好汉歌》响起，演员集体上台谢幕。）

（侯一农）

林教头风雪山神庙

时间：北宋时期。

地点：沧州客栈、草料场、古庙。

人物：林冲、陆谦、差拨、管营、李小二、小二妻、旁白甲、旁白乙。

背景：林冲因为得罪了高太尉，被高俅刺配沧州府，在这里又遇见了故友李小二，便在李小二的酒馆里时常往来。于是，一天……

【第一幕】

（双旁白，搬一张桌子、三个凳子上，两人坐在桌前。）

探讨问题：草料场火灾的背后隐藏着什么？

旁白乙（清了清嗓子，以说书的语气）：上回书说到，林冲因为得罪了高太尉，被高俅设计刺配沧州府，在这里又遇见了故友李小二，便在李小二的酒馆里时常往来。于是，一天……

【第二幕】

（旁白甲、乙下，但东西不用撤，陆谦、走卒上，陆谦斯文地走在前面，走卒小心地跟在后面）

陆谦（面对观众）：小生姓陆名谦，职务虞候太尉边，如今谨遵大人命，要将林冲送西天。（作揖，奸笑）

陆谦：小二。（拉长声音）

（李小二上，低三下四，肩上挂着毛巾。）

李小二（点头哈腰）：二位官爷，打尖儿还是住店？

陆谦（从兜里掏出一锭银子放到李小二手中）：且收放柜上，取上好的酒来，待客一至，酒馔只顾将来，闲话不必过问。

李小二：官爷请甚客？（连忙把银子放兜里，热情地说）

陆谦：烦请管营、差拨来此。便道有位官人有请，专等、专等。（文雅地）

李小二：是，官人。（鞠躬，退场）

（走卒始终立在陆谦身旁。）

陆谦（自白）：唉，林冲这厮不知好歹，高太尉岂是他一教头得罪得起的？识时务者为俊杰，林冲，休怪我陆谦无情！（狡诈又冷酷地）

（管营、差拨上。）

管营（看了看陆谦，又看了看走卒，粗声大气地说）：我是沧州府管营，素不相识，敢问官人高姓大名？

陆谦（看着管营连忙立起来，行礼）：管营大哥好，（又看了看差拨）那这位必定是差拨大哥了（又行礼）。两位大哥，（扬了扬手中的信）有书在此。高太尉命我等在沧州务必结果了……（话未说完骤停）

（小二此时正好端酒上，陆谦看见了，因此说话停了。）

差拨（粗声粗气、不加考虑地问道）：高太尉让结果什么？你倒是说呀？

（小儿一愣，仍把酒端上。）

小二：三位官爷，（又瞧了瞧走卒补充道）四位官爷，你们的酒取来了。

陆谦（有些不耐烦地）：你先下去，不叫你休来。

小二（点头哈腰）：是，官爷。（下）

管营（着急地问）：太尉吩咐什么事？

（陆谦把文书递给管营和差拨。）

（差拨和管营看后脸色十分平静。）

管营：结果一个小小的林冲，还要劳烦虞候大驾，真是杀鸡用牛刀。（淡定）

差拨：就是，在俺手里的犯人，少说也有几十，一个林冲又能算得上什么呢？（淡定）

陆谦（谦卑地）：两位大哥智勇双全，在下就静候佳音了。

（陆谦拿出一大包银子放在桌上。）

管营（倒抽一口冷气）：噫吁嚱。

差拨（同时）：哇呀呀！

（小二又端着一壶酒来了。）

陆谦（想藏金银又没法藏，差拨、管营直勾勾地盯着金银看，冲着小二严厉地）：你为何再来！

小二（特别害怕地）：这个……小人，（结巴）小人怕你们的酒凉了，再给你们端上一壶。（鞠躬）

陆谦（怒色稍退）：你下去，不要再来打搅，否则拿你是问。

（小二唯唯诺诺地下了。）

陆谦（谦卑地）：就拜托二位了。

管营、差拨（把金银收下）：包在我们身上了，请太尉放心。

（四人下。）

（小二拉着妻子上。）

小二（惊慌地）：娘子，不得了了。

妻：什么事这么惊慌？

小二：刚才有两个东京来的尴尬人，叫了管营和差拨吃酒，又塞银子又给文书，嘴里还说着什么高太尉，莫不是与林冲有什么关系？

妻：说得是，何不叫林冲一起过来商议？

（林冲上，面带微笑，正气凛然。）

林冲（一作揖）：二哥二嫂，做得好买卖。

小二（着急地上前压低声音给林冲说）：刚才来了两个东京来的尴尬人，叫了管营与差拨，给他们金银，还说高太尉什么的，小人怕对恩人有妨碍。

林冲（急切地）：那人什么模样？

小二（慢慢地回忆状）：长相斯文，白白净净的，约有三十来岁。

林冲（大怒、声音很大）：这厮便是陆谦，这泼贼竟然来此地害我！（咬牙切齿、拳头紧握）这厮若让我撞见，定让他骨肉为泥！

小二：恩人息怒，只提防吧，岂不闻"吃饭防噎，走路防跌"。

（三人下。）

【第三幕】

（旁白甲、乙上。）

旁白甲：林场这一闹可不得了，貌似有大战的味道了，那么接下来会怎么样呢？（问旁白乙）

旁白乙：话说林冲盛怒之下离了小二家，去集市上买了尖刀，便四下寻那陆虞候，一连三五日也杳无音讯，不由心下慢了。又话说林冲被唤去看守草料场，与原看守交接后，却不料……（欲知后事如何，请看此回分解）

（旁白甲、乙下。）

【第四幕】

［草料场中，林冲上，一手拿着花枪，肩上挎着包裹（脏兮兮的），腰里引着尖刀，龙套乙、丙举着牌（牌子写着"草屋"）。］

林冲（疑惑）：近日不见陆谦这厮来害我，反倒叫我来管这草料场，不知是何用意。

（担忧）这雪是越下越大，千万不要把这草屋压塌才好，待我出来看看……

［林冲上前几步（背景放风呼啸声），龙套甲举牌（牌子写着"我是雪"）在林冲面前跑过，面朝观众。］

林冲：唉，这可如何是好？（眉头紧锁）

（龙套甲又上，举着牌子写着"雪更大了"。）

（背景音乐放房屋倒塌的声音，林冲回头看时，发现龙套乙和丙倒了。）

林冲（无奈地）：这可如何是好？（沉思状）噫，半里外有一座古庙，可以安身。何不去那儿？

（林冲原地踏步，装作向前走的样子，走了一会儿。）

（龙套乙、丙又站起来，手拉着手，龙套乙把牌子反过来，写着"墙"。

两人把舞台分成两部分，林冲在一部分。）

林冲（沉吟半晌）：这下只能先在这里安身了，待天亮了再想些什么法子。

（差拨、陆谦、管营三人走上台，三人都一脸奸猾的表情。）

差拨（小人得志状）：哈哈哈哈，林冲这厮这次必死无疑了。

林冲：噫，怎么有人说话？待俺听上一番。（跑到墙边，趴在墙边）

管营（喜悦）：这次我们烧了草料场，林冲这小子今番直吃了我们对付了。

差拨（笑得合不拢嘴）：只消到了天亮，饶他林冲三头六臂，也必化成飞灰了。痛快痛快。

陆谦（谦卑）：端的亏二位用心。回到京师，小人必向太尉秉过，保举两位做大官。到时候可别忘了提拔小人。

（管营、差拨又大笑，陆谦也附和着笑。）

差拨：一会儿等火停了，给他拾一两块骨头，既给太尉交了差，也算是给林冲那小子做了好事，那林冲九泉之下也得感激我们不是？（奸笑）

管营：如此甚妙。带到府中，也道我们会干事。（拍手）

（林冲的脸色越来越难看，手里紧紧抓着花枪。）

陆谦：如此这番，衙内大人的病端的好了。这下张教头那厮可没什么好推脱的了。乖乖地把女儿嫁给衙内大人才是出路呀。

管营：若那张教头再不答应，便也将他做了，剩一个妇道人家，还能不从了大人吗？这娘们也忒不识好歹。（凶狠）

差拨（笑）：那娘们还在等林冲这厮，殊不知林冲已经被烧得连他娘都不认识了。

（三人又是大笑。）

［林冲终于忍无可忍，打开了门（就是把两个龙套的手掰开）。］

（林冲跳出来大叫，三人吓傻了。）

林冲（极愤怒地）：泼贼哪里去！哇呀呀！去死吧！（一枪挑死了差拨）

陆谦（害怕地大叫）：饶小的一命。（跑不动了，跪下，双手做投降状）

（管营想跑，跑了几步又被林冲追上，又是一枪。）

（林冲又折回来，一脚踹翻了陆谦，又把陆谦提了起来，让陆谦半跪着。）

林冲（拿出刀来在陆谦脸上划着）：你这泼贼，我与你无冤无仇，你为何

如此害我？（声音极大，怒吼）

陆谦（吓得哆嗦，不住地求饶）：这，（结巴）这实在，实在不干小人事。都是高俅那奸、奸贼吩咐的，小、小人不敢不来。

林冲（指着陆谦大喝）：奸贼，你这始作俑者，怎么不干你的事。

陆谦（不住地磕头）：小人上、上有八十老母，下有儿、儿女成群，教头宽宏大量，就饶、饶了小人吧。我愿把所有财产都赠、赠给教头（林冲：呸），还望教头留、留小的一条狗命啊。

林冲（咬牙切齿）：我对尔等一再忍让，未承想狗贼竟然得寸进尺。老子今天反了，反了！（重读）泼贼，先吃我一刀。

（一刀捅死了陆谦。）

（杀完人，林冲静默良久，突然仰天长啸。）

林冲（慷慨悲歌）：梁山，吾去也。

（林冲提枪下。）

附：

剧情简介

林冲因得罪高太尉而被陷害发配沧州，到了沧州后，林冲遇到了曾被自己解救过的李小二，得其细心照顾，并准备安下心来过日子。但没想到高太尉派陆虞候追踪而至，与当地管事密谋杀害林冲，林冲从小二嘴中知道实情后怒火中烧，但后来见没有动静，心里也就懈怠了。

之后，他被调到草料场去看守草料，因天下雪，他外出买酒御寒，回来发现住的草屋被风吹倒而被迫夜宿山神庙。没想到追踪而至的陆虞候和富安串通差拨火烧大军草料场，并在山神庙门外议论此事。林冲在庙内听到实情，义愤填膺，两枪搠倒富安和差拨，最后手刃仇人，连夜奔梁山而去。

（郑显祖）

孔雀东南飞

时间：汉末建安中。

地点：庐江。

人物：刘兰芝、焦仲卿、焦母、兰芝母、兰芝兄等。

背景：东汉末年建安年间，庐江府小吏焦仲卿的妻子刘氏，被焦仲卿的母亲驱赶回娘家，她发誓不再改嫁。但她娘家的人一直逼迫她再嫁，她只好投水自尽。焦仲卿听到妻子的死讯后，也吊死在自己家里庭院的树上。当时的人哀悼他们，便写了《孔雀东南飞》。

序幕

某某：我的命今天完结，苍天，让我的魂随仲卿而去。（伤心走出，投江）

【第一幕】

旁白：故事发生在东汉末期，一对原本恩爱的夫妻被生生拆散，两人为了保全彼此的爱情，双双殉情而死。这样凄美的爱情故事，在今日读来也令人感到痛彻心扉。我们宁愿相信他们并没有死去，而是在天上重新开始了幸福美满的生活。所以我们希望通过这样的演绎方式，让大家去体味爱的真谛……（仲卿与兰芝手拉手）

焦仲卿：不要用温柔的呼唤使我着迷，不要用婷婷的倩影使我心动，不要用含情的目光使我受尽苦刑。

刘兰芝：每当我望着你黑黑的眼眸，我就很开心，是你那亲切的笑容给予了我生活的勇气！

焦仲卿：娘子。

刘兰芝：夫君。

焦仲卿：娘子，我府上有急案要断，劳你在家中照顾老母，待我回来。

刘兰芝：嗯，家中自有我照顾，你放心去吧。（焦仲卿骑马而去）

旁白：焦仲卿和刘兰芝结婚三年，一直恩恩爱爱，相敬如宾。可惜焦母对这个儿媳不满，尽管兰芝日夜操劳，仍然不能让这位婆婆满意。后来，焦仲卿在衙门里谋了个差使，常常不能回家，焦母则变本加厉，百般刁难。这一天，焦母又把兰芝叫到房中。

焦母（气急败坏地）：兰芝，兰芝！

刘兰芝：请问母亲，您有什么吩咐？

焦母：现在你既是我的儿媳，那就应该听我的话！

刘兰芝：儿媳当然要听母亲的话。

焦母：现在我儿已经去府里当差去了，我又年老体弱，你可要为家里多操心才是！

刘兰芝：谨遵母命！

焦母（不高兴地看了看她，实在找不出什么不妥之处来，但是心里又愤恨不已）：为什么？为什么我的儿子不娶那秦家的姑娘？你可知道人家要比你强千倍、万倍呢！

刘兰芝（为难自语）：我……

焦母：为什么？为什么我的儿子会违背我的意思？你不过是一个普通的采桑女，而那秦家的女儿贤惠漂亮、知书达理！你跟她一比，哼！

刘兰芝：不知母亲大人什么意思？

焦母：你让我说出来吗？我告诉你，要是当年秦家女嫁到我家来，我早就抱孙子了！可是你，三年了都没有给我们焦家生下一男半女！

刘兰芝（吃惊地）：母亲，我虽然来到焦家两年多没有给你们续后，可是我并没有做下一件对不起焦家的事啊！每天天不亮，我就来到井边打水，太阳都落山了，我还没有从地里回来……

焦母（不耐烦地）：够了够了！刘家的大姑娘啊，我家的仲卿娶你过门不是让你来给我们家干活的！若你不能生下个一男半女，不如早点离开我们家吧。

刘兰芝（伤心欲绝）：好，好……母亲您既然这样说了，我走，我走！

焦母（得意、嘲讽）：哼，你自己愿意走自然更好，这样我就可以早点去秦家提亲了！（说完便气愤地走开）

焦仲卿妹妹：嫂子，你别走，我舍不得你。

刘兰芝：想我刚来的时候你才刚能扶着椅子走，现在都长成大姑娘了。

焦仲卿妹妹（抱住兰芝）：嫂子，你别说了，你不能走呀，你走了我哥可咋办？

刘兰芝：乖，听话，我走后你要好好地照顾母亲，照顾好你哥哥，知道吗？

焦仲卿妹妹（不舍地放开）：嫂子，嫂子，我舍不得你走。

旁白：听到婆婆说出这样绝情的话来，兰芝知道事情已经无可挽回。她强忍悲痛不再多说，默默回到自己的房间开始收拾东西，每收拾一样，心就狠狠地痛一下，眼泪像断线的珠子一样，一滴一滴地落在丈夫平日的衣物上。傍晚，焦仲卿回到家中，看见妻子红肿的眼睛，觉得非常奇怪。

焦仲卿：娘子，你这是干什么？

刘兰芝：我十三岁就会织绢，十五岁就会诵读诗书，十七岁便嫁给了你，你身为官员常常不在家，我独守空房，我即便事事都听从你母亲的，她也会找我麻烦，不是我做得不对，而是你家的媳妇难做呀！

（焦仲卿去找母亲。）

焦仲卿：我没有做高官的福气，还好娶得芝儿，我与她结为夫妻也不过才两三年，她的行为也没有什么不正当的地方，母亲为何会对她有种种不满呢？

焦母：你竟这般愚钝，这媳妇一点规矩都不懂，不论做什么事都只按照她自己的想法做，你为何替她说话？

焦仲卿（跪下）：母亲，我们是真心相爱的，如果赶走她，我就不再娶妻了。

焦母（打焦仲卿的脸）：混账，你现在没什么害怕的了，竟然为那女子说话。（于是就走开了）

焦仲卿：娘子，你且忍耐几日，暂时回娘家去。我现在要回太守府里办事，不久就会回来，回来后我一定说服母亲，接你回家。委屈你了，千万要等着我。

刘兰芝（强忍悲痛，无奈）：不要再安慰我了。记得那一年冬末，我嫁到你家，侍奉时总是顺从婆婆的意思，一举一动哪里敢自作主张？我们刘家虽不是大户人家，可出嫁前在家里我也是过着衣食无忧的日子，嫁到焦家三年，我白天黑夜勤恳劳作，没有任何怨言，总以为自己没有过错，可以终身服侍你和婆婆……（稍停顿）可现在（我）到底还是被赶走了，就因为没有给焦家生下一男半女，婆婆对我这样严厉。（稍停顿，口气减缓）我这儿有绣花的齐腰短袄，上面的刺绣很漂亮；还有红色罗纱做的双层斗帐，四角挂着香袋；陪嫁的盛衣物的箱子有六七十个，箱子都用碧绿色的丝绳捆扎着。箱子里面样样东西都不相同，种种器皿都在那箱帘里面。我人低贱，东西也不值钱，不配拿去迎接你日后再娶的新娘，就算我留给你的纪念品吧。我们从此就再没有见面的机会了，看着这些东西做个安慰吧，希望夫君永远不要忘记我。

旁白：清晨，刘兰芝精心打扮了一番，容貌高贵优雅，装扮精巧美丽，可谓举世无双。收拾停当，她还如从前一样，去给婆母请安拜别，然后含着眼泪从屋里出来，上了车。焦仲卿的马走在前面，刘兰芝的车行在后面，车轮发出吱吱呀呀的响声，在岔路口，焦仲卿下马坐入车中，两人低声轻语。

焦仲卿：娘子，我发誓一定要把你接回来，你暂且回娘家去，我到庐江太守府办事，不久就回来，我对天发誓，决不辜负你。

刘兰芝：相公，我又何尝不知道你的心意。你既然这样记着我，盼望你不久就能来接我。"君当作磐石，妾当作蒲苇，蒲苇纫如丝，磐石无转移"。但是，我哥哥性情暴躁如雷，恐怕不会顺我的意愿。想到这些，我就非常担忧，所以希望你能早点来接我。

旁白：听到这些，焦仲卿紧紧地握住了妻子的手，但是又不能再说什么。分别的时刻还是无情地到来了，两人恋恋不舍、惆怅万分地走上了不可预知的未来。

【第二幕】

旁白：兰芝的哥哥听说兰芝被婆婆赶出了家门，担心她回来争夺家产，于是千方百计地想要把兰芝再嫁出去。

兰芝兄（气急败坏地喊）：什么！什么！！兰芝被焦家给休了？

兰芝母：小声点儿，别让兰芝听见，她心里正不好受呢！

兰芝嫂子（嘲讽的口气）：我还当什么事儿呢，原来被人家焦家给赶出来了！呦，妹子呀，你可不要哭呀！怎么说你早晚都是要离开刘家的，到明儿我再给你找一房不就得了！

刘兰芝：大嫂休要胡言，我誓死不嫁二夫，我对仲卿的爱情到死也不会改变！

兰芝兄（嘲讽的口气）：呦，摆什么清高架子呀？他焦家不要你，你就再也不嫁？我就不相信年纪轻轻的你独守空房一辈子。我的亲妹子啊，别再固执了！兰芝，咱家虽说大，可是你老待在家里也不是办法啊！这传出去风言风语的，也不好听。

兰芝嫂子：就是，整天待在家里，什么事也做不来，还不如找个男人嫁了。

刘兰芝：没想到我刚到家，你们就容不下我，就这样言语伤我，我……我……母亲！

兰芝母：你们两个就少说两句好不！女儿啊，来，到我房里来！

【第三幕】

媒婆（谦卑）：刘妈，听说你的女儿被休了？

兰芝母：胡说，怎么会呢？我的女儿聪明又能干，怎么会被休呢？

媒婆：刘妈，我今天是来说媒的，有个县令，家里有三个公子，都品貌出众、世上无双，而且年纪才十八九岁，与你的女儿很是般配。

兰芝母亲：那我回去问问女儿的意愿吧。

旁白：回到家，兰芝妈妈便与女儿谈起了心。

兰芝母：兰芝，今天有一个说媒的，说是有一个……

刘兰芝：兰芝回家时，仲卿再三叮嘱我，要和他永不分离，这样不合适。

兰芝母：好吧！

郡丞（趾高气扬）：我家有五个公子，俊美文雅，尚未婚配，太守便派我来提亲，你意下如何？

兰芝母（无奈）：我女儿已经发誓不再嫁人，我哪里还敢说些什么。

旁白：家中，兰芝、母亲、哥哥、郡丞都在，哥哥知道后很担心妹妹会和自己争夺家产，便气急败坏。

兰芝兄（大声喊道）：你做这样的决定是多么愚蠢呀，以前只是嫁了个府吏，现在却能嫁个太守的公子，这都不嫁，还待在家里干什么呢？

刘兰芝（非常生气）：好，既然大家都觉得我该嫁，既然这个家已经容不下我了，那好吧，我同意这门亲事。

【第四幕】

旁白：太守知道后很开心，便吩咐手下的人开始准备婚事，结婚的日子选在了这个月的第三十日。婚前一天，焦仲卿得知了消息，便辞去了府中的急事，找到了兰芝。

刘兰芝（不敢面对夫君）：对不起，对不起，我没有信守承诺，但我是被逼的。

焦仲卿（无奈但又不舍、懊恼）：我这磐石方正而又厚实，而你这蒲苇却不过是一时坚韧罢了。命运要让我们这样生生分离吗？要是我不能和你在一起，甘愿一死了之。你将会一天比一天幸福，过上常人都不敢奢望的生活。唉！而我就独自走向黄泉吧，再见了，曾经的你，别了。

旁白：结婚当天，院子里满是人，到处都是大红的喜字和画着孔雀的美丽图案，很是热闹。兰芝的内心却如死一样平静而又悲凉。

太守儿子：哈哈哈，今儿个本公子大喜，希望各位吃得尽兴，哈哈哈，本公子大喜啦！

旁白：结婚当晚，兰芝独立于河边，回想着与焦仲卿的日日夜夜，与他的悲欢离合。

刘兰芝：仲卿，我命绝今日，魂去尸长留！（揽裙脱丝履，举身赴清池）

旁白：得知妻子已用自己的生命维护了爱情的尊严的消息，仲卿独自徘徊在庭院中，心中想道：今天风大又非常寒冷，寒风摧折了树木，院子里的白兰花上结满了浓霜。儿子现在就像快要落山的太阳一样，恐怕会让母亲今后很孤

89

单。我是有意做这样不好的打算的，不会再去怨恨什么鬼神了！愿您寿比南山，母亲，别怪儿子不孝！君当作磐石，妾当作蒲苇，蒲苇纫如丝，磐石无转移。这样的世界，如果就是这样的世界，就算生命走到尽头也不会有所改变的话……

焦仲卿：芝儿，我曾说过我一定会去接你，既然无法改变……那么，我对这个世界已经毫无留恋，所以……我来遵守约定了。（徘徊庭树下，自挂东南枝）

旁白：后来，两家将仲卿与兰芝合葬在华山脚下，东西两旁栽种着松柏，左右两边分种着梧桐，繁盛的枝叶相互掩映，叶叶相连！湖中，有两只唤作鸳鸯的鸟，每天夜里抬着头鸣叫……后人有曰：孔雀东南飞，五里一徘徊……

附：

剧情简介

东汉建安时期，刘兰芝自幼便习女红，善弹琴，能诵诗书。十七岁嫁给焦仲卿为妻，日夜辛劳，勤于家务，却不为婆婆所容，于是向正在庐江郡府做小吏的丈夫诉说不堪忍受之苦。仲卿回来为妻子求情，却遭母亲斥责，并令其休妻另娶。仲卿长跪，言："今若遣此妇，终老不复娶。"母亲大怒。因仍要赶回郡府任上，仲卿只得先请妻子回娘家，暂避一时。鸡鸣天亮，兰芝精心梳妆之后，上堂别过婆婆和小姑，流泪登车而去。刘兰芝被遣回家十余日，县令即派媒人来为其子求婚，太守也托郡丞登门提亲，兰芝一一谢绝。兄命难违，兰芝被逼迫不过，只得一切任人安排，同意太守提亲。仲卿在任上闻知此变，急忙乞假告归。兰芝手抚马鞍，一一诉说原委。仲卿提及当日誓言，二人只好相约"黄泉下相见"。仲卿回家后与母亲诀别，遂再拜长叹而去。黄昏后人群渐渐散去，夜深沉，万籁无声，兰芝揽裙投水自尽。仲卿得知，徘徊树下，亦自缢殉情。后两人合葬于华山旁。

（林建军）

浮世茶馆·李白的醉话

时间：752年（天宝十一年）。

地点：浮世茶馆、颍阳紫云山。

人物：茶馆老板、李白、岑勋、元丹丘。

背景：李白长安放还，与友人登山把酒，纵谈人生。

旁白：前翰林待诏李白，文采斐然，其诗甚讨圣心。今上书请辞，陛下念其文采，赐百金放还。

（道具：一桌、一椅、一人、一壶，聚光灯照在此人身上，他面带微笑缓缓起身，他正是浮世茶馆的老板。）

老板：各位客官，欢迎各位来到浮世茶馆。各位一路舟车劳顿一定累了吧？是否有口干舌燥的感觉？今天我们来一场"李白式的欢聚"，美酒佳肴，挚友亲朋，寻欢作乐，再加上一点点恰到好处的失意，听一听李白的醉话，看一看美丽的负能量在我们生活中的作用……现在，演出开始。

（李白、岑勋、元丹丘上。）

岑勋：快些，马上就到山顶了。

元丹丘：呼，累死我了，终于到了。

李白（坐下）：哈哈，丹丘，你不会是这几年只顾着闭在屋里修炼道法，连山都爬不动了吧。

元丹丘：太白，你少来笑我，你不也累趴下了。

岑勋：得了，两位兄台，五十步笑百步。

李白：哈哈，还是岑兄身强体健，爬个山，脸都不红。

岑勋：废话，你以为这是你家的软榻啊，我还脸红，太白，快起来，你的

91

美酒到喽。

　　[音乐起（悲情）。]

　　（李白、元丹丘、岑勋共聚桌前，举杯。）

　　李白：今日你我三人共攀此山，当真是人间乐事，大家共饮一杯。

　　（三人共饮。）

　　元丹丘：痛快，这可比你做官的时候逍遥多了吧。

　　李白（黯然）：我已辞官八年，还提它干什么？

　　岑勋：太白兄，既已过去了八年，为何你还如此愤懑？我看这样的朝廷不去也罢，有识之士闲置，谄媚之人横行，天子荒淫，大权旁落，穷兵黩武，百姓深受其害，这天下早晚得变色。

　　李白：岑兄，何出此言？

　　岑勋：太白兄，你才饮了一杯酒，难道便醉了吗？堂堂李翰林难道连这天下大势都看不清？弟在此断言，祸乱大唐者必是安禄山那胡贼。现在他已是三镇节度使，拥兵二十余万，天下兵马一半在其掌中，这是自有大唐以来绝无仅有之事。安禄山表面恭迎，暗地里准备兵马粮草，谁人不知道他的居心？唯有陛下受美色蒙蔽，还相信那个胡子。

　　李白：岑夫子也是有识之士啊，可惜。

　　元丹丘：罢了罢了，一切随风去，一切随水来，天下如何，岂是三个蝼蚁可改变的，饮酒，饮酒。

　　李白：老道士不愧是老道士，喝，不醉不归！

　　（齐笑，共饮。）

　　岑勋：太白兄，有美酒，怎可无诗助兴？

　　元丹丘：对极，对极，论诗文，太白天下无双，太白，不可推辞！

　　李白：哈哈，赋诗，白何曾推辞，等我再饮一杯。

　　（李白饮酒、持杯、挺身远望。）

　　李白：君不见黄河之水天上来，奔流到海不复回。

　　（岑勋、元丹丘齐喝：好！）

　　李白：君不见高堂明镜悲白发，朝如青丝暮成雪。

　　（岑勋、元丹丘对望。）

李白（举杯望天）：人生得意须尽欢，莫使金樽空对月。（沉吟再起）天生吾徒有俊才，千金散尽还复来。烹羊宰牛且为乐，会须一饮三百杯。

（岑勋、元丹丘神情痴醉。）

李白（持杯回身）：岑夫子，丹丘生，将进酒，杯莫停。

（岑勋、元丹丘笑饮一杯。）

李白：与君歌一曲，请君为我倾耳听。

（元丹丘大喝：好！）

李白（高声地）：与君歌一曲，请君为我倾耳听。（转身高举酒杯向天）钟鼓馔玉不足贵，但愿长醉不复醒。古来圣贤皆寂寞，惟有饮者留其名。陈王昔时宴平乐，斗酒十千恣欢谑。

（岑勋陶然欲醉。）

李白：主人何为言少钱，径须沽取对君酌。（缓缓放下酒杯，踉踉跄跄走了几步，低吟）五花马，千金裘，呼儿将出换美酒，与尔同销万古愁。与尔同销万古愁！

（李白挺立，怒目圆睁。）

（岑勋酒杯半举，元丹丘泪水纵横。）

（全场静。）

（李白放下高举的手，颓废地走回，坐下，再倒一杯酒，饮，倒地。）

元丹丘：太白啊太白，这又是何苦？

（音乐停。）

（灯光移动，身着古装的诗人们渐渐退出舞台，灯光聚集在一人、一椅、一壶茶的老板身上，老板起身。）

老板：各位客官，今天，这场"李白式的欢聚"是否引起了你的共鸣？终其一生，李白都在现实中苦苦追寻名利，又在诗中呐喊"我不在乎"，你别觉得假惺惺。想想我们自己，谁又不是这样呢？

（全体演员上，演员齐读一首诗谢幕。）

"晴空霹雳天上来，赐金放还羞难言。借酒浇愁更添愁，满腹牢骚君莫嫌。劝君再饮一杯酒，人生失意也尽欢。天生吾徒有俊才，千金散尽还复来。"

老板：李白是一个格外敏感的人，心里好像有一个高倍放大镜，随便扔

进一点什么情绪都能放大几十倍地显现出来，尤其是怨气。今天我们听了李白的醉话后应该明白，当一个人跌落到人生的谷底，总需要找一个宣泄情绪的渠道。那么，像李白一样把满腹牢骚转化成了巅峰级的语言艺术，让宣泄出来的负能量在诗歌的语言里升华，李白的醉言倒是比心灵鸡汤还贴近我们生活的真实。故事到这里就要告一段落了。如果将来的某一天您又觉得怅然若失，请记得浮世茶馆的大门永远为您敞开，请再来尝一尝我们的安神补心茶。让我们期待下次再会。

（聚光灯灭，舞台灯都亮起，所有演员谢幕。）

附：

演出要求

剧本类型：原创历史情境话剧。

剧本演出串词：（男）李白斗酒诗百篇，（女）醉话也能成巅峰，（男）牢骚太胜防肠断，（女）吐槽吐槽也无妨，（男）借酒浇愁更添愁，（女）痴话真心君莫嫌。（男）劝君再饮一杯酒，（女）人生失意也尽欢。（男）天生吾徒有俊才，（女）千金散尽还复来。（合）成功之时，让我们共饮这胜利的美酒，失意之时，让我们来场"李白式的欢聚"！

剧本演出道具：有时代感的酒具、戏曲舞台化妆、远山的背景、一两桌群众演员。

剧本演出注意：李白角色的把握，既要演出醉酒后的愤世嫉俗之感，又要表现出李白纯粹和天真的个性。具体表现为情感丰富，容易激动，出口成章，豪放率性！炼丹道士元丹丘有看淡一切的通透，又有为友人不平的情绪。岑勋对大唐形势认识清楚，不抱幻想，欣赏李白的才华，与他志同道合！

特别提醒：本剧本的核心素材就是课文《将进酒》，演员应该将此诗歌多读、悟透，这样表演才能得心应手！

附：

剧情简介

李白长安放还以后与好朋友岑勋在元丹丘家里饮酒赋诗，抒发对国事、己遇的看法，表达对人生浮沉的体会和对国家命运的担忧。

（石恒艳）

牡丹亭

（学生自创）

时间：某天上午。

地点：教室、梅树下。

人物：杜丽娘、柳梦梅、老师、学生数名。

背景：课堂激趣，师生探讨，穿越古代，演绎经典爱情故事。

【第一幕】

述牡丹亭

（舞蹈*Nobody*。）

（上课铃声响……当当当当……）

老师：恩！恩！上课！

学生一：起立，老师好！

老师：同学们好！

学生二：老师，今天给我们大家讲什么？

老师：今天给大家讲明代末期戏曲剧作家、文学家汤显祖的《牡丹亭》。

学生三：老师啊！《牡丹亭》又是什么东西？没兴趣啦！！

老师：哦？！《牡丹亭》可是一个动人的爱情故事哦！

学生三：爱情故事！！老师这个我有兴趣，快讲来听听。

（音乐《你不知道的事》。）

老师：故事讲的是贫寒书生柳梦梅梦见在一座花园的梅树下立着一位佳人，这佳人告诉他说同他有姻缘，从此他经常思念她。南安太守杜宝之女名杜丽娘，才貌端妍，睡梦中见一书生持半枝垂柳前来求爱，两人在牡丹亭畔幽会。这位姑娘从此便愁闷消瘦，一病不起，不久就不在人世。后来柳梦梅找到了她，有情人终成眷属。

学生一：多么动人的爱情故事啊！

（闪电，雷鸣；灯光逐渐变暗；音乐《雷声》。）

学生集体：天怎么突然变黑了……

【第二幕】

丽娘讨饶

（黑幕，投一束光在几名学生身上。）

学生三：这里是什么地方？周围一片漆黑，你们感到害怕没有？

杜丽娘：不用害怕。

学生集体：谁！谁在跟我们说话？

杜丽娘：小女子来自南宋时期，是南安太守杜宝之女名杜丽娘，你们能帮丽娘完成一个几百年来未完的心愿吗？

学生三：你是杜丽娘？开玩笑，她可是已经死了好几百年了。

杜丽娘：小女子正是丽娘，丽娘虽是一个孤魂野鬼，却为寻觅柳郎在人间无休止地徘徊。

学生集体：妈啊！鬼啊！你别过来！别过来！（两个学生差点晕过去）

杜丽娘：丽娘并无恶意，你们不要害怕！

学生二：我们不害怕！一点也不害怕！

杜丽娘：你们不愿意帮助丽娘？

学生一：不不不，不是的。

杜丽娘：那么丽娘就带你们进入丽娘生前的时代，丽娘能否与柳郎厮守终生就靠你们了。

学生集体：什么……到你的那个时代？我们不去！！（烟雾）

（学生换衣服，进入古代；进入后场。）

【第三幕】

古代穿越

柳梦梅：春望逍遥出画堂，间梅遮柳不胜芳。可知刘阮逢人处？回首东风一断肠。（默念状态）

学生二：（烟雾）这里就是古代？我们怎么穿成这样？

学生一：他应该就是柳梦梅吧！

学生二：难道这就是柳梦梅梦中会丽娘这一段？

学生三：可是看了这么久的书，他怎么还不瞌睡啊？

学生一：你以为都像你……一看书就瞌睡！

学生三：讨厌！但是，他不瞌睡又怎么能梦见杜丽娘呢？

学生二：让他睡还不容易……我有绝招。嘿嘿嘿！

学生一、三：你笑得好邪恶啊！

学生三：你拿棍子做什么？

学生二：一棍子打晕他，不就可以让他好好睡上一觉了吗？

学生一、三：Oh my Lady Gaga！！

学生一：请问你是柳卿、柳公子吗？

柳梦梅：在下正是，不知姑娘……

（学生二用棍子从柳梦梅背后敲去，学生一、三把柳梦梅拖到梅树下。）

学生二：搞定！好好睡一觉吧！

学生集体：Yes！

【第四幕】

与杜丽娘梦里相会

（音乐《凤穿牡丹》。）

解说员：柳梦梅进入梦里，皎洁的月光挥洒在一座优美的花园里，花园周围开满了各种颜色的牡丹，而最为显眼的莫过于眼前在梅树下立着的一位佳人。

杜丽娘：公子可知小女子所奏何曲？

柳梦梅：《凤穿牡丹》。

杜丽娘：公子果然是懂琴之人，公子请坐。

柳梦梅：不知姑娘为何在此处？

杜丽娘：小女子正在此等一有缘人。

柳梦梅：恕小生冒昧，不知小生是否是姑娘所等的有缘人呢？

杜丽娘：小女子名丽娘，家姓杜，丽娘等的正是公子你。

柳梦梅：在此等小生？

杜丽娘：我与公子你有姻缘，公子你相信缘分吗？

（此时柳梦梅与杜丽娘双手迎合，相互看着对方）

柳梦梅：自从小生在远方看见姑娘身影，小生便深信我与姑娘有宿世情缘。姑娘你看！对着这皎洁的月亮，我要向姑娘起誓，以表达我对姑娘的一片真心。

杜丽娘：不要对着月亮起誓，它是变化无常的，你要是对着它起誓，也许你的心也会像它一样变化无常。

柳梦梅：梦梅绝非这样的人！姑娘相信小生吗？

杜丽娘：丽娘愿化身为石桥经历五百年风吹、五百年雨打，只为你从桥上走过。

（黑幕。）

【第五幕】

寻觅佳人

（音乐《来生》。）

柳梦梅：咳，咳，咳……丽娘，是否真的有丽娘这一人，我的梦境是如此真实，这是什么？近睹分明似俨然，远观自在若飞仙，他年得傍蟾宫客，不在梅边在柳边。丽娘的画像，丽娘的画像怎么会在这里？难道丽娘在这里？丽娘！你在哪！你快出来啊！丽娘！

（烟雾。）

杜丽娘：柳郎！是柳郎的声音！！

（烟雾、风声。）

柳梦梅：丽娘！是丽娘！丽娘我找得你好苦啊！

（柳梦梅拥抱杜丽娘，拥抱扑空。）

杜丽娘：柳郎，真的是你？我不让你再离开了。

（杜丽娘拥抱柳梦梅，拥抱扑空。）

柳梦梅：为什么……我为什么不能……

（音乐《烟花易冷》。）

杜丽娘：别过来！现在丽娘与你已是人鬼殊途。

柳梦梅：人鬼殊途？什么意思？

杜丽娘：自从上次梦中一别，丽娘不久便不在人世，如今我已是一孤魂野鬼，请公子另寻佳偶吧！

柳梦梅：你？现在……哈哈哈哈！笑话！我的傻丽娘，我不在乎，即使你现在下了地狱，我也愿意永远陪伴你，此刻不论你是人还是鬼我都愿意"执子之手，与子偕老"。

杜丽娘：公子你又何必如此执着？丽娘不想耽误公子一生。

柳梦梅：上次梦中一别，我柳卿便改名"柳梦梅"，今日，丽娘因思念梦梅离世，化为孤魂野鬼，梦梅怎可弃丽娘于不顾，况且，小生已立誓今生非你不娶，如若丽娘嫌弃梦梅与你人鬼殊途，那么小生宁可撞死在这牡丹亭下。

杜丽娘：公子不可！

学生一：他们有情人终成眷属啦！真幸福！！

学生二：别高兴太早，现在丽娘还是鬼魂呢。等丽娘借尸还魂之后才算是真正的圆满。

【第六幕】

结局（丽娘复活）

家丁：报……报……老爷不好了！有人竟然挖了小姐的坟，盗走了小姐的尸体。

杜宝：什么！混账！来人给我将此人抓起来，往死里打。

家丁：是！小的们跟我走！

（音乐《马文才》。）

（舞蹈、武术表演。）

（黑幕。）

解说员：柳梦梅带着丽娘的尸体正准备到杜父家中禀明情况，可是，误会让柳梦梅被杜府家丁无情毒打。

（抬出杜丽娘。）

家丁：上！！给我打……使劲地打……

柳梦梅：千万别碰伤丽娘的身体，要打就打我吧！

学生集体：住手，你们要是敢再上前一步就别怪我们不客气。

家丁：咦！来人啊！给我一起打！！

学生集体（跑几步又吓了回来）：妈呀！！救命啊！别打脸！

（杜丽娘苏醒。）

杜丽娘：柳郎！柳郎！

家丁衙役：妈呀！！鬼啊！！

（家丁全部退场。）

柳梦梅：活过来了！丽娘你真的活过来了。

杜丽娘：真的很感谢你们，没有你们的帮助我与柳郎一定不能厮守终生。

学生集体：没，没什么啦！我们这也算是为戏曲艺术做贡献嘛！

杜丽娘、柳梦梅：柳郎！丽娘！我愿化身为石桥，经历五百年风吹、五百年雨打，只为你从桥上走过。

（侯一农）

闺 塾

（《牡丹亭》节选）

时间：某天早晨7：30。

地点：学馆（学塾）。

人物：陈最良、杜丽娘、春香。

背景：南安儒生陈最良给杜小姐讲授《诗经》。

陈最良：我乃南安儒生陈最良，自幼读书，上知天文，下知地理。今天，给杜小姐讲授《诗经》。（抬手看表）都七点半了，小姐怎么还没来呢？春香，快请小姐进馆读书！

（杜丽娘、春香上。）

杜丽娘（行礼）：先生万福。

春香（行礼）：先生少怪。

陈最良：你们俩，作为学生首要任务就是学习，更要遵守课堂纪律。七点半必须到校，不然，马上扣分、记过、告诉家长。

杜丽娘（低头）：学生以后不敢了。

春香：先生，我知道了，今夜我干脆就不睡觉了可好？

陈最良：这是为何？

春香：十二点请先生来讲书。

陈最良（叹气）：唉，你这丫头。我问你啊，昨天的功课温习了吗？要认真听讲，做好课堂笔记！关关雎鸠，雎鸠，是个鸟；关关，乃鸟声也。

春香：先生先生先生，是什么样的声？

陈最良：关关！

春香：关关？关关？咕咕？咕咕咕咕咕咕咕咕咕！

杜丽娘：春香！

春香：小姐。

陈最良：此鸟性喜幽静，在河之洲。

春香：啊，先生我知道了！这两句话的意思是，嗯，（挠头思考）啊！不是今年是去年，啊不不不，是，不是今日是昨日！衙门里关着个斑鸠鸟儿，被小姐这么一放、一飞，就飞到了何知州家。先生你说我说得对不对呀？

陈最良：胡说，这是兴。

春香：兴是什么东西啊？

陈最良：兴者，起也。起那下头"窈窕淑女"，等君子好好地来求她。

春香：为什么要好好地来求她呀？

陈最良：这个……多嘴！

杜丽娘（拉回春香）：先生！依书下的注解解书，学生自己就会了，还请您把《诗经》大意讲解一番吧。

陈最良：《诗经》大意……《诗经》……《诗经》乃"六经"之首！

（春香在一旁逗先生，先生甩袖赶开。）

杜丽娘：春香！

陈最良：有忠义，有孝悌，还有……

杜丽娘：还有什么呀先生？

陈最良：无须多问！想当年我读书的时候，从来没有先生教导，全靠自学。《诗经》，也就是说……春香！

（此时春香正准备逃走被先生抓到。）

陈最良：到哪里去啊？

春香：啊！我想去上厕所。

陈最良：上厕所？上课才多久你就想上厕所！不许去！

春香：先生你让我去吧，先生你让我去吧！啊啊啊，先生，啊啊啊。（蹲下捂肚子，痛苦状）

陈最良：好好好，去去去。

春香：谢谢先生！（逃下台）

陈最良：唉，这丫头！

杜丽娘：先生！学生听说师母要过生日了，想绣一双鞋上寿，不知先生是否可以拿个样儿来？

陈最良：绣双鞋？真是个孝顺的孩子啊！那就依《孟子》上样儿，不知足而为屦，随便做双来就是了！

杜丽娘：随便做……师母穿不了怎么办？迂腐，简直没办法沟通。都这么久了，春香怎么还不回来？

春香：小姐！（春香上台，跑回小姐身边）

杜丽娘：死丫头，去哪了，这么久？

春香：上厕所去了呀！那个……原来咱们园内有一座大花园！还可以荡秋千呢！小姐我们不要读书了，我们出去玩吧，好不好呀？

旁白：卖花咧！

春香：小姐你听外面还有卖花的，我们不要读书了！

陈最良（怒吼）：春香！好你个春香！不读书，去花园闲逛，我荆条呢！

春香：啊先生，你要干什么先生？

陈最良（打春香）：看我今天不教训你这个死丫头！

（陈、春纠缠，春推陈，陈踉跄跌倒，春退后。）

杜丽娘（上前）：先生！先生！

陈最良（捡起荆条）：气死老夫了！

杜丽娘：先生！你看她是初犯，容学生训斥她一番！

陈最良（把荆条递给杜）：拿去！狠狠地打！

杜丽娘：是！

春香（哭状）：小姐……小姐不要。

杜丽娘：得罪了先生，快跪下！

春香（哭状）：不要啊小姐……

杜丽娘：跪下！

（春香跪。）

杜丽娘（转头看陈，拿荆条敲地）：以后上课不许乱讲话！

春香（装作被打）：啊啊啊啊啊……

杜丽娘（再打地）：更不许随便偷着跑出去玩儿！

春香（装作被打）：啊啊啊啊！好疼啊！先生救命啊！

杜丽娘：要是再有下次！我一定去告诉老爷，让老爷好好地施点家法！

陈最良（拿过荆条）：罢了罢了罢了，念她是初犯，饶她这一回吧。

杜丽娘：谢先生！

陈最良：还不起来！

春香：谢先生……

陈最良：告诉你们两个，给你们一个时辰的时间，做好作业、预习、复习，听见了吗！

春、杜：是！

陈最良：我呢，我去和太守聊聊天，嗯，抽袋烟去！啊你们先学着！

（陈最良下。）

杜丽娘（行礼）：先生慢走！

春香：蠢老牛，痴老狗！一点都不知趣，哼！

陈最良（打喷嚏）：谁夸我呢？

春香（拉杜丽娘）：小姐你看他欺负人！

杜丽娘（理东西）：你也活该！

春香（哭腔）：小姐你在干什么呀？先生不是让你学习吗？

杜丽娘：你说呢？

春香：啊小姐那我们赶紧走吧！

杜丽娘：去哪儿啊？

春香：去花园！

杜丽娘：荡秋千！

春、杜（击掌）：耶！

（侯一农）

林黛玉进贾府

时间：《红楼梦》第三回。

地点：贾府。

人物：林黛玉及贾府一干人。

背景：林黛玉第一次离开母家进入贾府的情景，借黛玉之眼来描写贾家。

（残冬时节，贾母正房内室。丫鬟鸳鸯和紫鹃等着远道而来的贾母的外孙女林黛玉，她俩正张望着。）

鸳鸯：林姑娘来了没有？

紫鹃：还没有来呢。

鸳鸯：还没有来！

紫鹃（戏弄地）：哎，姐姐你快来看，林姑娘来了！

鸳鸯：啊！

紫鹃：来，来，来，快来看呀！

鸳鸯：在哪里呀？

紫鹃：喏。（大笑）

鸳鸯：死丫头，看我不打你！

紫鹃：好姐姐，你就饶了我吧。（稍停，忽远见林黛玉真的来了）哎呀，姐姐你快来看呀，林姑娘真的来了呢！你们快来看呀，林姑娘来了！

内声：林姑娘来了！

（出场背景音乐响起。）

袭人：老太太，林姑娘来了。

（林黛玉由着老婆子扶着，从一排玻璃窗后走过。只听周妈妈说"林姑娘

106

走好""林姑娘请进来"。后面跟着林黛玉从家里带来的一个小丫鬟雪雁。）

（林黛玉入室，老婆子为她脱去披风，室内时钟声鸣，她好奇地注视了一下。）

（笑迎）林姑娘，刚才老太太还挂念呢，可巧就来了。（又争着打起帘子）老太太，林姑娘来了。

（袭人扶着鬓发如银的贾母从内走出，绣鸾扶着王夫人随着出来。）

贾母：我的外孙女来了。我的外孙女在哪里……（看到林黛玉，悲喜交集地哭唤）外孙女！

林黛玉：外祖母！

贾母：我的心肝宝贝！

（众人陪着拭泪。林黛玉扶着贾母坐了，按礼拜见了贾母。）

贾母（拉着林黛玉坐在自己身边）：我这些子女中，最疼的就是你母亲了，以后在这里就当在自己家一样，跟姊妹们好好相处。

王夫人：是啊！

贾母（指着王夫人）：这是你二舅母，快去见过。

林黛玉（跪拜）：拜见舅母。

王夫人（扶起）：不消了，外甥女，快起来，这旁坐下。（细视林黛玉）看你身体单薄，弱不胜衣，却是为何？

林黛玉：外甥女自小多病，从会吃饭时起便吃药，到如今了。

王夫人：常服何药？如何不治好了？

林黛玉：经过多少名医，总未见效，如今正吃人参养荣丸。

贾母：正巧，我这里配着药呢，叫他们多配一料就是了。

（丫鬟们献上茶果，在严肃的气氛里，忽听有笑语声："啊呀！林姑娘来了，真的来了，我来迟了，未曾迎接远客。"随着笑语声，王熙凤进来了，林黛玉忙起身迎接。）

贾母（笑语）：你不认得她，她是我们这里有名的一个"泼辣货"，南京人所谓"辣子"，你只管叫她"凤辣子"就是了。

王夫人（笑着告诉林黛玉）：她就是你琏二嫂子，学名唤作王熙凤。

林黛玉：见过二嫂子。

王熙凤（忙上前携林黛玉手，仔细地上下打量）：啊呀！好一个妹妹。天下真有这样标致的人物，今儿我算见了！怪不得我家老祖宗，在人前背后常夸耀。咳！只是我妹妹好命苦，姑妈偏就去世早。（故作掩袖伤感）

贾母：哎！我这刚好，你倒来招我，休要再提了啊。

王熙凤（忙转悲为喜）：哎呀正是！我一见了妹妹，一心都在她身上，又是喜欢又是伤心，竟忘了老祖宗了。老祖宗，喏，该打！该打！（接着，十分体贴地对林黛玉说）妹妹，坐下，妹妹，你如今来到这里就当自己的家一样，有什么需要尽管对我说。

林黛玉：多谢嫂子费心。

王熙凤（问鸳鸯）：林姑娘的东西搬进来了？

鸳鸯：都搬进来了。

王熙凤：你们赶早打扫屋子，让林姑娘带来的人歇息去。

贾母（看了雪雁一眼）：黛玉带来的这个小丫头太幼稚了，把我身边的那个……（环视众丫鬟后，看到紫鹃）那个紫鹃给了黛玉，好使唤。

王夫人：老太太想得周到。

紫鹃：见过林姑娘。

王夫人（向王熙凤）：凤丫头，你也该拿几个缎子来，给你妹妹裁衣裳啊！

王熙凤：我猜想妹妹这两日必到，我已经预备好了，等太太回去过了目，好送来。

王夫人（含笑点头）：唔！

王熙凤：老祖宗，林妹妹的屋子，我也预备好了……

贾母：这个倒不必了，就让她暂时住在这里，和我靠得近一些。等过了残冬，到了明年春天再另做安置吧。

王熙凤：哎呀！啧啧啧……林妹妹一来，老祖宗就离不开她了。

贾母（笑向林黛玉）：你听听她这张嘴。（稍停）怎么宝玉到家庙去还愿，这时候还不回来？也让他和妹妹见个礼。

王夫人：袭人，你去看看宝二爷回来了没有。

袭人：是，太太。（下）

王夫人（向林黛玉）：外甥女，我有句话要告诉你，我家里的三姐妹倒都极好，以后可一处念书、学做针线，只是我有一件不放心，就是我那个宝玉……

（一个丫鬟来报："宝二爷回来了！"）

（贾宝玉手里挥舞着一串佛珠，从玻璃窗后走过，上场。）

贾宝玉（向贾母）：给老祖宗请安！（又向王夫人）太太安！

贾母（笑语）：宝玉，家里来了客人，还不快过来见你妹妹。

王夫人：快去见过妹妹。

（贾宝玉注视林黛玉。）

贾母：是啊。

贾宝玉：林妹妹。

（贾宝玉与林黛玉互相打量。《枉凝眉》响起。）

贾宝玉（唱）：天上掉下个林妹妹，似一朵轻云刚出岫。

林黛玉（唱）：只道他腹内草莽人轻浮，却原来骨骼清奇非俗流。

贾宝玉（满脸含笑）：这个妹妹，我好像曾见过的。

贾母（笑）：又胡说了，你何曾见过？

贾宝玉：虽没见过，却看着面善，心里倒像是认识的一般。

贾母：好，好。（拉双方手）这样，以后在一起就和睦了，坐下，坐下。

贾宝玉：妹妹，你读过书了吗？

林黛玉：读过一年书，认得几个字。

贾宝玉（走向林黛玉身边）：妹妹尊名？

林黛玉：名唤林黛玉。

贾宝玉：表字呢？

林黛玉：无字。

贾宝玉（笑）：无字，好，我送妹妹一字，唤作"颦颦"甚妙！

王熙凤（插嘴）：什么叫"颦颦"呀？

贾宝玉：《古今人物通考》上说，西方有石名黛，可作眉之墨，妹妹眉间若蹙，取这个字，岂不甚美！

王熙凤（笑）：只怕又是杜撰的！

贾宝玉：除了四书，杜撰的也太多呢。

贾母：真聪明。

贾宝玉：妹妹，你可有玉没有？

林黛玉：我没有玉。你那块玉也是件稀罕之物，岂能人人都有。

贾宝玉（摘下身上佩戴的那块玉，狠命地向地上摔去）：什么稀罕东西，人的高下不识，还说灵不灵呢，我也不要这个劳什子了！

（丫鬟们慌了，急去拾玉，交给王熙凤。）

王夫人：宝玉，你……

贾母（急得搂住了贾宝玉）：孽障！你生气，要骂人容易。何苦去摔你那命根子呵！

贾宝玉：家里姐姐妹妹都没有，只有我有，我说没趣；今天来了这个神仙似的妹妹也没有。可知这不是个好东西！

王熙凤：宝兄弟，快戴上。

（贾宝玉挥手拒绝。）

王夫人：宝玉，宝玉，当心你爹知道。

贾宝玉（愣住）：……

王夫人：快戴上。

王熙凤（温柔地替贾宝玉戴上了玉）：宝兄弟，老祖宗不是常说的吗，这富贵家业就指望着你这个命根子呢！

贾母：你妹妹原有这个来的，因为你姑妈去世时舍不得你妹妹，遂把她的玉带去了，尽你妹妹的孝心。人家说没有，是不便张扬出去。

贾宝玉：真的？

贾母：难道我还会骗你吗？快去给你妹妹道歉去，你这一闹把你妹妹给吓着了。

贾宝玉（走近黛玉）：林妹妹，对不起。

林黛玉：宝哥哥……

（音乐《枉凝眉》响起，全体演员谢幕。）

附：

剧情简介

《林黛玉进贾府》选自《红楼梦》，节选的文字以林黛玉进贾府的行踪为线索展开情节，大体可分为三部分：第一部分——故事的开端，林黛玉来到了荣国府。第二部分——故事情节的发展，通过林黛玉初进贾府的所见所闻，介绍贾府的环境和府中的众多人物。第三部分——故事的结尾，为林黛玉安排住处。

（马媛）

第二篇

现代部分

祝　福

时间：祥林嫂第二次到鲁镇（20世纪二三十年代）。

地点：鲁镇、鲁四老爷家。

人物：鲁四老爷、四婶、祥林嫂、阿新、柳妈、丫鬟阿香。

背景：鲁四老爷家大厅正中间上挂朱拓的大"福"，两边对联"意志详明德行坚定，事理通达心气和平"。下放一张桌子，摆放着祭祀贡品，两边椅子对称摆放。

场景：鲁四老爷家大厅正中间上挂朱拓的大"福"，两边对联"意志详明德行坚定，事理通达心气和平"。下放一张桌子，摆放着祭祀贡品，两边椅子对称摆放。

（柳妈、阿香在擦桌子、扫尘，祥林嫂无事可做，呆站在一旁。）

祥林嫂（叹息）：唉，我真傻，真的。我单知道冬天有狼，我让阿毛到门槛上剥豆，他就去了，他是那么听话。可是当我找到他时，他肚里的五脏都给吃空了，可怜他……（抚摩着阿毛穿过的小鞋）

柳妈（不耐烦）：祥林嫂，你又来了。

柳妈（好奇地）：我问你，你后来怎么竟依了那个贺老六了呢？

祥林嫂：我吗？（难为情地）

柳妈：你呀，我想，这回是你自己愿意了吧，不然……

（柳妈盯住祥林嫂，气氛很紧张。）

祥林嫂：呃……呃，他力气大着呢！

柳妈（很诡秘）：祥林嫂，你实在不合算，你再强一点，干脆在成亲那天一头撞掉死好了。现在啊……

祥林嫂（紧张地追过去）：现在？现在怎么样？

（阿香凑过来。）

柳妈：你想想，你嫁了两个男人，他们又都死了，你这不是丧夫命吗？

祥林嫂（沮丧）：啊……

阿香：啊？真是这样的吗？

柳妈（神秘地）：还有呢，你将来到阴司去，那两个鬼男人还要争，你给了谁好啊？阎罗大王只好把你锯开两半，分给他们，我想，这真是……

阿香（恐惧地）：柳妈，不要说了，太可怕了！

祥林嫂（惊恐状）：那可怎么办？怎么办？

（伤心地哭着，把小鞋紧紧地揣在怀里。）

柳妈：哭也没有用。祥林嫂，我看，你还是到土地庙去捐一条门槛，当作你的替身，给千人踏、万人跨，赎了这一世的罪名，免得死了去受苦。

阿香：可是，捐门槛要不少钱呢！

祥林嫂（急切地）：钱？要多少？

柳妈：最少也得一年的工钱啊，你现在把钱存起来，一年后捐了门槛，就可以免受罪。

祥林嫂（迫切地）：不，我现在就去。

阿香（着急地）：哎，祥林嫂……

（柳妈上前拉住阿香。）

（鲁四老爷和四婶一起上。）

四婶：老爷，你这身衣裳做得挺合身的，穿起来精神得很。

鲁四老爷：当然，祈福的事情可马虎不得。况且，今年的祭祀可不比往常，总得做得体面一些。

四婶：我已经吩咐过了。

鲁四老爷：阿新呢？怎么还不出来？

四婶：可能还在书房看书呢，阿新……阿新……

阿新：来了！（恭敬地）四叔，四婶。

鲁四老爷（略带宽慰）：这就对了，没事多看看圣贤书，做人才会通明达礼。好好一个年轻人，读什么洋学堂。还是正正经经地读好祖宗的书吧。

阿新：可……四叔，在洋学堂也可以好好读书啊！

四婶：好啦，时辰快到了，快进屋吧。

鲁四老爷：阿新，那些新党就是因为洋书读得多了才掉的脑袋，你还要学！

（祥林嫂神色喜悦地上。）

鲁四老爷（现出不满的神色）：祥林嫂，祭祀的时候，你还乱跑什么？

祥林嫂：没，没有啊，老爷！

鲁四老爷：还不去干你的活！

祥林嫂：是，老爷。

（祥林嫂抬头，看见阿香她们正摆弄祭坛，走过去正准备帮忙。）

鲁四老爷：放下，谁让你碰的！（气愤）

（祥林嫂和阿香都吓了一跳，把跪垫掉在地上。）

四婶（快步冲上前，慌张地）：祥林嫂，你走吧！走吧！我来摆。

鲁四老爷：可恶。阿香，快把这伤风败俗的谬种带出去。

（祥林嫂像炮烙似的，脸色变得灰黑，失神地站着。）

（阿香上前拉祥林嫂，阿新想扶祥林嫂一把，但被鲁四老爷拦住了。）

祥林嫂（喃喃地）：为什么？为什么这样呢？我可是捐了门槛的，十吊钱呀，足足一年的工钱啊！不是说捐了就好了吗？（转身质问柳妈）

鲁四老爷：阿香，还不快把这不干不净的东西带出去，别叫她把祖宗的东西搞得不干不净！

祥林嫂：不……不……为什么……

祥林嫂（挣脱阿香的手）：老爷、太太，我真是捐了门槛的，真的！我已经赎过罪了……（伤心欲绝）

鲁四老爷（厌恶地）：你的罪啊，下辈子也赎不完，快走，快走……

（阿新赶紧走过去把祥林嫂拉到屋外。）

鲁四老爷：快把东西弄干净，不干不净，祖宗怎么会吃呢？

四婶：祥林嫂怎么会这样了？倒不如那时不留她！

鲁四老爷：这种人伤风败俗的，以后是不可再用的了。

四婶：唉……（摇头）

阿新（和蔼地）：祥林嫂，你回房休息吧。你在这，四叔不高兴。

祥林嫂（拉住阿新）：侄少爷，你读过书，你给我说说，一个人死了以后，还有没有灵魂；死掉的一家人，都能见面吗？

阿新（很惶然、迟疑地）：这个……也许有吧，你想见……

祥林嫂（伤心地）：我想我的阿毛，可怜的阿毛……（哭泣）

阿新：可是，还有……（屋内喊：阿新……）

阿新：四叔叫我了，我……你先回屋歇着吧！（边走边回望）

祥林嫂：不，不，不要……阿毛……（踉踉跄跄地退下场）

画外音（阎王爷要把你锯开两边……你的罪啊，下一辈也赎不完……伤风败俗的谬种……可恶、可恶、可恶……）鞭炮声、祝福声由强渐弱。在漫天飞雪中，祥林嫂拄着拐杖，提着个破篮子，衣衫褴褛、跌跌撞撞地出。

祥林嫂：这世上到底有没有魂灵（倒下）……告诉我，到底有没有魂——灵——

附：

剧情简介

祥林嫂是一个受尽封建礼教压榨的穷苦农家妇女。丈夫死后，狠心的婆婆要将她出卖。她被逼出逃，到鲁镇鲁四老爷家做佣工，受尽鄙视、虐待。很快她又被婆婆家抢走，并且婆婆拿走了她在鲁四老爷家打工的所有工钱，然后将她卖到贺家成亲。贺老六是个纯朴忠厚的农民，很快又有了儿子阿毛，祥林嫂终于过上了安稳日子。然而命运多舛，贺老六因伤寒病复发而死，不久，阿毛又被狼吃掉。经受双重打击的祥林嫂，丧魂落魄，犹如行尸走肉。于是，走投无路的她只能再次投奔到鲁四老爷家。可是人们还说她改嫁"有罪"，要她捐门槛"赎罪"，不然到了"阴间"还要受苦。她千辛万苦攒钱捐了门槛后，依然摆脱不了人们的歧视。最后，她沿街乞讨，在鲁镇一年一度的"祝福"的鞭炮声中，惨死在街头。

（郑显祖）

117

旗袍岁月

时间：20世纪80年代初。

地点：上海。

人物：老年孙蔓、少年孙蔓、女孩、何佳、宋嫂。

背景：孙蔓是上海滩曾经最有名的旗袍匠人的徒弟，在上海外滩附近的老弄堂里，开了家"孙氏裁缝铺"，已经做了十几年，两三年前，孙蔓收了一个小姑娘当徒弟，故事就是从这里开始的。

【第一幕】

回忆

（舞台的布置很简单，只有一把椅子和一架缝纫机，缝纫机上盖着一件墨绿色的丝质旗袍。舞台中央的上方挂着一块老旧的招牌，上面用似瘦金体的字样写着"孙氏裁缝铺"。）

（舞台的灯光是有些昏暗的，只有一束光很明亮，直直地散在缝纫机上。）

旁白：20世纪80年代初的时候，孙蔓在上海外滩附近的老弄堂里，开了家"孙氏裁缝铺"。街坊四邻都知道，这孙蔓做得最好的便是海派旗袍。听老一辈的人说，孙蔓的旗袍师傅可是上海滩曾经最有名的旗袍匠人。不过听说也只是听说，倒是这街坊四邻抑或他们的亲朋好友家有喜事时，便总爱来孙蔓这订做一套旗袍，这一做就是十几年。两三年前，孙蔓收了一个小姑娘当徒弟，说是要找个人继承自己的衣钵。但外人不知道的是，这小姑娘做孙蔓徒弟这些年，还没做过一件成衣，只是每天在布料房和染房之间跑来跑去，真不知学了

118

些什么名堂。

（一个八九岁的小姑娘出现在缝纫机旁，偷偷摸摸地。她先是向四周看了看，确定没有人看着，才大胆地向前，将手靠近那墨绿色的旗袍。）

（她像是怕把那袍子弄皱了似的，只是伸出了一根手指，轻轻地在那丝绸上摩挲。）

（一个约莫六十多岁的老太太走到了小姑娘身后。她穿着一件灰白格子的旗袍，银灰色的头发整整齐齐地盘在脑后。）

老年孙蔓（拍了拍小姑娘肩膀，故作生气状）：你在干什么？

（女孩似乎是被这突如其来的声音吓到了，身体狠狠地颤抖了一下，然后便僵在那里，不敢转身去看身后的人。）

女孩（略带哭声）：对……对不起，孙老师。我……我就是……我太好奇了！（伸手狠狠抹去眼中的泪水，猛地转过身，向孙蔓鞠了一躬）我……我不是故意的，您……您别赶我走，好吗？

老年孙蔓（失笑）：我没有怪你的意思，就是……

女孩（赶忙道）：都是我的错，孙老师，对不起。

老年孙蔓（笑着拍了拍女孩肩膀）：我真的没有怪你的意思，只是很好奇，你为什么会来这？

（女孩意识到了自己的失态，红着脸低下了头，吱吱呜呜地，就是不肯吐露半个字。）

老年孙蔓：孩子，跟我说说好吗？你是为了那件旗袍才到这里来的吧？（指着旗袍询问道）

女孩（不好意思地挠挠头）：我听弄堂里的郭帆奶奶说，老师这儿有一件特别好看的海派旗袍。起先我还不信，老师的每件旗袍都很好看。但今天白天去染房的时候，我透过门缝看到了这件墨绿色的旗袍，这是我见过的最好看的旗袍！只是……只是您从不让我们进来，所以我只好晚上偷偷溜出来，再偷偷看两眼，结果被您抓住了。

老年孙蔓：那我应该再晚点过来，这样你可就作案成功了。

女孩（脸更红了几分，拉着孙蔓的手娇嗔道）：老师，您怎么能这么笑话我？

老年孙蔓（摸了摸女孩的头，问）：你喜欢这件旗袍吗？

女孩（似是想起了什么愉悦的事）：喜欢！老师的每一件作品我都喜欢。

（孙蔓脸上的笑容渐渐消失了，转而染上了一种落寞的神色，眼底还透露着些许回忆。）

（女孩似乎意识到自己说错了话，害怕地低下了头，颤颤地伸出手，拽了拽孙蔓的衣袖。）

（孙蔓猛地回了神，歉意地冲女孩一笑。）

老年孙蔓：这件旗袍不是我做的，是我老师做的。

女孩（懵懂地问）：老师的老师，那他和您一样厉害吗？

老年孙蔓（笑着摇了摇头，满是回忆的语气）：老师的老师啊，那比老师还要厉害。

女孩（满是羡慕的语气）：比老师还要厉害！那得是多厉害呀？

老年孙蔓：就是很厉害呀！你想听听老师和老师的老师的故事吗？

女孩：嗯。

（孙蔓摸了摸女孩的头，二人，下。）

【第二幕】

拜师

（这一幕在设计上更趋向于英国维多利亚时代的风格。地点是在烧着壁炉的客厅。）

（舞台开始变得明亮，只有部分角落略显昏暗。舞台的中央是铺着白色毛皮毯的沙发，沙发旁的小桌上摆着一尊明代的青花梅瓶，梅瓶旁边放着一份当日的报纸。）

（孙蔓再次上场，她身上穿的正是上幕中出现的那件墨绿色旗袍。）

老年孙蔓：在20世纪30年代末的上海滩，那些自诩最摩登的小姐、太太们总是爱在外出会客时，着一身改良了的新派旗袍。现在想来，那真是旗袍的黄金时代。不过，要说那时的上海滩最为出名的旗袍匠人，就数丽人坊的陈时和浦江旗袍店的何佳了。我的故事就要从1935年3月8日我去何佳住处拜师说起。

（孙蔓下场。）

（何佳上场，走到舞台中央的沙发坐下，拿起旁边小桌上的报纸，随意地翻着。）

（何佳着一身荷叶领的藏青色旗袍，戴着一副珍珠耳环，右手的中指上佩戴着一枚金色的顶针。）

（仆人宋嫂上场，急匆匆地走到何佳身边。）

仆人宋嫂（弯下腰，恭敬地说）：夫人，有一个中年女人带着孩子到门口，说是要找您。

何佳（皱了皱眉）：女人？来干什么的？

仆人宋嫂：她也没说，就说要见您。您看……

何佳：嗯……这样吧，宋嫂。如果是客人就请人去店里，如果不是，就找个理由打发了吧。

仆人宋嫂：夫人，我觉得，（停顿，思虑片刻）那人应当不是客人。

何佳：不管怎么样，先去问问。

（宋嫂正要转身离开，却发现那对母女已经闯了进来。）

仆人宋嫂（生气地指着那对母女）：谁允许你们进来的？请你们出去！

（宋嫂紧接着向前几步，伸手想要将那对母女推出房间。而一旁的何佳合上报纸，将报纸撒在一边的沙发上，不悦地看着那对母女。那对母女似乎也没有想到会有这样的情况发生，母亲怯懦地低下头，弯腰把孩子护在了怀里。）

（紧接着那女人开始拼命抵抗宋嫂的推搡，急切之间将宋嫂推倒在地。突然发生的事情叫她慌了神。）

孙蔓母亲（有些语无伦次）：何夫人，对不起，真的很对不起！我不是故意要这么做的，不……不是，我不是故意的……

（就在说话间，女人急切地伸出手，想要拉起宋嫂，却被宋嫂推倒在地。她也并不站起，只是坐在那里小心地看着何佳，复而又颤颤巍巍地求着何佳。）

孙蔓母亲：何夫人，您能听我说几句话吗？就几句，不耽误您的时间的。请您……

仆人宋嫂：够了！（她狠狠地瞪了一眼坐在地上的女人）夫人，这两人一看就图谋不轨。您可千万不要被她们骗了！

何佳（满不在乎地摆摆手）：算了，宋嫂！你先下去吧！

仆人宋嫂：夫人！

何佳（有些不满）：下去！

仆人宋嫂（不甘）：是，夫人！

（宋嫂狠狠地瞪了一眼那对母女，转身，下场。）

（何佳这时才转过头仔细地打量着这对母女。母亲大约三十岁，深褐色的粗布衣裳，上面还有花花绿绿的补丁。女儿头发乱蓬蓬的，低着头，身上穿着一件极不合体的深灰色粗布袍子。）

（那女人怯怯地看了何佳许久，总是欲言又止。何佳似是看出了她的窘迫，略微正了正身子。）

何佳：不是有事要说吗？说吧，怎么了？

孙蔓母亲：夫人……我……（吱吱呜呜地，半晌才说）夫人，我是嘉兴人，半年前到上海来投奔亲戚，可是我那亲戚得急症死了。我在这上海举目无亲，总找不到长久的营生。前些日子，听同乡说，浦江旗袍店的何夫人最近在招工，我便四处打听，觍着脸到您这来了。

何佳：夫人怎么称呼？看你这言谈，也像是读过书的。

孙蔓母亲：夫人谬赞。小妇人夫家姓孙，同乡都称我一声孙嫂子。

何佳：那我便叫您一声孙嫂子。只是不知嫂子会些什么？纵使我同情嫂子的遭遇，但毕竟在商言商，我浦江旗袍店总不能养无用的人。

孙蔓母亲：小妇人在家乡时，做过织工，也当过绣娘，应当能应付一些。

何佳：那不知嫂子有什么作品带在身上，能否让我瞧上两眼，看看嫂子的功底？

孙蔓母亲（欣喜若狂）：有！有的！

（孙嫂子慌忙从她的补丁衣服里扯出了一个小小的红布包袱，递给了何佳。何佳打开包袱，里面是一件陈旧的绣品，尽管比较陈旧，但依旧能看清上面花瓣的纹路和细腻的针脚。）

（何佳满意地点了点头，但当她看到了孙嫂子身边的小女孩时，眉头又紧紧皱起了。）

孙蔓母亲（紧张地捏紧了衣角）：何夫人，这……这有什么问题吗？

何佳（摇摇头）：没什么，孙嫂子，你明天就可以到浦江旗袍店上工了。

孙蔓母亲：谢谢夫人！谢谢何夫人！您真是个大善人！

（孙嫂子说着就要给何佳跪下，何佳连忙起身将她扶住。）

何佳：只是嫂子……有句话我不知当讲不当讲。

孙蔓母亲：您说。

何佳：这孩子看起来这样小，你平时要上工，又把她托给谁照顾呢？

孙蔓母亲：我同乡的媳妇多数时间都在家带孩子，我可以把这孩子托付给她看。

（何佳没有理会孙嫂子的回答，只是蹲下身来，摸了摸那孩子的头。）

何佳：小姑娘，你叫什么名字？

少年孙蔓：孙蔓。

何佳：几岁了？

少年孙蔓：十三。

何佳：那你喜不喜欢旗袍啊？

少年孙蔓：喜欢！可是妈妈说，那些都是像您这样有钱人家的小姐、太太穿的。不过，我觉得您穿的旗袍就很好看，比我以前见过的那些都好看。那个……我可以……我可以摸摸您的旗袍吗？

孙蔓母亲（低声呵斥）：少说两句！（看向何佳，僵硬地笑着）抱歉，何夫人，小孩子不懂事，还请您千万不要放在心上。

何佳（随意地摆摆手）：无妨。（看孙蔓）你想做旗袍吗？

少年孙蔓：真的可以吗？

（何佳摸了摸小孙蔓的头，眼中透着回忆。她就那样盯着孙蔓看，又不像是在看孙蔓，而是透过这具小小的躯体在看另一时空中的某个人罢了。许久，何佳才又回过神来。她强打起精神，询问孙蔓。）

何佳：既然你愿意的话，那我教你做旗袍可好？

少年孙蔓：真的吗？谢谢夫人。

何佳：以后可不能叫我夫人了，你要叫老师知道吗？老师！

第二篇　现代部分

（这一声"老师"，让孙嫂子从震惊中回过神来，激灵灵地打了个颤。她猛地按住了女儿的肩，用一种难以言表的激动语调向女儿大叫。）

孙蔓母亲：蔓蔓！蔓蔓！快点跪下！快点向何夫人行礼！快点！

（孙蔓从未见母亲这样高兴过，那种愉悦的情绪也感染到了她，便十分顺从地跪下行礼。只是她还未完成这一礼节，便被何佳扶住。）

何佳：现在是新社会了，不兴这样的虚礼，快起来吧。

少年孙蔓：嗯，谢谢老师。

何佳：明天和你母亲一起到店里，我们就开始，好吗？

（孙蔓张嘴刚要说话，却被母亲抢了白。）

孙蔓母亲：那就这样定了，谢谢何夫人。

（何佳没有理她，转身走到沙发处坐下，皱了皱眉头。片刻，她才摆摆手，示意孙家母女可以离开了。）

（孙蔓母女下。）

（后排照向沙发的灯光渐渐变暗，何佳下。）

（老年孙蔓上台，站在舞台右侧。）

老年孙蔓（独白）：这就是我对老师的第一印象，优雅又不失风度。她那日穿的一袭藏青色旗袍，是我对旗袍最初、最深的记忆。之后，不论我见过老师又或我自己做出了多少件旗袍，我依旧觉得那身藏青色旗袍是这世上最美的。

（灯暗。）

【第三幕】

沉思

（自本场开始，灯光较之前更暗。舞台上方又挂起了招牌，上面写着"浦江旗袍店"的字样，边上也有明显的磨损痕迹，角上还结着蛛网。）

（舞台中央立着两扇门，门后放置着一张有些破烂的木板床，床上的被子打着些许补丁，左侧枕头边还有一只木匣子）

（老年孙蔓上场，就站在舞台右侧。）

老年孙蔓（独白）：在那个年代的多数人心中，我的老师是那个优雅的何夫人，是那个名满上海滩的旗袍匠人。但在我心中，她不过是个有些严厉、困窘不堪的老太太罢了。我当年拜师时，无数人羡慕我的好运气，可是，这好运气也没维持多久。1940年某个普通的午后，丽人坊的陈时前辈来见了我的老师一面，和陈前辈一起来的是一位美国商人。那天，我第一次见老师发那样大的脾气，她同陈时前辈大吵了一架，恶狠狠地将她同那个商人一并赶出了铺子。二人走后，她甚至摔碎了那尊她最爱的明代青花梅瓶。后来我才知道，陈前辈带来的那个美国商人是来向老师兜售飞梭绣花机的。老师坚持用最传统的手工绣法，就是为了保证旗袍的质量。（沉默片刻，轻笑）可是，在全行业都走向新技术的大潮中，老师还是选择了妥协。也正是那一次妥协让她永远失去了制作旗袍的资格。

（报童一边喊着叫卖的号子，一边走上台。）

报童：卖报！卖报！重庆隧道惨案死伤数万，工厂倒塌，旗袍才女何佳致残！卖报！卖报！（走到孙蔓身边）夫人，要报纸吗？

（孙蔓接过报纸，报童下。）

孙蔓（独白）：1941年6月，浦江旗袍店在城郊的工厂意外倒塌，很不幸，那天老师恰好就在工厂。在那次意外中，倒塌的绣花机压在了她的手上。由于当时医疗条件有限，我的老师失去了右手的拇指，而剩下的九根指头也只能僵硬地做些简单又省力的动作。这一切的一切让那个曾经无比自信的女人变得几乎如同疯子一般，她每日除了吃饭、睡觉，就只会嘶吼、哭泣和砸东西。没过多久浦江旗袍店就倒闭了，店里的伙计们早早地收拾包袱离开了，连宋嫂也是如此。为了维持生计，老师卖掉了房子，搬进了靠近城郊的一条阴湿的老弄堂里。

（少年孙蔓上场，她打开门走到床边，手里端着一只粗糙的褐色瓷碗，瓷碗里面是黑乎乎的药汁。）

（何佳躺在床上，身上穿着暗红色的粗布袍子，灰白的头发乱蓬蓬地束在脑后。她盯着被子上的一块补丁，痴痴地笑着，右手不停地颤抖着。）

少年孙蔓：老师，该喝药了。

何佳：你是谁呀？

少年孙蔓：我是您的学生，蔓蔓。老师，听话，我们喝药好不好？

何佳（颤巍巍地指了指自己）：那……那我是谁呀？

少年孙蔓：您是何佳。

何佳：何佳又是谁呀？

少年孙蔓：是您，是上海滩做旗袍做得最好的人。

（何佳猛地抬起头，死死地盯着孙蔓。她忽然伸手将孙蔓手中的药碗打翻到地上，然后发出尖锐的叫喊声。）

何佳：不！我不是！我不是！滚……你给我滚出去！我再也不想看见你了！

（孙蔓上前死死抱住何佳，将头埋在何佳怀里，放声大哭。）

少年孙蔓：老师，您不要再这样了好不好？我知道您心里很难受，可我心里跟您一样难受。我……我求您不要再这样自己惩罚自己了，好不好？回答我！好不好？

（何佳的眼神一瞬间呆住了，她木木地盯着前方，眼泪夺眶而出。许久，她低下头，轻轻地拍了拍孙蔓的背。）

何佳：孩子，对不起，让你失望了！

少年孙蔓（连忙说）：不是这样，我从来都没有对老师失望过。在我心里，老师永远都是上海滩最好的旗袍匠人。

何佳：孩子，谢谢你……谢谢你。

少年孙蔓：不，老师，是我应该谢谢您，是您让我明白了旗袍对于我的人生究竟有着什么样的意义！

（何佳将床边的木匣子递给了孙蔓。）

何佳：孩子，这是我沦为一个残废人之前的最后一件作品。不论你以后是否在旗袍这个行业继续做下去，我都想请你收下它。我的老师在临终前告诉我，制衣的匠人一辈子都不能忘了本，该手工绣的东西就不能偷工减料，一丝一毫都不能少。可是，我却抵挡不住诱惑忘了自己的本，这双手或许就是上天给我的惩罚吧。孩子你要记住，我今年的遭遇将永远都是你前行路上的警钟。切记，手工匠人不能忘了本，老祖宗传下来的，一丝一毫都不能少。

老年孙蔓：是啊，手工匠人不能忘了本，老祖宗传下来的，一丝一毫都不能少。或许，我们今日的社会，手工艺人的减少也正是因为忘了本吧。

（由老年孙蔓扮演者带头，各演员上场——谢幕。）

附：

剧后感悟

　　传统的语文教学在欣赏文学作品时，大多以教师指导、学生分析阅读为主，整个过程缺少了学生的主动参与，不能充分发挥学生的聪明才智，更不能锻炼学生的审美能力。如何让学生获得现代社会所需要的语文实践能力，成了摆在教师面前的一大课题。这时，课本剧被引入课堂教学，让人眼前一亮。语文课堂中课本剧排演的推出，为学生开拓了一个崭新的学习天地。《旗袍岁月》是学生自己编排、演出、探究和创新的，这不仅使学生对课文有了准确的感知、深刻的理解，而且课本剧的排演可以帮助学生充分发挥想象，从中活跃思维，获得情感愉悦和审美享受，培养了学生的组织能力、自我创作能力，也增进了学生对戏剧创作的感性认识。在编写剧本的过程中，学生精心撰写台词，钻研人物形象的定位，认真编排好每一个动作，制作精良、优美的道具和服装。在整个备戏的过程中，我不时予以点拨提醒，要求学生在编写剧本时注意，最核心的问题就是突出一个"美"字，即突出剧本的语言美、人物美、环境美。经常这样训练，学生不知不觉提高了鉴赏、创造美的能力。

（段晓琴）

127

吴老太爷进城

（《子夜》节选）

时间：20世纪30年代。

地点：上海。

人物：吴荪甫、吴老太爷、蕙芳、芙芳、阿萱。

背景：1930年，南京国民党政府与阎锡山、冯玉祥的矛盾进一步激化，"中原大战"一触即发。在南京政府搜刮民族资本家以扩充战争经费的同时，上海的工业产品也受战争的影响，无法顺利地向内地行销。此时，民族资本家吴荪甫也是进退维谷，一方面得不到政府与外国资本的支持，另一方面又拒绝外国资本的收购。

【第一幕】

（近日，吴荪甫考虑到，父亲住在乡下若是遇到不太平的事，自己这个做儿子的也不便照拂。于是，他便将吴老爷子和生活在乡下的妹妹接来上海，与自己同住。）

（舞台的场景集中在一辆汽车内。车窗外是高耸碧霄的摩天建筑以及光秃秃的拔地而起的路灯杆。）

幕启："如果你爱他，就把他送到纽约，因为那里是天堂；如果你恨他，就把他送到纽约，因为那里是地狱。"此时在吴老太爷的眼中，上海是座"享福的天堂"，也如同"魔窟"一般。他固执地认为，那些年轻人眼中的新鲜事物，就是挣脱了道德束缚的"怪兽"。可偏生这上海中，满街都是"怪兽"……

（老爷子内心很是惊慌，窗外的强光总让他觉得头颅仿佛在颈脖子上旋转，耳朵里灌满了猛烈嘈杂的声浪，手渐渐攥紧。）

（不知过了多久，吴老太爷悠然转过一口气来，却听到两个女儿的对话。）

芙芳：四妹，上海也不太平呀！上个月是公共汽车司机罢工，这月是电车司机了！上月底共产党在北京路闹事，捉了几百，当场打死了一个。共产党有枪呢！（略有担忧）听三弟说，各工厂的工人也都不稳，随时可以闹事，时时想暴动。三弟的厂里、三弟公馆的围墙上，都写满了共产党的标语……

蕙芳：难道巡捕不捉吗？

芙芳：怎么不捉！可是捉不完。啊哟！真不知道哪里来的这么多不要命的人！——可是，（拿手帕掩唇，轻笑）四妹，你这一身衣服实在看了叫人笑。这还是十年前的装束！明天赶快换一身吧！

（吴老太爷听到女儿们的对话，猛地睁开了眼睛。）

（吴老太爷转头看向窗外，只见前后左右都是像他自己所坐的那种小箱子——汽车。路上各色的车匆忙地、杂乱地交流着，而夹在车子中间的，又是各色各样的跌跌撞撞地快跑的男人女人。）

（这时，两个女儿还在交谈着。）

蕙芳：二姊，我还没见过三嫂子呢。我这一身乡气，会惹她笑痛了肚子吧。

（蕙芳有些心虚，便偷看一下吴老太爷，又看看车里的时髦女人们。）

（这时，吴老太爷闻见了女儿身上传来的浓香。鼻子似乎被这浓香刺得有些难受。）

（吴老太爷又转头望向窗外，皱了皱眉，又吸了几下鼻子。）

（然而，车内的谈话却没有因吴老爷子的异样而结束。）

芙芳：真怪呢！四妹。我去年到乡下去过，也没看见像你这一身老式的衣裙。

蕙芳：可不是。乡下女人的装束也是时髦得很呢，（音调陡然降低）但父亲不许我——

（在两姊妹谈话的同时，吴老太爷下意识地看了看二小姐芙芳的穿着。他

129

的内心充斥着各种厌恶的情绪。）

【第二幕】

（有一个声音在吴老太爷心底呐喊：万恶淫为首！万恶淫为首！）

（接着，吴老太爷又瞥见儿子阿萱，正盯着一位"半裸体"的妖艳少妇。）

（一阵怒火在吴老太爷心底燃烧，可他又什么都说不出，只是在喉间发出"呼噜呼噜"的声音。可坐在吴老太爷旁边的儿子、女儿们，却并没有看出他的异样。）

（凉风吹在车窗上，猎猎作响。而儿女们的谈话仍在继续。）

蕙芳：七弟，这可长住在上海了。究竟上海有什么好玩？我只觉得乱哄哄的叫人头疼。

阿萱：住惯了就好了。近来乡下土匪太多，大家都搬到上海来。四妹，你看这一路的新房子，都是这两年内新盖起来的。随你盖多少新房子，总有那么多的人来住。

芙芳（拿着粉扑补妆）：其实乡下也还太平。谣言没有上海那么多，七弟，是吗？

阿萱：太平？不见得吧！两星期前开来了一连兵，刚到关帝庙里驻扎好了，就向商会里要五十个年轻的女人——补洗衣服；商会说没有，那些八太爷就自己出来动手拉。我们隔壁开水果店的陈家嫂子不是被他们拉去了吗？我们家的陆妈也好几天不敢出大门……

芙芳：真作孽！我们在上海一点不知道，我们只听说共产党要掳女人去共。

阿萱：我在镇上就不曾见过半个共军。就是那一连兵，真叫人头痛！

芙芳：吓，七弟，你真糊涂！等到你也看见了，那还了得！竹斋说，现在的共产党真厉害，九流三教里到处全有，防不胜防。直到像打雷一样打到你眼前，你才觉察。

阿萱：会像雷一样地打到你眼前来吗？莫不是有了妖术吧！

【第三幕】

（汽车上的喇叭突然鸣鸣地叫了两声，车子也渐渐地走慢了。）

（车辆驶入密林，透过车窗的灯光开始斑驳地洒在人身上。二小姐看众人的面容便不再那么清晰，还带上了些许阴影。）

（二小姐开始收拾化妆用的皮包，然后转脸看向老太爷。）

芙芳（轻声）：爸爸，快到了。

阿萱：爸爸睡着了！

蕙芳：七弟，你喊得那么响！二姊，爸爸闭了眼睛养神的时候，谁也不敢惊动他！

（汽车上的喇叭又是鸣鸣地连叫三声，最后拖了个长尾巴。接着，汽车驶入两扇大铁门内。）

（阿萱猛地从座位上站起来，看见苏甫和竹斋的汽车也衔接着进来，又看见铁门两旁站着四五个当差的，其中有武装的巡捕。）

（接着，砰的一声，铁门就关上了。）

（随着车辆的行驶，外景开始变幻，一座五开间三层楼的大洋房出现在众人眼前。）

（场上开始响起来微弱的无线电音乐。）

仆人：太太！老太爷和老爷他们都来了！

（吴老太爷猛地睁开了眼睛，神色带着些讶异，还有些不悦的深沉。）

附：

剧情简介

《子夜》是一部规模宏大的对中国第一大都市上海做全方位描写的文学作品，是现代都市生活的广阔画卷，它描写了工厂生活和工人运动，描写了民族资产阶级的奋斗，买办资产阶级的活动，金融、公债市场的风波，都市各阶层人物的面貌，为中国现代都市文学开拓了广阔的天地。该作品以吴苏甫为矛盾

冲突的轴心，辐射出各种人物和事件，虽为长篇，但几条线索错落有致地进行铺叙，其中以吴赵斗法为整个作品的主线，以此带动其他几条线索的展开，使之融合为一个有机的整体。整个作品的情节发展十分紧凑，时间跨度小，人物众多，经纬交汇地建成了《子夜》这部作品的"网状结构"，有些部分也比较适合改编为课本剧，这个篇目就是学生的尝试。让我印象最深的是排戏，通过排戏，我发现这一手段能帮助学生把书面语言转化成口头语言、形体动作，既满足了他们的表现欲，锻炼了他们的表达能力，同时又帮助学生突破了认识上的误区、盲点，加深了学生对作品的理解，还加强了师生、文本之间的多向交流，活跃了课堂气氛。最为重要的是，排演的过程又是对学生审美能力的一次考验。对人物情感的把握，表情、肢体语言的运用，甚至人物的着装、道具的制作、场景的布置，这些都需学生用"美"的眼睛去观察，用"美"的心灵去体会，用"美"的双手去创造。

（段晓琴）

五彩裙

（音乐小品）

时间：当代。

地点：某大学女生宿舍。

人物：六个女大学生。

背景：学校一年一度的演出如期而至，夜深了，大家仍在为第二天的演出试装。

幕启：夜晚的灯光下，简洁的女生宿舍，四个女生在讨论着什么，一女生拿着裙子在照镜子，另一女生站在舞台另一侧想着心事。

班长：李旭，你这镜子都照了不下一百遍啦！

李旭：班长，你说我的裙子到底怎么样嘛？我一点感觉都没有。

班长：没的说，特好看。

（众人附和。）

晨风：咱们寝室六条裙子穿出去，那效果肯定是顶级的，（走过来）已经非常漂亮啦，配咱们的节目真是特棒的。

李旭：要都像我一样穿一身名牌的话，那才是顶级的呢！

班长：好啦，今天时候不早了，大家早点休息。明天下午彩排，晚上正式演出。

众人（欢呼）：哦，睡觉啰！明天正式演出啰！

（带头退下。）

袁泉：叶子，你也休息吧！

叶子：我还想看会儿书……

（袁泉怀揣不解的心情走下。）

音乐：《城里的月光》。

（叶子看到同学都下去了，取下了李旭的裙子，开始比试。眼看着朋友满心的欢喜，自我感觉是迷茫的。她也多想穿上美丽的裙子，尽情地跳舞与歌唱。仔细想想以自己的境况无法承担高昂的价格，"也许这样的生活注定我就只能观望窗外月光，把梦照亮，来守护我身旁，请你给我一丝温暖，驱散我心中所有彷徨……"）

（叶子的举动被晨风看到了。）

时间：第二天。

（晨风拖班长上。）

班长：干吗你？

晨风：嘘……

班长：什么呀？鬼鬼祟祟的。

晨风：跟你说个事。昨天晚上我发现叶子拿着李旭的裙子……

（李旭迷迷糊糊地上。）

李旭：谁拿我裙子？

班长：听她说。

晨风：昨天晚上我发现叶子拿着李旭的裙子在这里比试了好久呢。

李旭：她凭什么拿我的裙子？

［班长止住李旭（背景音乐《同桌的你》），听说这样的情况感觉纳闷，诚实朴素的叶子怎么会如此异常？］

袁泉：事情变化成这样一定有出错的地方。

燕子：究竟原因在哪里，大家要仔细想想。

班长：谁见过叶子的裙子究竟是什么模样？

（大伙摇头。）

班长：也许太贵，买不起，所以才如此忧伤。

李旭（白）：班长，既然叶子没裙子，那我们五个人表演不也一样吗？

班长：那不行，咱们六个人一个也不能少！

众人：那怎么办啊？

班长：我有个办法，过来！

（商量一阵之后，众人欢呼。）

班长：嘘……

音乐：《把耳朵叫醒》。

（触摸着针针线线是头一次眼看着缝缝补补，该如何开始？为了咱亲密朋友能在一起，所有的付出努力都会变得有意义。生活中难免遇到一点点麻烦，人生的道路处处有沟沟坎坎，只要有真心朋友在一起，再多的困难麻烦都无法将我阻拦，像晨风轻轻吹起，像鸟儿悄悄嬉戏，是否会有人在意那冉冉升起的太阳是我们将托起的美丽。）

（大家欢呼，成功了！叶子起床出来。）

叶子：闹什么呀？一大清早的。

（大伙笑。）

班长：叶子，你看我们的裙子！

叶子（惊讶地）：呃，你们的裙子怎么跟昨天不一样啦？

众人：漂亮吗？

叶子（心情复杂）：漂亮，真漂亮。祝你们演出成功！

班长：不，叶子。是祝我们演出成功！

李旭：叶子你看。

叶子：什么？

众人：裙子！给你的。

叶子：给我的……

众人（激动地点头）：嗯！

叶子（感动）：能够来到这里，能够成为你们当中的一员，我已无比幸福。你们给我太多太多……

（班长上前止住她，扶她下去换裙子。）

音乐：《那些花儿》。

袁泉：也许流失在岁月中，已经忘了吧。

晨风：多少故事都曾发生你还记得吗？

李旭：留下一段往日美好，珍藏在心底。

燕子：不管历经风吹雨打，不会再害怕。

班长：友情是美好的，友情是温暖的。

叶子：感谢朋友们，我会珍惜它。

合唱：所有一切让它随风轻轻飘远吧！真心朋友不分彼此心连着心呀！只愿天下孤独的心再不会寂寞，相信朋友一直伴你行走到天涯！

啦啦啦啦啦啦啦啦。

附：

剧后感悟

课本剧的提出有深厚的文化底蕴和理论依据。我国古代伟大的教育家孔子早在两千多年前就十分重视艺术教育，"六艺"是古代书生的必修课，他认为艺术教育可以作为人格修养的教育，是达到"仁"境界的途径。近代教育家陶行知先生更是推崇"教学做合一"，陶先生认为"做"是教育工作的核心，而学生排演课本剧就是"做"的具体表现。苏联著名教育理论家苏霍姆林斯基在担任校长时，亲自为学生制定并实施了一套全新的作息制度，有一条就是让学生在晚间进行各种文娱活动。《中国教育改革和发展纲要》指出："美育对于培养学生的审美观念和审美能力，陶冶高尚的道德情操，培养全面发展的人才，具有重要作用。要提高认识，发展美育在教育教学中的作用，根据各级学校的不同情况，开展形式多样的美育活动。"这些都为语文教学中课本剧的排演指明了方向。

语文教学很少通过直观的形象去再现课文的场景和意蕴，学生无法去感受和体验课文所要表达的情感和艺术魅力，因而，就无法很好地完成教育教学任务。而由学生自编自演的课本剧则较好地展现了课文的具体形象，是形象化的教育。《五彩裙》就是一个由学生自编、自演的小情景剧，讲述了六个女大学生之间的友谊。通过这次演出，我发现戏剧具有较强的艺术感染力，能够引起学生的情感共鸣，编演课本剧又是对学生综合实践能力的训练和考查，其中包括学生语言文字驾驭能力、思维反应能力、审美能力、对文化的感悟理解能力、合作交流能力、表演能力等。这些能力，与最新修订的《高中语文课程标准》中"发展学生语文核心素养"的要求不谋而合。

（段晓琴）

浮世茶馆·爱国心

时间：夏日午后。

地点：浮世茶馆。

人物：茶馆老板、屈原、岳飞、岳母、鲁迅、江姐、特务一、特务二、现代青年。

背景：茶馆深处的时代变迁，英雄当中的爱国情怀。

（黑幕，由旁白先来说明。）

旁白：在城市不为人知的角落里开着一家茶馆。它的开设似乎不是为了营利，而是为了一些特殊目的。只有被选中的人才能有幸光临这家茶馆。这家茶馆是一切的开始。

（道具：一张凳子，老板坐在上边，所有演员站成一排，聚光灯只打在老板身上，其他人原地站着不动，老板面带微笑慢慢起身。）

老板：各位客官，欢迎各位来到浮世茶馆。各位一路舟车劳顿一定累了吧？是否有口干舌燥的感觉？如果有的话您可一定得尝尝本店的招牌乌龙茶。什么？您问我茶在哪里？可不就在您的手边吗？怎么样？好喝吗？您说您感觉眼皮越来越沉了？那就对了。别担心，本店可不是什么"人肉包子铺"，在下只是想帮您找回您已经遗失的那一部分。现在，请闭上眼睛，演出开始。

（灯黑，老板坐回凳子上。）

（在聚光灯的照射下屈原上。）

屈原（悲愤地）：长太息以掩涕兮，哀民生之多艰。大王啊大王！想当初我殚精竭虑、忠心事楚，无奈屡遭排挤，叩问天地君心，您听信谗言多番将我流放，我实不忍见礼崩乐坏、国将不国……如今白起攻破郢都，楚国亡了啊！

138

楚国亡了……为什么您就是不能听听我的意见呢？如今再也回不去了，回不去了呀！我身上流淌着的是楚国的血脉，我又怎能苟且偷生，谄媚他君？事到如今，我也只有继续追随着我的祖国、我的君王！国无人莫我知兮，又何怀乎故都！既莫足与为美政兮，吾将从彭咸之所居！（说完抱起脚边的石头，往前跳，躺在地上）

（聚光灯打岳飞。）

岳飞：母亲，您这是要做什么？

（岳母不说话，拿着针在岳飞背上刺。）

岳飞：母亲？！

岳母：儿呀，为娘在要在你的背上刺字，你知道是哪几个字吗？

岳飞：还望母亲明示。

岳母："精忠报国"！我希望这四个字不仅刺在你的背上，更要刻在你的心中，明白吗？

岳飞：精忠报国，孩儿知道了！孩儿定不辜负母亲的期望！

画外音《满江红》：怒发冲冠，凭栏处，潇潇雨歇。抬望眼，仰天长啸，壮怀激烈。三十功名尘与土，八千里路云和月。莫等闲，白了少年头，空悲切！

（灯不灭，老板摇着扇子走入聚光灯下。）

（聚光灯打鲁迅。）

鲁迅：我的梦很美，预备卒业回来，救治像我父亲一般被庸医耽误的病人的疾苦。若到战争时候便去当军医，同时又要推动国人对维新的支持。今日我才明白，国人需要治疗的不是肉体，而是这儿（指胸口），是国人的心。学医是救不了中国人的，可直到今日我才明白啊，（摇头叹息）是该改变了——有些东西。我将以它——这支笔作为武器，在这个残酷的时代，打一场艰难、血腥却没有硝烟的战争。我，周树人，在此承诺，横眉冷对千夫指，俯首甘为孺子牛。

老板：各位心里还是没什么感觉吗？看来您已经将这个部分遗忘得太久，竟然丝毫没有引起共鸣。不过您也别太着急，总能找到的。

（老板后退走出聚光灯，灯灭。）

（灯亮，鞭打江姐。）

139

江姐：你们可以打断我的手、杀我的头，要消息是没有的，你们休想从我的口中得到任何情报！

特务：哦？是吗？试试这个？（用竹夹夹江姐的手）

江姐：啊——！（痛苦挣扎，敌人停止之后瘫在凳子上）

特务：现在有没有什么想说的？

江姐（虚弱）：……哼，这算不了什么。竹签子是竹子做的，共产党员的意志是钢铁铸成的，你以为我会就这样轻易屈服吗？你们已经到了山穷水尽的境地，腐朽的变革即将土崩瓦解，伟大的变革马上就要到来！我要为她而歌！你们！都逃脱不了历史的惩罚和人民的审判！

特务：好！带下去！

（灯灭。）

（灯亮，灯光照在老板身上。）

老板：各位客官，现在你们的心中是不是……

（现代青年上，打断老板的话。）

青年（边走边刷微博）：唉，这个，不转不是中国人，转了！你们看看，你们看看，啊？（指着手机向着观众）你看看现在的孩子们，道德沦丧，崇洋媚外，哪里还有半点中国人的气息？唉，真的是世风日下，世风日下啊！

老板（走上前去）：这位客官？

青年（无视老板继续看手机）：居然还有人喷我！你看看这些人哪里有一点爱国气息？不行不行，我一定要严厉批评，好好教育教育这群不懂事的孩子！

老板：这位客官（拍青年肩膀），您这是？

青年：嗨，我给这些孩子们补一补爱国教育。

老板（意味深长地）：哦？这么说您是一位爱国青年？

青年：那可不，就在昨天我们小区通知要为祖国建设事业添砖加瓦，捐献一份心意。

老板：这么说您捐了很多钱？

青年：那倒没有，不过我号召了全小区的人都来捐款。（得意地）

旁白：什么号召，分明就是强迫！他可说了不捐不是中国人！可他自己明明一毛钱都没捐！

青年（慌张地环顾四周）：……你，你别乱说啊。

老板（面带微笑）：年轻人，爱国可不能只停留在表面啊，你看看这捐钱、入伍，哪怕是多读点书、多学习，只要是为了祖国而努力奋斗，哪一样不是爱国的表现呢？这可比你每天抱着手机跟孩子们吵架有意义多了。

青年（惭愧地低下头）：这么一说还真是……听君一席话，胜读十年书，受教了，我要去将我的一腔热情化为行动了，告辞，老板！

老板（微笑着目送）：客官慢走。

（青年下台。）

老板（微笑着摇扇子）：说我的茶是安神补心茶，补的什么心现在明白了吧？那就是——爱国心。

（所有演员上）全体吟诵：

碧霄湛湛山河壮，丹心拳拳四时常。

朝饮兰露夕菊英，屈子离忧自沉江。

驾车踏破贺兰缺，怒发冲冠岳家郎。

浮世无功学大成，新辈有情作流芳。

老板：各位客官，非常感谢您今天来小店做客，故事到这里就要告一段落了。如果将来的某一天您又觉得若有所失，请记得浮世茶馆的大门永远为您敞开，不妨再来尝一尝我们的安神补心茶。让我们期待下次再会。

（聚光灯灭，舞台灯都亮起，所有演员谢幕。）

附：

演出要求

剧本类型：原创历史情境话剧。

剧本演出串词：滔滔江河水，掩不尽浩浩中华魂，巍巍昆仑山，锁不住阵阵爱国心。千百年来，无数仁人志士给我们留下了爱国的身影，回首处，铮铮男儿，横刀立马，慷慨赴国难，热血寄忠魂。南疆北土，总有中华儿女，精忠

报国，剑啸蓝天，气贯长虹。新时代的我们，爱国需要务实，更需要智慧！

剧本演出道具：

（1）演员需要合适的服装和化妆（最好是化戏曲舞台妆，佩戴假发等舞台造型）。

（2）需要十个胸麦。

（3）需要五个凳子（凳子要可以站人，要结实稳固）。

（4）道具：浮世茶馆四字招牌、假山石、鞭子、毛笔、刑具等。

剧本演出注意事项：演员要全情投入，细节的表演要真实，注意演出不同的年代感。尤其是屈原的表演，诗词背诵要注意停顿和情感，表演时要注意动作之外人物本身的气质。

剧情简介：本剧以浮世茶馆作为集中的地点，穿越回战国时期、宋朝时期、民国时期，再回到现代社会，表现不同时代炎黄子孙对祖国的情感。

（石恒艳）

边 城

时间：端午节前后。

地点："茶峒"小山城。

人物：翠翠、傩送、爷爷、天宝、伙计、群众演员数名。

背景：在"茶峒"小山城，有一小溪，溪边有座白色小塔，塔下单独住着一户的人家。

这人家只有一个老人，一个女孩子，一只黄狗。

旁白：由四川过湖南去，靠东有一条官路。这条官路将近湘西边境到了一个地方名为"茶峒"的小山城时，有一小溪，溪边有座白色小塔，塔下单独住着一户人家。这人家只有一个老人，一个女孩子，一只黄狗。（起音乐）

【第一幕】

渡船人：嘿，有人过河呀！（爷爷拉着渡船迎面而来。）

（音乐慢慢消失。）

（晚饭后，爷爷编着草鞋。）

旁白：这天，爷爷赶着夜去住在城里老熟人的家里，跟他商量请他来看一天渡船，自己打算陪翠翠去城里玩一天，并约那人早上到家中吃饭……

爷爷（渡船人）：明天城里划船，倘若你一个人去看，人多怕不怕？

翠翠：人多我不怕，但是只是自己一个人可不好玩（翠翠贴着爷爷的耳畔说。）

（爷爷沉默了，爷爷又抬头望着天，又点了点头。）

143

【第二幕】

（翠翠开始为两条急速行驶的你追我赶的船而兴奋地眺望起来。）

爷爷：翠翠，翠翠，人那么多，好热闹，你一个人敢在河边看龙船吗？

翠翠：怎么不敢，只是一个人玩又有什么意思呢？

（爷爷望了望翠翠，又望了望河边的龙船。）

旁白：爷爷心想时间还早，到收场的时候至少还得三刻钟，小溪边的那个朋友也该来看看年轻人的热闹，回去一趟换换他还来得及。

爷爷：翠翠，人太多了，站在这里看不要走开，无论如何我会赶回来陪你回家。

（翠翠不假思索就答应了。）（黄狗蹲在旁边。）

旁白：人们随着船的一快一慢欢呼起来。

爷爷：嘿，把船划过来。

替渡人：你怎么又跑回来了？

爷爷：让我替会吧，你去河边看看热闹吧，我把翠翠留在河边了，自己赶了回来，我来守船。

替渡人：哦。

爷爷：看得好就不必回来了，看到翠翠就跟她说下，她自己会回家，小丫头不敢回家，你就伴她走走。（爷爷接着说。）

替渡人：唉，龙船都看了这么多年了，没什么味了，还是同你在溪边大石上喝两杯酒吧。

（于是两个人就到小山头的白塔下喝起酒来。）

（天渐渐黑了下来，就在这时，人们纷纷搬着桌凳回了家。）

（翠翠望着远方的落日。）

翠翠：假如爷爷死了呢？

旁白：翠翠又想不去想这个可怕的想法，因为她想到了爷爷说的话。

（翠翠抬头望着对面的吊脚楼，翠翠似乎听到了楼下船里人谈论的话题，楼上妇人的父亲是七年前在棉花坡被人杀死的，一共杀了十七刀，死得真惨……唉！）

旁白：翠翠心想假如爷爷死了呢？（翠翠望着水面上的鸭子。）

翠翠：再过来我就捉住你。

傩送：哈哈，抓到了。（傩送笑着说。）

伙计：二老，二老，你真能干，你今天抓了五只吧？

傩送：这家伙狡猾得很，现在可归我了。

伙计：哈哈，你现在捉鸭子，将来捉女人，一定有同样的本领。

（傩送什么也不说，只是朝岸边走去。）

（黄狗在这时汪汪汪地叫起来。）（傩送转头一望，睁大了眼睛，愣了一下。）

傩送：你是谁？

翠翠：我是翠翠。

傩送：哦，翠翠又是谁？

翠翠：是碧溪岨撑渡船的孙女。

傩送：这又没人过渡，你在这干什么？

翠翠：我等我爷爷，等他回来伴我回家去。

傩送：等他来？他可不会来，你爷爷定是到城里军营喝酒去了，醉倒后被人抬了回去。

翠翠：不会的，他不会的，他答应来找我就一定会来的。

（翠翠神色既激动又慌张。）

傩送：那在这等不成，到我家去，到那边点了灯的楼上去，等爷爷来找好不好？

（翠翠急了，站起身来狠狠地望了他一眼。）

翠翠：你这个悖时砍脑壳的……

（傩送惊了一会儿，点了点头。）

傩送：怎么？你那么小还会骂人呀？怎么，不愿意上去？回头河里的大鱼来咬你，可别喊救命呀！（傩送笑着说。）

翠翠：哼，鱼咬了我也不关你的事。

（黄狗本是一直盯着他，现在好像知道主人受欺负似的，也怒了。）

黄狗：汪汪汪……汪……

（傩送拿着鸭子在狗的面前晃荡了一下。）

傩送：嘿，老兄，你要怎么着？

（翠翠转头望着黄狗。）

翠翠：狗，狗，你叫也不看人叫。

（傩送笑了，转身离去了，翠翠望着这个背影在傍晚里慢慢地消失。）

（翠翠又坐在了岸边与黄狗一同望着远方即将落下的太阳。）（翠翠蜷缩着。）

伙计：翠翠——翠翠——翠翠。

翠翠：唉，我在这儿。

（翠翠欣喜极了，立刻站起身来。）

（伙计举着火把跑了过来。）

翠翠：你是谁？你怎么知道我的？

伙计：我是二老家的伙计，你爷爷回家去了，不能来接你，我送你回去吧。

翠翠：哦。

翠翠：那二老又是谁？（翠翠眼睛一亮。）

伙计：二老你还不知道啊？就是我们河街上的傩送二老！就是岳云！他要我送你回去的。

翠翠：二老怎么知道我？（翠翠一脸诧异。）

伙计：他在河里捉鸭子回来，在码头上见你，他说好意请你上家里坐坐，等候你爷爷，你还骂过他！你那只狗不识吕洞宾，只是叫。

（翠翠脸红了，低下头。）（他们一同回去了。）……

旁白：爷爷老远就看见了那个举着火把的人和低着头走路的翠翠，还有走在最前头的黄狗，他立刻拉船过去了。

（而那人见爷爷拉着船来，便跟翠翠告了别，回河街去了。）

爷爷：翠翠，翠翠，是不是你？（爷爷快到岸边了。）

翠翠：不是翠翠，不是翠翠，翠翠早被大河里的鲤鱼吃去了。（翠翠低着头，轻轻地说，爷爷已离她不远了。）

爷爷：翠翠，你怎么不答应我？生气了吗？（爷爷憨笑着望着翠翠。）

（翠翠不作声，依然低着头。）（他们一同回去了。）

（翠翠又走到了渡船头，坐在船头，静静地望着前方。）

旁白：翠翠同爷爷回到家，看见家里一喝得烂醉的人，爷爷自己又不能离开渡船，所以没来接翠翠，便托了人来接，听着爷爷的理由，看着家里的场景，翠翠哭笑不得。

（但渐渐地，翠翠又沉默了，沉默一整晚。）

【第三幕】

旁白：又是一个端午节，当地的人莫不穿了新衣，莫不吃鱼吃肉，全茶峒人吃了午饭，到河边看划船，河街有熟的人就可到河街吊脚楼门口边看。

天下起了雨，祖孙二人同那条黄狗走到吊脚楼下避雨去了（此处不念）这时伙计扛着凳子走来。

翠翠：爷爷，那个人去年送我回家，我认得他，他拿火把走路时真像个山上的喽啰。

（爷爷望着他走过来。）

爷爷：嘿嘿，你这个喽啰，要你到我家里喝一杯也不成，还怕酒里有毒把你这个真命天子毒死啊！（爷爷忽然一把抓住他的手。）

伙计：翠翠，你长大了！二老说你在河边大鱼会吃了你，我们这河中的鱼，现在可吞不下你了。（翠翠的脸羞红了，只是笑笑，并未说什么。）

伙计：到我家避雨吧，就在上面呢，顺便咱俩再喝两杯，暖暖身子。

爷爷：好好！（爷爷爽快地答应了。）

旁白：爷爷与掌水码头的龙头大哥顺顺聊了起来，而翠翠却假装望着河边的风景，细心地听着他们的谈话，从他们的谈话中翠翠听到了不少称赞她的话，翠翠羞涩了，低着头。

旁白：顺顺同爷爷喝了两杯小酒，又聊了许久，翠翠又在他们的对话中听到关于二老的话，说二老今天不在家中过端午，他还在青浪滩上呢。

（翠翠假装在看河中的鸭子，但对二老的事她却听得很清楚。）

旁白：天黑了，临走时，顺顺把端午的粽子给了爷爷，还让二老的哥哥把

147

那只抓来的鸭子一并赠予，大老还夸了句"伯伯，你翠翠像个大人了，长得很好看"，爷爷听了笑眯眯的。

（爷爷提着那只肥鸭走在翠翠和黄狗的后面。）

爷爷：顺顺真是个好人，大方得很，这一家人都好。

翠翠：一家人都好，你认识他们吗？（翠翠手里拿着火把。）

爷爷：翠翠，假若大老要你做媳妇，请人来做媒，你答应不答应？（爷爷笑着说。）

翠翠：爷爷，你疯了，再说我就生你气了。（翠翠快快地走了。）

爷爷：翠翠，莫闹，我掉到河里去，鸭子会跑掉的。

翠翠：谁也不稀罕那只鸭子。

旁白：爷爷向替他守船的道了谢，那人便回去了。翠翠坐在船头，爷爷慢慢地拉着船，唱着歌

（翠翠：爷爷，你的船是不是正在下青浪滩呢？爷爷没有回答，依然唱着歌。）

旁白：到了岸边后，爷爷要翠翠先回去休息，自己留下来守船，而这晚翠翠又沉默了。

【第四幕】

天保：嘿，伯伯，过渡呀。

爷爷：呀，是大老呀。（爷爷不急不慢地把船拉过来笑着说。）

大老：伯伯，你家翠翠长得真标致，像个观者样子。再过两年，若我有闲空能留在茶峒照料事情，不必像老鸦到处飞，我一定每夜到这溪边来为你翠翠唱歌。（大老直率地说。）

（爷爷没说什么，只是一面拉船，一面用那双小眼睛瞅着大老，于是化作慈祥的笑容。）

大老：伯伯，翠翠太娇了，我担心她只宜听点茶峒人的歌声，不能做茶峒女子做媳妇的一切正经事。我既要个能听我唱歌的情人，也不能少个照料家务的媳妇。"又要马儿不吃草，又要马儿走得好"，唉，这两句我想怕是恰好为

我所说的吧。（大老笑着说，说完又挠着头笑着。）

爷爷：大老，也有这种事儿，你瞧着吧。

大老：伯伯，那我先走了，有空过来坐坐。

旁白：等那青年走后，爷爷一遍遍地温习大老的话，心中又愁，又喜。

【第五幕】

旁白：又是一个端午，傩送正从山上采药回来。

傩送：喂，有人过渡啊！喂，有人过渡啊！

翠翠：来了，来了……

傩送：翠翠，同你爷爷去看划船吗？（傩送笑着说道。）

翠翠：爷爷说不去，去了无人守这个船。（翠翠故作淡定，轻声说。）

傩送：那你呢？

翠翠：爷爷不去我也不去。

傩送：你也守船吗？

翠翠：我陪爷爷。

傩送：我要一个人来替你们守船，好不好？

旁白：砰的一下船撞到岸边的坎上，二老向岸上一跃，回头望着翠翠，翠翠害羞地拉着船往回去了。

傩送：翠翠，难为你了，我回去就找人替你们。

（翠翠只是回头笑了笑，并未说什么。）

（爷爷同翠翠到大河边时，河边早已站满了人，两人在河边站定不多久，顺顺便派人把他们请去了，吊脚楼上已有了很多人。）（早上过渡时，为翠翠所注意的乡绅妻女，受顺顺家款待，占据了最好的窗口。）

（于是翠翠坐在旁边的凳子上。）

（爷爷并不看船，被伙计拉到一新碾坊看水碾子去了。）

伙计：中寨人自己坐在高山砦子上，却欢喜来到这大河边置产业，这是中寨王团总的，大钱七百吊！说是要给他府上的千金当嫁妆用的。（那伙计用脚踢踢碾坊笑笑说。）

爷爷：噢，是谁有这好福气呢？（爷爷用期待的眼光望向他。）

伙计：是河街船总顺顺家的岳云啊。（伙计即刻转到另一问题上。）

伙计：我告诉你个笑话吧。

爷爷：是什么笑话？（好奇地问。）

伙计：不过你可当真听。（接着说了一大堆大老如何赞美翠翠。）

伙计：大老告我说"我喜欢翠翠，想要翠翠是真话"，我说"你怎不跟爷爷说说去"，他却告我，他怕你打他，他要我问问你的意思，他初九从川东回来见我时，你说我应如何答他呢？（那人一脸笑盈盈地说。）

爷爷：车是车路，马是马路，他若走车路，就让他请了媒人来正正经经同我说；若走马路，就让他站在渡口对溪高崖上，为我翠翠唱三年六个月的歌，把我翠翠的心唱软。（爷爷笑着一本正经地说。）

旁白：妇女在一旁议论那碾坊千金，说她们娘俩说是来看船，其实是来看二老的，又有人说着，是要来配二老的，另一女人便又说，只可惜岳云说了，第一件事他就不想成为这碾坊的主人，他说他只想要一艘渡船，谁知道呢，牛肉炒韭菜，各人心里爱。这一切议论，翠翠都听得清清楚楚。

旁白：此时坐在那里的翠翠心里很不安，脸却在发着烧，于是翠翠跑了开来。

【第六幕】

旁白：日子还是平静地过着，然而天保的事已被二老知道了，傩送二老的心事同时也被哥哥知道了，这地方倒是有句俗话叫："火是各处可烧的，水是各处可流的，日月是各处可照的，爱情是到处可到的。"于是大老便叫二老来到河上游一个造船的地方聊起来了。

大老：二老，你倒好，做了团总女婿，有座碾坊，我呢，倘若事情成了，我应当接守渡船才对。（二老只是听着，没说话。）

二老（过了一会儿说道）：大老，你信不信这女子心上早已有了个人。

大老：我不信。（于是两人同进了碾坊。）

二老：你不必——大老，假若我不打算要这碾坊，却在两年前就打量要那只渡船，你信不信？

大老：我信你说的是真话。（于是拍了拍傩送的肩。）

二老（把眼睛望向哥哥，很诚恳）：大老，相信我，这是真事，我早就那么打算了，家中若不答应，那边若答应了，我当真预备去弄渡船，你呢？

大老：我已派人去那头提亲了。

二老：那结果呢？

大老：什么结果都没得到。

二老：那马路呢？

大老：那老的说若走马路，得在碧溪岨对溪高崖上唱三年六个月的歌，把翠翠的心唱软了，翠翠就归我了。（大老虽有些结巴，但还是慢条斯理地说。）

二老：这并不是一个坏主张呀！（二老微笑着看向大老。）

大老：我想告诉那老的，只要他句实在话，不成，我就跟船下桃源去了，若成呢，我便去撑渡船。（大老脸上存着些生气的意思。）

二老：那唱歌呢？

大老：至于唱歌呢，这是你的拿手好戏，你要去做竹雀你就去吧，我不会捡马粪塞你嘴巴的。

旁白：二老看到哥哥那样子，便知道哥哥心中是如何烦恼了，但他知道走马路，只有二老有分，因此他有点愤慨，自然是无法掩饰的。于是二老想了个主意，就是两兄弟月夜里同到碧溪岨去唱歌，莫让人知道是兄弟两人，两人轮流唱下去，谁得到翠翠的答唱，谁便赢得翠翠。

（晚上两兄弟如约来到碧溪岨边上，但只是傩送唱，因大老声音怪，唱得难以入耳。）

（爷爷和翠翠已睡下了，但一切皆像爷爷说的，翠翠躺在帐子里的草席上，梦中灵魂随一种美妙歌声浮了起来，仿佛轻轻地各处飘着，又软又绵，梦中好像跟着这歌声到处飞，飞到对溪崖上摘了一大把虎耳草。梦很甜，她睡得正香。）

（刚到城里，爷爷便见到了大老）

爷爷：大老，你这个人真狡猾，又走车路又走马路，唱得真好，别人在梦里听你唱歌，被那歌声带得很远，走了不少的路呀。（爷爷笑笑说。）

（大老望着弄渡船的爷爷涎皮的脸，低下头轻轻地踢着脚下的大石子。）

大老：伯伯，算了吧，你把宝贝孙女送给会唱歌的竹雀吧。（说着顺势指向不远处的傩送。）

旁白：爷爷才明白过来，原来二老也喜欢翠翠。

（回到碧溪岨，爷爷表情很难看，只是不说话，一直在渡船上忙着。）

（日子照旧平静地过下去，二老有机会来唱歌却不再来了，于是爷爷便再忍不住，回到城里去了。）

伙计：伯伯，我正有事要告你，碰巧你就来了。

爷爷：什么事呀？

伙计：天保大老坐水船到茨滩，掉到漩水里淹坏了。（爷爷颤了一下。）

伙计：二老因为此事都是自己的不好，害死了哥哥，于是，离家出走……我们谈的那事，吹了吧。

（爷爷回到家中后，便坐在那打草鞋。）

【第七幕】

旁白：黄昏时天气十分阴沉，溪面各处飞着红蜻蜓。天上已起了云，热风把两山的竹篁吹得声音极大。爷爷的脸色看上去很差，翠翠以为爷爷睡了，却不知他还在打草鞋。

（翠翠刚跑进门，看到爷爷便说。）

翠翠：爷爷，你要多少双草鞋，床头不是还有十四双吗？怎么不好好躺躺？

（爷爷不作声，却站定身望着天空，轻轻地说。）

爷爷：翠翠，今晚要落大雨、响大雷，回头把船系到岩下去，这雨大哩。（手却有些颤巍巍的。）

翠翠：爷爷，我真怕。（翠翠用几乎要哭出来的声音说着。）

爷爷：不必怕，该来的总会来的。

旁白：那一夜，电闪雷鸣，那一夜，大雨滂沱，那一夜，那个让翠翠最终伤心的一夜，原来，这个老年人在雷雨将息时就这么睡过去了，就这么永远地睡过去，再也醒不过来了。

（办理完爷爷的后事，翠翠决定独自守船，于是杨马兵陪翠翠住在了碧溪岨边，过了四五天，船总顺顺派人来请马兵进城，接翠翠到他家中，作为二老的媳妇，杨马兵认为名分没有定妥，到一生人家不好，还不如在碧溪岨等。）

【第八幕】

旁白：四天、五天、六天，终于过去了，翠翠还是一个人在拉着渡船，只是她的脸上已少了的是稚气，多的只是几分成熟。

（翠翠坐在船头，只是呆呆地望向对溪，也许他永远不会回来，也许他明天就会回来。）

旁白：翠翠靠在船头，闭着眼，渐渐地她被带到另一个世界。

（翠翠看见对溪边的岸上有人向她招手喊着渡船——那人就是傩送，翠翠便笑了。）

（侯一农）

寻找母亲

时间：某天上午。

地点：演播室。

人物：鲁冰花、小鲁冰花（十岁）、鲁冰花的母亲（三十多岁）、李阿姨（医生）、刘灵（电台主持人）。

背景：右台为电台演播室，左台为表演区，在《鲁冰花》歌曲中幕启，天上的星星不说话，地上的娃娃想妈妈……

主：听众朋友们，大家好，欢迎收听《真情告白》，我是主持人刘灵。今天坐在我身边的这位嘉宾是一位年仅十五岁的小女孩，她叫冰冰。她是一位不幸的小女孩，五年前，冰冰的母亲一声不响地离她而去。今天，冰冰终于鼓起勇气，走进了我们的演播室，想通过电波来寻找她的母亲。欢迎拨打我们的两路热线，889×××，889×××。接下来，让我们来认识一下这位勇敢的小女孩。（温和、轻）来，冰冰，对着话筒说。

冰：大家好，我叫冰冰，今年十五岁。虽然我身边有许多爱护我、关心我的人，但我始终忘不了五年前那个对我疼爱有加的亲生母亲。我不知道，妈妈为什么要狠心地抛下我。我想她！五年来，我无时无刻不在想她，连做梦都想。因为在我心里，不管妈妈做什么，她都是我的好妈妈。

（主持人递上面纸。）

冰：谢谢！妈妈与我相依为命，对于爸爸，我没有多少印象，但妈妈把父爱与母爱都给了我。以前的日子过得可真苦，有一顿没一顿，可妈妈仍尽可能让我过得好一点。日子过得虽然很清苦，但我们都很开心。我常常在睡梦中被惊醒，妈妈一直搂着我，紧紧地搂着我，我也依偎着她，紧紧地、紧紧地依偎着她！（母女拥、挨等动作，母亲给女儿披衣）那种温暖，到今天，我还记忆犹新。特别是那一年的冬天，好冷……风无情地打着我开裂的皮肤，妈妈为了给我买条棉被，偷偷地去卖血，回来后，就一直咳血、咳血！我怕极了，我从来没有看到过那么多血……那么红，那么刺眼，我……

冰：后来，一位好心的邻居把妈妈送到了医院。可妈妈坚持说她没事，还不肯吃药，在妈妈的再三坚持下，我们偷偷地离开了医院。那时，虽然还小，但是我隐隐约约地觉得妈妈的身体不好。有一天，妈妈突然叫我去买药，（哭泣）我以为，妈妈愿意吃药了，我还对她说，"妈妈，吃了药，一定会很快好起来的。我也会很快长大，会挣很多的钱，我们就可以过好日子了！妈妈，对吗？你等我，我一会儿就回来"。我开心地跑出去了。（稍顿）可……可我连蹦带跳地回来的时候，却只有妈妈的手绢在等我。我以为妈妈出去了……可是我等了很久很久……可是妈妈……我心里不停地说，妈妈只是出去一会儿，很快就会回来的……天黑了，妈妈还是没有回来。我知道，妈妈不要我了……在黑黑的屋子里，我紧紧地缩成一团，手里握着妈妈的血手绢。我哭喊起来，"妈妈，你为什么不要我了？妈妈"。我越哭越大声……哭累了，昏昏地睡着了……

冰：第二天，一个阿姨来到了我家，我紧紧地拉着她的衣角，这位阿姨就是现在照顾我的李阿姨，她收留了我。多少次幻想这只是一场梦，多少次从梦中哭醒，窝在被中，我真的想不通……这是为什么？妈妈为什么会这么狠心不要我。我不是她最疼爱的女儿吗？妈妈！妈妈，有时女儿可真恨你啊！恨你为何生下我又不要我。可是妈妈，我又是多么想你，看到别的孩子拉着自己妈妈的手，我真是好想好想你！哪怕我们家再穷、再苦，我也不怕，我现在已经十五岁了，我可以为你分担生活的重担了。五岁的小女孩可以为妈妈去卖花，我也可以。妈妈，只要你回来，我什么都不怕，妈妈，求你回来吧！

主：不知道冰冰的母亲是否听到了我们的节目。如果她在这世界的哪个角落听到冰冰如此深情的呼唤，我想，冰冰的母亲不会不感动的。那就让我们真心祝愿冰冰与她的母亲早日重逢吧！

听众朋友，您现在收听的是刘灵为你主持的《真情告白》栏目，我们的两路热，889××××、889××××，已经为您开通，我们期待您的参与。好

了，现在已经有几路热线打进来了，让我们来接听一下。

主：喂，您好！喂，这位朋友请讲话。

（李阿姨欲言又止，挂断电话。）

主：不好意思。刚才这位听众不知怎么把电话挂掉了。

（铃声再次响起。）

主：喂，你好！

李：噢，您好！冰冰，我是李阿姨！

冰：李阿姨，您？您怎么了？

李：冰冰，你长大了，李阿姨考虑了很久，还是决定告诉你关于你妈妈的事。

冰：李阿姨，你？

李：冰冰！你妈妈并没有不要你，她一直都非常爱你。其实，我是你妈妈的主治医生，在你妈妈的苦苦哀求下，我告诉了她她的病情——胃癌晚期，并明确告诉她，她的生命最多只有三个月时间，如果不治疗，情况会更严重。但你妈妈……为了省下仅有的三百元钱为你交学费，她委托我替她办了出院手续。就在我极不放心的时候，你妈妈忽然来找我，她的病情已经恶化，我马上把她送进医院，可你妈妈拉着我的手，久久不肯放，她请求我收留你，永远照顾你，并要求我向你隐瞒她的病情及去向。

冰：妈妈……

李：冰冰，别哭，她是位好妈妈，你应该高兴，她走得很平静、很平静。第二天，我遵照你母亲的遗愿，把她的骨灰撒在了大海里。听你妈妈说，你爸爸是一位海员。

冰：海员？

李：是的，你爸爸会在海中等她，我一直都坚信你的爸爸和妈妈会永远想念着你、爱着你的。冰冰，不要怪你妈妈，别怪她，她不容易啊！

冰：李阿姨，我……我不怪她，我懂了。我一直都知道，妈妈爱我，一直都爱我，李阿姨，谢谢你照顾我，谢谢你告诉我。妈妈，女儿想你，女儿想你啊。爸爸，妈妈，我爱你们。

（侯一农）

雪孩子

（小学一年级）

时间：某天下午。

地点：木屋。

人物：雪孩子、小白兔、兔妈妈，另有小雪花16人、火娃娃13人。

背景：小白兔家的木屋前，雪花纷飞。

【第一幕】

（音乐起，悠扬地。）

场景：小白兔家的木屋前，雪花纷飞，小雪花出场舞。

（小白兔和妈妈从木屋后上场。）

兔妈妈：小兔，妈出去找个大萝卜回来。

小白兔（拉住妈妈着急地）：我要去！我要去！唔……唔……

兔妈妈：外面冷，在家烤烤火吧，别跟妈去了，啊？

小白兔（赌气地）：不，我要去，我要去嘛……妈妈，你走了，我一个人在家多冷清啊！（撒娇地拉妈妈转圈，赖在地上。）

兔妈妈（拉小白兔，为难地，看看天上，惊喜地）：哎，有了，妈妈给你堆个雪人，你有了伴儿，就不会孤单了。

小白兔（跳起来，惊喜地）：堆雪人儿？

兔妈妈：嗯。

157

小白兔：好，堆雪人儿喽！（和妈妈拥抱，开心地）好，堆雪人儿喽！

【第二幕】

（音乐起，欢快地。）

场景：小白兔和兔妈妈堆雪人。（小雪花伴舞，簇拥雪孩子上场。）

雪孩子亮相。

小白兔（惊喜地）：妈妈，我们的雪孩子多神气呀！

兔妈妈：是呀，你有伙伴儿了，我该去找大萝卜了。外边冷，玩一会儿就进屋烤火去。

小白兔：哎！

【第三幕】

（音乐：《滑雪歌》。）

场景：小白兔和雪孩子在雪地上快乐地嬉戏。

（小白兔与雪孩子跳舞，小雪花伴舞。）

小白兔（天真地）：我们已经是好朋友了，你怎么不跟我亲热亲热？

（上前拥抱雪孩子，亲吻它。）

小白兔（打喷嚏）：啊……啊嚏！啊，你真冷！好朋友，我们去烤火吧！

（雪孩子笑着摇摇头，摆手和小白兔再见，小白兔进木屋，甜甜入睡。）

【第四幕】

（音乐：钢琴独奏，急迫地。）

场景：木屋子里面，小白兔在睡梦中被烈火包围，雪孩子舍身相救。

火娃娃上场，烈火熊熊燃烧，包围小白兔。

小白兔从睡梦中惊醒，见到火焰飞舞，惊呼：妈妈，妈妈。

雪孩子冲入木屋，救出小白兔，瘫倒在地上，化成了一汪雪水。

众小雪花伴舞，将雪孩子掩去，下场。

小白兔静静地躺在地上，昏迷着……

【第五幕】

场景：兔妈妈回来，和小白兔追寻雪孩子的身影。

（音乐起。）

小白兔醒来，爬起，摇头，如梦初醒状。

兔妈妈急奔而上，四处寻找，大呼："小兔！小兔！"（扑倒，大哭。）

小白兔：妈妈！妈妈！

兔妈妈：啊！（冲过去，拥抱。）

小白兔：妈妈！

兔妈妈：哦，我的宝贝儿！萝卜，给！

小白兔（搂着妈妈哭）：呜呜，雪孩子……不见了！

兔妈妈（环视四周，低头看地上）：啊，多好的雪孩子。小兔，你看，这洁净的水，就是我们的雪孩子变的。

小白兔和兔妈妈追逐雪孩子。

小白兔（挽着妈妈的手，抬头望着朵朵白云）：妈妈，雪孩子还会回来吗？

兔妈妈（指着上方的云朵）：你看，它不是和我们在一起吗？

（侯一农）

盲孩子和他的影子

时间：某天上午。

地点：郊外。

人物：盲孩子、学生数名、影子。

背景：寻找马蜂窝。

学生1：看，那有一个马蜂窝！

学生2：咱们快去掏吧！

学生1、3：好好。

学生3：这不是马蜂窝！这是蚂蚁洞！

学生2：有一种马蜂窝就是这样的，咱们快掏吧。

学生1：我给你们讲一个笑话吧。从前，有一块面包，一天它突然饿了，于是它就把自己吃了。哈哈，好玩吗？

盲孩子：真好玩，我也会讲笑话，咱们能一起玩吗？

学生2：你怎么什么也看不见呀！

学生1：他真吓人，咱们快跑啊！

盲孩子：谁跟我玩呢？（孤独）

影子：我跟你玩呀！

盲孩子：你是谁呀？（惊奇）

影子：我是你的影子。我永远跟你在一起，你走到哪里，我就跟到哪里。

盲孩子：你长得什么样？（新奇）

影子：我长得和你一样，而且我像黑夜一样黑，还有一对黑眼睛。

（影子带盲孩子去牧场听牛儿哞哞地叫、羊儿咩咩地叫，还去山坡上采野

160

花、野果，去听潺潺的流水声。）

有一天……

盲孩子：请告诉我，你从哪里来？

影子：我从阳光里来，也从月光里来，还从灯光里来。

盲孩子：那么说，只要有亮光就有你了，是吗？（新奇又兴奋）

影子：对，光明是我的母亲，是她让我来陪你的。（无比幸福）

（盲孩子和影子走到一个地方。）

旁人：看，你有一个多么好的影子呀！

盲孩子：它不只是我的影子，它还是我的朋友。（幸福）

（一个夏夜，天气阴沉沉的，盲孩子提灯和影子散步。）

影子：今天虽然没有月光，但天上星星又多又亮。

盲孩子：是什么在飞？我听见翅膀扇动的声音。

影子：是一只萤火虫，一只小小的萤火虫。

盲孩子：萤火虫？是很烫很烫的小火星吗？（好奇）

影子：不。萤火虫是美丽的闪着光的小虫子，它不烫人。

（萤火虫落在影子手上。）

影子：啊，萤火虫就在我手上。你把它接过去，它一点儿也不烫手，真的
不烫手。（兴奋）

盲孩子：我手心痒酥酥的，有一只小虫子在爬。啊，我看见它了，萤火
虫，小小的萤火虫！它像一盏小小的灯。（激动又高兴）

（影子高兴地笑了。）

影子：天要下雨了，我们快走吧。（着急）

雨带着风来了，灯灭了，影子不见了。

盲孩子：影子你在哪？影子！（焦急大喊）

（盲孩子摔倒在水坑里）

盲孩子：只有等到风停了，雨停了，太阳出来了的时候，影子才会赶来吧。

（萤火虫飞向盲孩子。）

盲孩子：是你吗，萤火虫？（向夜空大声问）

萤火虫甲：是我。

萤火虫甲、乙：是我们来了。

（萤火虫照出光，影子回来了。）

盲孩子：啊，我的影子，是你吗？我好像看见你了！真的，我看见你了！
（激动）

（盲孩子和影子走回家中，太阳和月亮同时挂在天上。）

盲孩子：我什么都能看见了。我看见彩虹、花朵还有绿草了！还有露珠！
它们真美！（惊奇、兴奋）

（影子就站在盲孩子身边，他慢慢褪去黑色，他们手拉着手。盲孩子转过
脸亲切地望着他的朋友。影子也微笑着看着盲孩子。）

影子：你还可以拥有其他朋友，去上学，去做你想做的事情！

盲孩子：真的吗？那太好了！

影子：那咱们快走吧。

同学1：你们是新来的吧。咱们来做朋友吧！

盲孩子、影子：好啊。

同学2：你们俩长得可真像，就像一对孪生兄弟！

盲孩子、影子：因为我们都是光明的孩子！

（侯一农）

感恩的心

时间：2019年。

地点：宾馆。

人物：王莹、李磊、宋辰、吴浩、柳言、王老师。

背景：某中学2009届某班毕业十年聚会。

王莹：李磊！

李磊（扭头惊诧）：王莹？哟！还真看不出来，几年不见，丑小鸭变白天鹅了！

王莹：得了吧，别拿我开涮了！你怎么样？瞧你这人模人样的，发了吧。

李磊：哪儿呀！一般一般世界第三！

（吴浩上。）

吴浩：哟！这是谁呀！又在神吹！

（李、王两人同时回头。）

王莹：吴浩！

（李磊过去握手。）

李磊：快坐！快坐！

（两人同时坐下。）

李磊：兄弟！哥们儿！真想你呀！十年了，这句话我憋了十年了，今天当着大家的面我一定要说出来。

吴浩：兄弟！好兄弟！什么都别说了！干！

李磊：不！我一定要说，不然我这憋得慌！

（举起酒杯，一饮而尽，握吴浩的手。）

李磊：对不起！那个时候太幼稚、太无知！说来惭愧，都是我的错，当时真是太不应该了，你的腿还好吧？

吴浩：好了，早好了！没关系！早没事了，不过说实在的，那会儿你可真够狠的，差点要了我的命，幸亏你没练过，不然的话我早见马克思了！说起这件事，我想起一个人。

李磊：谁？

吴浩：王老师，当初要不是王老师那么精心照顾我，也许我好得就没那么快，也不能赶上高考。记得那时候，刚好赶上我爸妈都出差，我怕他们着急就没告诉他们，王老师就像妈妈一样照顾我。对了，你还得感谢王老师呢！要不是她做思想工作，你小子可能就不在这了！哈哈！

李磊：是呀！王老师真是个好老师！她是用心来教育我们的，但我们那会儿太不懂事，是我们辜负了她呀！也不知道她现在怎么样。（沉默）

王莹：你们知道吗？我听说王老师不在咱们那个学校了。

吴浩：真的？

王莹：真的！

吴浩：那她去哪了？她今天能来吗？

王莹：这……

宋辰：大家快看谁来了！

（同时回头齐叫"王老师"，同时站起来，向王老师走去。）

（柳言扶着王老师一起走过来。大家让王老师坐下，并围着王老师。）

李磊：王老师，您还好吗？我们都很想您。

王老师：好！都好！老师也很想你们，每当晚上抬头看星星的时候，它们一眨一眨的就好像你们在跟我说话一样。你们呢，都还好吗？

王莹：好！王老师，我们都很好。毕业之后，我们都有了自己的工作，都像您说的一样，为自己的人生找坐标，实现我们的人生价值。

王老师：那王莹在哪工作呢？

李磊：她呀，现在当天使了！还是白衣呢！

王老师：李磊还是那么贫。那你呢？

李磊：工作就在黄土高坡！（唱）

王莹：什么？你跑那干吗去了？看不出来你还挺热爱老区人民呢！

李磊：是呀，这就叫作觉悟！我在那办了一个物流公司，生意还算可以，算是沾了党的政策的光吧。如果大家有什么事，尽管开口。哥们儿能办的就办，一定尽力。

（侯一农）

奋　斗

（精品）

　　开场舞蹈，背景音乐《我很好》。

　　背景词：我们浪费了太多的时间，那是一段如此自以为是又如此狼狈不堪的青春岁月。时光在欢笑的记忆里抹去我们的泪水，应试教育的颓废混合着我们的叛逆散发出格格不入的气息，我们敏感，我们偏执，我们顽固到底、故作坚强，我们轻易地伤害别人也轻易地被别人所伤。在全中国几乎所有的80后作家都在用"忧伤"这个词语作秀的现在，我们是否应该考虑我们的前途和命运，应该试着忘记那段被幸福刻满的青春时光？所以我们的故事从忘记开始，请随着我们的节奏走向语言和现实的精彩演绎吧……

　　时间：三年前后。

　　地点：茶楼、工地、机场。

　　人物：向南、陆涛、米莱、华子、杨晓芸、夏琳、服务员。

【第一幕】

茶楼

向南：华子。

华子：嗯。

向南：华子。

华子：嗯！

向南：华子。

华子：你有什么就快说，没看见我在玩游戏吗？（在玩手机游戏）

向南：你说凭什么陆涛就在学校里这么强呢？期期拿奖学金，还是全市辩论赛第一名，身边的女生简直比你华子身上的虱子还多，这不，最近他找了个女朋友，人家可是富豪千金呢，叫什么来着？

华子：米莱。

向南：对，就是，你说好久咱哥们儿也找个大款什么的傍着，让她成为我的钱包，成为我生活舒适的工具，为了我的幸福时刻准备着，为我服务，那该多好啊！

华子：你美吧你，我才不稀罕。

向南：我给你说啊，这可谓是，江湖危险，成双成对才保险；江湖大，有女朋友能称霸，没女朋友会害怕。

华子：行了，行了，还说要努力为这个世界做点什么，得了，你就在那狭小的二人空间里困顿一生吧你，我不和你说了。

（陆涛和米莱进来。）

米莱：嗨，华子，向南也在，正好连我的话费也省了，告诉你们一好消息，你们陆涛哥今天的建筑设计拿了第一名。

向南、华子：嗯嗯。

米莱：真的是第一名。

华子：还有呢？

米莱：还有，还有，哦，今天吃饭我请客。

向南：行，（突然想到什么）不去，不去，谁稀罕呢，还咱们陆涛哥呢，不知道谁还欠我二百块没有还，现在有钱吃东西了，不去，不去，不就是拿了第一，有什么了不起。

米莱：哟，你还清高起来了，不就是二百块吗，有什么了不起，你还记得真清楚。

向南：为什么不记得？（拿出账本）这不，你看，哎哟，华子，华子还欠我五十二块八角……你们看，我还忘了，华子……

华子：你别给我装。不就是那点破钱，有必要吗？

向南：你怎么这样？亲兄弟还明算账。陆涛你来评评理。

陆涛：我焦虑，我很焦虑，我非常焦虑，我们有个这样的哥们儿这还叫不叫人活呀！向南你到底去不去？

向南：成，我去。（和华子站起身往外走）

向南（突然转过头看见米莱和陆涛还坐在那里）：不会吧，就在这里，得个第一名就这样对人，还兄弟了，我说陆涛，你女朋友好歹也是有钱人，为什么……

（陆涛狠狠瞪了向南一眼，向南不再说话。）

陆涛：服务员，（服务员上）给我们倒壶茶来。

服务员：先生，我们这里的茶是论杯卖的。

米莱：那就来四杯。

服务员：请问要什么茶？

华子：随便什么茶。

服务员：我们这有菊花、龙井、乌龙、红茶。

向南：红茶。

服务员：先生，我们这的红茶是一个人一壶。

陆涛：你刚才不是说不论壶卖吗？

服务员：先生，我是说我们这的红茶是装在壶里卖的。

陆涛：那你就泡一壶得了。

服务员：请问都要红茶吗？

陆涛：对。

服务员：那先生您就是要四壶了。

米莱：等会儿，你把我弄得有点乱，怎么又变成四壶了？

服务员：我们这的红茶不可以四个人一壶的。

向南：那你就给我来四杯冰水。

服务员：先生对不起，我们的冰箱暂时坏了，没有冰水。

陆涛：我要四杯龙井一人一杯。

华子：这是哪门子的消费啊？等我毕业后，用不了多久，我右手抱着一美女，左手摇着大奔钥匙我就来了！

　　向南：你有大奔？我早就在珠穆朗玛峰上看日出了。

　　陆涛：等我以后有了几千万，我就买一个大别墅，然后买个风车当电扇，这样，夏天就再也不会热了。

　　米莱：你有几千万，你肯定就不会要我了。

　　陆涛：我发誓，要是我和你结了婚，我第一件事情就是去把离婚办事处给炸了。

　　米莱：要是你结婚的另一半不是我，我就去把你的另一半给炸了。

　　华子：米莱，我突然发现一件奇怪的事情，为什么每次我都看见是你买单呢？

　　向南：我说陆涛你可不对，别把哥们儿的脸丢了，好歹咱可是学建筑的，以后动不动就几个亿的，有必要每次都要米莱买单吗？

　　（陆涛低下头开始思考。）

　　米莱：没事，没事，陆涛，别听他们的，我买单你们俩管得着吗？这是我们两个人的事情，我们家陆涛把钱全部交给我管，不知道就不要乱说。

　　向南：还没有结婚就"我们家陆涛"了，你是不是怕他跑了，所以每天都在用金钱腐蚀他幼小的心灵？

　　米莱：没错，我们俩在一起完全就是一本书，书名叫"钢铁是怎样被腐蚀的"。

　　（向南、华子窃笑。）

　　米莱（突然发现自己说错什么了，拉着陆涛）：陆涛他们在开玩笑，你别当真啦。

　　陆涛（抬起头）：米莱，我们分开吧！

　　（向南、华子一惊。）

　　米莱：哟，这么快就嫌弃我啦，我就不走了，怎么着，怎么着啊？

　　陆涛：你知道，去炸离婚办事处是不现实的吧。

　　米莱：炸……办事处？等会儿，陆涛，你是不是发烧啊？

　　华子：你喝多了吧，陆涛？

　　向南：今天我们没喝酒啊！

华子（对向南）：你这个笨蛋，说的什么啊！

向南（恍然大悟）：对对，陆涛喝多了，茶也是要醉人的。

陆涛：我说的是真的，我们分开吧！

米莱：分开？好端端为什么要分开？你说待会儿啊？我还要回家呢，当然要分开啊。

华子（对向南）：是啊，是啊，我们也要分开嘛。

向南：是，是，我等会儿要去打台球，打台球。

陆涛：米莱，我说的是永远——分开！

米莱：永远？什么叫永远？陆涛我不懂，刚刚大家只是在开玩笑。

华子：我说陆涛咱们都是哥们儿，开开玩笑你可别当真，算我错了，我自罚一杯。（说完就端起茶一口喝完）

向南：就是，平常你们在宿舍拿我开涮的时候还少啦？你上次说我和杨晓芸在一起活像孙子，我可没有生气——

陆涛（打断向南的话）：向南你别说话，我说的是真的，米莱，我们马上就要毕业了，对吧？

向南：是，毕业好啊，那样就自由了。

陆涛：你别说话！

米莱：陆涛——

陆涛：你不像我们，你有钱，你在家什么都不做就可以幸福地生活一辈子，但我不是，我必须靠自己，我不想生活在你的庇护之下，我必须要奋斗，必须。你是个好女孩，但是你不属于我，不，是我不属于你，不属于你的世界。毕业之后，我们就不在一个世界了，我应该有属于我自己的生活，同样你也会有你自己的生活，米莱我真的喜欢你，但请允许我把你放进我的记忆里，所以我们一定——要——分开。

（米莱哭。）

米莱：陆涛请你收回你刚刚说的话，我什么都没有听见。

陆涛：我们一定要分开。（说得很重）

米莱（哭得很厉害）：没有听见，没有听见，我什么都没有听见。

陆涛（大声）：我们一定要分开。（大声、很重地说）

向南：你疯了陆涛。（过去拉陆涛）

陆涛（甩开向南的手）：和你在一起的日子我很开心，米莱，谢谢你的照顾，这杯茶我敬你，请答应……

（啪，一巴掌过来。）

陆涛：这顿饭我请。想要什么大伙点。

华子：怎么好好的变成散伙饭了。

米莱：陆涛，我不相信，我不相信你会……以前你跟向南、华子一起，用各种玩笑骗我为你们付账，结果我养成一个坏习惯，就是甘愿为你们刷卡，你们吃得越多我就越开心。我跟你说一道理，你听清楚了，要我付账是应该的，但是离开我是不应该的，你那么坏，我还是喜欢你，我就是喜欢你坏，喜欢你犯坏之前的眼神，坏主意都是你先想出来的。你好傻，陆涛，你一点儿都不理解我，我刚才说的一切，所有的一切，那才是我的幸福。

陆涛：对不起，你说的只是你的幸福，可那不是我想要的幸福和生活。

（两个人站在那里。）

米莱：陆涛，我要喝可乐。

陆涛：冰箱是坏的，里面可乐都过期了，你喝不喝？

米莱：连可乐都过期，哈哈，我喝，我喝，作为你过期的女友我也就配喝过期的可乐！服务员，打包！我走了，陆涛，我恨你，我恨你在我一点都没有心理准备的情况下给我说了这些，我恨你和我分手，我恨我爱上你，再见……
（转身就走）

华子：米莱……这怎么办？

向南：陆涛，你怎么……你不要咱哥们要，肥水不流外人田，等等我米莱。
（灯光变暗。）

陆涛（独白）：有一个问题我始终弄不明白，为什么彼此喜欢的两个人却一定要分开？时间淡化着记忆也淡化着我们的激情，突然有一天当自己发现现实就在眼前的时候我才知道有些分离是成长的过程，我们的生命里走过一些路，遇见一些人，爱过，笑过，甚至痛过，最后也只剩下自己背着背包独自前行，这正好应了安妮宝贝的一句话，这是个告别的时代。所以米莱你将活在我的大学记忆里，永远可爱、美丽，我保证！

【第二幕】

工地

（向南、华子、陆涛在工地上。）

向南：天啊！这太阳是不是跟咱们有仇啊！这么热，别人坐办公室、吹空调，一年就几个亿，我们就在工地上帮他们创造财富，你们说这破楼，我是越看越不顺眼，我还是想辞职。

陆涛：别羡慕人家，谁才出来就有几个亿的，还不是从最底层做起的，你看别人现在坐办公室、吹空调，别人努力的时候你没有看见。

华子：这是我们的工作，不是吗？还想什么辞职，安分地工作吧。

（杨晓芸上，陆涛发现了，向南没有看见。）

陆涛（大声）：向南，你在那里继续偷懒吧，一会儿你媳妇来了可饶不了你。

向南：我怕她——

杨晓芸：你不怕谁啊？

向南：我谁都不怕。

杨晓芸：你在干什么啊？又在偷懒，我难得过来见一次你，你就在这里偷懒，你想不想活了？与其在这里受气，还不如不来了。跟你在一起，我真的倒了八辈子的大霉。

向南：没有啊，我才休息，不信你问。

（见陆涛和华子在努力工作，杨晓芸说要分手！）

向南：你别这样，别这样，我兄弟还在那儿呢。

杨晓芸：我怎么样，我怎么样？你说啊，你看人陆涛，可以甩掉那么有钱的富家女，华子还是单身，没有压力，你呢？你还说要养我，一天没事就泡吧、打台球，我说你泡就泡、打就打，没有关系，你上班的时候就要努力啊，你在干什么，你凭什么养我？

向南：太阳大嘛，休息一下而已。

杨晓芸：别人怎么不休息？我看你就是一窝囊废。

向南：你说什么？谁是窝囊废了？你再说一次我听听。

杨晓芸：我就说，你是窝囊废，你就是窝囊废……

向南：反了，反了，你又好得了哪里去，一天就在家里吃白饭，除了给蝌蚪洗澡，什么都不会做。

杨晓芸：我吃白饭？谁给你做的饭？你身上的衣服谁洗的？你不要脸！

向南：谁不要脸？你晚上不洗脸、不漱口，你……

杨晓芸：你还不洗脚呢你……

（陆涛、华子连忙上去劝架。）

（周围的人越来越多，大家都放下活来看。）

向南：看什么呀？看什么呀！都给我玩儿去！又不是拍话剧，干吗呢一个个！

群众：怎么说话呢这是！

向南：什么怎么说话？

杨晓芸：凭什么不让人家看呀？懂不懂尊重别人啊？我告诉你，这些都是我的fans。

向南：杨晓芸，我见过不要脸的，但我就没有见过你这么不要脸的人。

杨晓芸：你凶什么凶啊，你也是我的超级大fans。

向南：我——我——我呸！

杨晓芸（非常生气，突然又笑了）：向南我问你我到底哪儿好啊，让你成天欲罢不能地使劲欣赏我？

向南：我怎么知道我为什么那么爱你呀。

杨晓芸：你爱我？你只知道嘴巴上说说，你让我没有自己的房子住，没有漂亮的衣服穿，没有好的化妆品，还叫我天天挤公交车，你这叫爱我？如果你这都叫爱我，我宁愿不要你这份这么伟大、无私的爱！

向南：我……我……

杨晓芸：我什么啊？你说啊，你不是很能说的吗？把追我的时候说得天花乱坠的话再说给大伙听听啊。

向南：你……你……我……

杨晓芸：说啊，说不出来了吧，自己都觉得好笑吧，哼！（转过头去）

173

向南：好啦，媳妇儿，我答应你，以后努力工作，赚钱养你。（杨晓芸再转）我错了还不行，你看这里这么多人。

杨晓芸：你给我听清楚，没有下次了，就会耍嘴皮子。（对大家说）都散了吧，没事儿了，下一对儿啊！

陆涛：好好好，走，咱们吃饭去吧，别在这儿丢人现眼的了。

杨晓芸：好啊，把米莱叫上哈，她买单哦。

（向南瞪了杨晓芸一眼。）

杨晓芸：有什么嘛？大家还是朋友啊！

（灯光变暗。）

【第三幕】

刚刚吃完饭，大伙开始聊天。

（气氛不是很好，陆涛和米莱觉得很不自在，向南和杨晓芸在说话，华子又在玩手机游戏。）

向南：哟，米莱又换新手机啦，让我看看是什么牌子的。

（米莱把手机递给向南。）

向南：真棒啊，华子，用这款手机玩游戏才好呢，米莱你爸爸太有——

华子（打断向南的话）：向南你又在说什么呢？云都已经变乌了，你还非把它变黑下雨不成，手机拿给我看看。

陆涛：我来帮向南把刚刚没有说完的话说了，米莱你爸爸太有钱了，我们这些人可买不起这个款式的手机。

米莱：陆涛你到底要怎么样？

陆涛：我没有怎么样，只是帮向南把没有说完的话说出来。

米莱：我知道你就是想把我气哭，让我难堪，让我走，让我不再缠着你，你去做梦吧！我告诉你陆涛，我就是要缠着你，无论你说什么做什么你都赶不走我，我就赖在你这里，还有什么更恶毒的话你就说吧，只要是你陆涛说的我都爱听。

陆涛：我不想伤害你，所以请你离开。

米莱：好啊，你都说不想伤害我，那你为什么还要和我分手？你这个口是心非的大骗子。

陆涛：米莱，你为什么不冷静下来好好思考我跟你说过的话，为什么总是这样一次一次地让自己受伤，让自己碰得头破血流？请你学会保护自己。

米莱：我不要自己保护自己，我要你保护我，我米莱就只要你陆涛一个人保护。

陆涛：你——哎！

（大家都不说话了。）

华子（突然打向南一下）：都是你这个呆子做的好事。

向南：我又不是故意的。

杨晓芸：华子可别欺负我们向南，他本来就很笨了，你们还打他头，这样下去他迟早变痴呆，我可不想和一个痴呆一起生活。

向南：媳妇你怎么帮着外人说我啊？

杨晓芸：你这个笨蛋，今天本姑娘那么好的心情又被你的一句话给说没了，我不骂你都好了，你还想怎样？快去给别人道歉，听见没有？快！

华子：怎么又那么乱了？陆涛，走，咱们打台球去。

陆涛：行，和那么有钱的千金大小姐坐在一起我总是很紧张，我们走吧。

华子：向南走啊。

向南：你们去吧，我和我媳妇在一起。

杨晓芸：谁要和你在一起啊，快给我消失，否则——

向南：行行。

（三个男生下。）

杨晓芸：好啦，别伤心了，人都走了。

（米莱继续发呆。）

杨晓芸：米莱。

米莱（抬起头）：晓芸我觉得很委屈，我什么都没有做，他就那么对我。

杨晓芸：别管那些臭男人，我们吃我们的，不够的话咱们再点，反正你买单。

米莱：还是向南好，对你百依百顺的。

（刚刚要把菜放进嘴里，又放到碗里。）

杨晓芸：向南，向南，（带一点哭）他根本养不活我。

米莱：向南不是很好的吗？你别哭啊，我才哭过怎么你就开始哭啦。

杨晓芸：向南每天只知道打台球、泡酒吧，工作上不是嫌工资低就是嫌工作累。我跟他说谁都是一步一步往上爬的，他就说我不相信他，不信任他，不给他动力，结果天天还不是那个懒样。有时候看见他我就觉得我和他离幸福生活越来越远了，我现在害怕啊，害怕哪一天他什么动力都没有了，什么都不会去做，到时候我怎么办啊？我不可能和一个这么没有出息的男人在一起生活。这样在一起只会浪费我们的生命。米莱你知道吗？我那么爱向南，我不想看见我和向南走到你和陆涛这一步，所以，所以我真的不知道该怎么办。

米莱：晓芸我和陆涛和你们不一样，他是想要自由，想要一个人不靠别人的帮助闯出一片自己的天地来，他成熟，他有梦想，有生活的向往和拼搏的动力。我明白，我也懂，可这和我们的感情没有什么冲突啊，他就不要我了，他就不理我了，就不和我说话了，我天天在家里看着我和陆涛的合照发呆，你说我又该怎么办啊？

杨晓芸：可是，我们都不明白他们是怎么想的。

米莱：不，我想我应该是明白陆涛的，只不过因为太爱他，所以被冲昏了头脑，陆涛是一个让人嫁了一次还想嫁第二次的男人。（自己不由得笑了）

杨晓芸：哎，向南要是有陆涛的一半就好了，我上次还在工地和他大吵一架，可他还是一点都没有改。

米莱：你要有耐心啊，向南还不是和你这个大大咧咧的姑娘在一起久了，才变得大大咧咧的，你啊也有责任的。

杨晓芸：想想也是，那我该怎么办呢？

米莱：你去找陆涛吧。

杨晓芸：我找陆涛做什么？

米莱：我看得出来向南很听陆涛的话，以前陆涛也给我说过，他应该有办法的。好啦！快振作起来，多吃点东西才有力气去教训向南啊！

杨晓芸：米莱你真好，陆涛真是瞎了眼了。

米莱（顿了一会儿）：嗯！

杨晓芸：对了，过两天我要和向南去成都看梁静茹的演唱会。

米莱（独白）：很多时候我都喜欢靠在陆涛的肩膀傻傻地熟睡，阳光从我的右脸慢慢滑落，那是我无比幸福的时刻。现在我的右脸没有了阳光，左脸没有了陆涛的肩膀，有的只是在嘈杂的城市里独自前行，就像一首叫《左边》的情歌。我需要某一个人的呵护，需要在深夜和一个人长长地通电话，彼此安慰着睡去。可是一切都变了，大学毕业后所有的生活都背离了我们最初的期望，我一个人停停走走，说说笑笑。陆涛你是我生命里最大的一个痛，我将永远不会忘记，你也别想忘记，我要坚强地活——下——去。

【第四幕】

杨晓芸：今儿咱可说好了，来成都这种大都市可要遵守大都市的规矩，你别给我丢脸，本姑娘可以不要身材但决不能不要我这张美丽俊俏的脸。

向南：是，夫人。

杨晓芸：第一，只许看商品，不许看美女，我除外……

向南：行。

杨晓芸：第二，凡是给你向南买的东西，单价不许超过一百块，凡是给我杨晓芸买的东西，单价不得低于五百块。

向南：成。

杨晓芸：第三，不许逃跑，只许跟着我，不能在茫茫人海当中把我弄丢了。

向南：成。

杨晓芸：最后，付账要主动，知道什么叫"一溜烟"吗？告诉你，当我男朋友必须得有眼力见儿，我看商品这眼睛只要一放光，你就得一溜烟地给我去付账，不能浪费我宝贵的唾沫催你。

向南：你这样还让不让我活了！得了，我也豁出去了，高消费一回。

杨晓芸：你说什么？

向南：我说爱你一万年太久只争朝夕，走啦，媳妇儿。

（逛商店中，陆涛打来电话。）

（两人下，上来的时候向南大包小包地拿着，杨晓芸走前面，在不停地

177

张望。）

向南：喂，陆涛，你这不是没事找事干，你没看到我正忙啊。

陆涛：向南，我成功了，我的设计"青年家园"获得通过了，我成了项目经理……

（啪地把电话挂了。）

杨晓芸：谁啊？你干吗不接呢？

向南：没事，找到没有啊。

杨晓芸：向南我告诉你，你人丢了都行，但绝不能把我心爱的梁静茹演唱会的门票弄掉了，不然我叫你回家跪洗衣板！

（电话又响，向南接起。）

陆涛：你怎么搞的？不听我说完就挂电话。

向南：你有完没完，没看到是二人世界吗？是，你是成功了，又有什么值得骄傲啊，不就是什么项目经理吗，又有什么值得炫耀的，没看见我在逛街吗？

陆涛：不是我说你，你不要成天就在二人世界里沉沦，在她身边就像个幽灵似的，你是个男人，你必须要努力。

（啪，向南又挂了电话。）

向南：努力？去你大爷的。

杨晓芸：是谁啊？你又说脏话。

向南：是陆涛，他当了项目经理。

杨晓芸：哎，别人都是项目经理了，我看你还永远只是个打工仔，永远都没有出息。

向南：你说谁没有出息？我每天不去上班陪你在这里逛街你居然说我没有出息？你还有没有良心？

杨晓芸：上班？你怕苦又怕累，陪我逛街还嫌累。你换了几个公司？哪个你不是待了不到几个月就走了？还说不上班是为了我？你看人陆涛。

向南：陆涛，陆涛，他有本事你不跟他去？

杨晓芸：你说什么？好啊，好啊，你竟然……我呸，我们分手，我一分钟都不能等了，我不想和你这个不思进取、没出息的人在一起，还成天找这么多借口。

向南：你怎么这么不讲道理啊！

杨晓芸：我怎么不讲道理啊？

向南：行行行，不要一吵架就说分手嘛，我知道你爱我。

杨晓芸：呸！我才不爱你呢！

向南：你半夜给我煮方便面还给我加俩鸡蛋，那叫不爱我？

杨晓芸：我给小狗煮鸡蛋！

向南：给狗煮方便面你还加俩鸡蛋？你骗谁啊你！

杨晓芸：我就是喜欢养小动物，怎么了？

向南：你就是对我好，怎么了吧！

杨晓芸：呸！我才不承认呢！

向南：我告诉你，我就是你的初恋，我就是你的最爱，我就是分不了手！

杨晓芸：你就是一无赖！

向南：谢谢你提醒，我还真就是一无赖，我还就赖上你了。我告诉你杨晓芸，我们分不了，因为我改主意了，我不同意分手，你要是再跟我说分手，我就告诉你别跟我开玩笑了。

杨晓芸：分手！马上分手！不分我现在就踩死你！

向南：没门儿！

杨晓芸：你——！

向南：玩儿去！你给我玩儿去！你给我玩勺子把儿去！

杨晓芸：你——！！！

向南：呸！

工作人员：哎哎！先生，这儿不能吸烟。

杨晓芸：谁让你抽烟了？

向南：管得着吗？

杨晓芸：管不着，好，我走。

向南：不不，我不是说你，我……

杨晓芸（哭）：够了，向南，我们结束吧，我真的累了。

向南：你怎么哭了？别人……

杨晓芸：到现在，我给了你很多机会，我让你找工作，给你时间换公司，

179

你说累，没关系，我可以帮你捶背；你说你没有时间吃饭，我可以做，我可以带到工地上给你，你要怎样就怎样，只要你努力地工作。除了今天，我从来没有要求过你陪我逛街、买衣服。我杨晓芸不是那么小气的人，票弄掉了还可以买，可是人要是没有了生活的信念那就完了！！

向南：不是，我——

杨晓芸（捂住向南的嘴）：我没有想到，你听到陆涛成功你竟然发这么大的脾气，你是嫉妒，你是在害怕，可你就只知道害怕，还说自己怀才不遇。我告诉你，没有人会随随便便成功，我不是非要你有好多好多钱、有车、有房，我们相爱，我们可以一起创造生活，哪怕每天只能坐公交车出门，哪怕你只付得起超市里最廉价的化妆品的钱。可你连创造生活的勇气都没有，这样一个没有用的男人，你叫我怎么陪你一起走下去。

向南：我，不是。

杨晓芸：向南，我受够了，我们分手。（转身离开）

向南（抓住杨晓芸）：别走，我不允许你走。

杨晓芸：放手！

向南：我不放！

杨晓芸：放！

向南：不放！

杨晓芸：你就是一个窝囊废。

向南：是又怎样，我就不放！

杨晓芸：你听着，向南，从现在开始，我已经——不爱你了。

（向南愣在那里，缓缓松开手。）

杨晓芸转身走——

向南：杨晓芸！（杨晓芸停步，但没有转过头）你这个大坏蛋，你这个大笨蛋，我——我——我不想和你分开。

（杨晓芸很失望地摇摇头走下。）

（向南有点蔫。）

（灯光变暗。）

向南（独白）：很多时候我都在想，一个人要是有了爱情应该就什么都拥有了吧？这个就是我在大学的时候追求的全部幸福。可是这个时代不允许我们这样，城市的灯红酒绿背后有我们80后迷茫和前进的身影，我们毕业即失业，我们找不到自己的梦想，我们只能低头潜行，接受这个社会很多丑陋的潜规则。我们想要改变这个世界可是却被世界改变着，我们青春却要背负工作和生活的压力，我们不约而同地变成了房奴和车奴，一辈子都在为这两样东西东奔西跑，一辈子的幸福好像都赌在了这两样东西上。所以我觉得自己好累，觉得生活好像在给自己开玩笑，唉，我好想找一个遥远的村庄和自己所爱的人住在一起，死守到老。但是请问我们又怎么去逃避？前面没有路，所以我们还是只能勇敢地前进。成功不是有钱，而是你要有维持你觉得珍贵的感情的能力。

【第五幕】

茶楼

陆涛：我说你像个爷们儿好不好？别整天一见面就哭。哭什么？有什么好哭的？女朋友没了，可以再找一个，机会没了，就再也找不回来了。

向南（哭）：你懂个屁，杨晓芸啊，我的杨晓芸。

华子：向南，你除了哭还会干点什么啊？你看看我如今仍然单身，我不怕，我现在的任务就是挣钱，没房没车的，谁会跟你过啊。

向南（哭）：我就没有想明白，我爱她，哪点错了，为什么陆涛可以甩人家富家女，我凭什么就被别人甩啊！

华子：因为陆涛能奋斗，而你不能。

向南（哭）：你学建筑的啊，你只在工地上待了几天，结果呢？你不就是开了一家理发店吗，学建筑的跑去美发，有什么资格说我，我家有院子你家有吗？

华子：我们家有私人专职理发师、洗头护发师，你家有吗？

向南：我家有好几十箱私酒存在家里，你们家有吗？

华子：我家有老式越野车，我们没事儿开出去兜风，这么浪漫你家成吗？

陆涛：你那六百块都卖不出去的越野车都好意思说出来啊！

向南：我家有彩电、冰箱、洗衣机，你家有吗？

华子：我家有私企，我不用出门上班，我就在家SOHO，哎哟喂，这么后

181

现代的生活你家什么年月能赶上？

　　向南：我家有成套、没开封的现代厨房用品，用都没用就堆在床底下，天天在外面下馆子吃饭，吃香的喝辣的，大鱼大肉，花钱如流水，你家敢这么奢侈吗？

　　陆涛：我真服了你们了，还真是大学生啊，破锅破碗的还比呢，比什么比呀，快气死我了，努力点成吗你们？咸鱼翻了身再吹。

　　向南：华子他不行，就他长那咸鱼样儿，还跟我比，人家咸鱼要腌半年早歇菜了，能翻身吗？你翻给我看，你翻翻，你翻。

　　华子：行行，今天向南是谁惹他跟谁急，我不说了。

　　向南（哭）：龙生龙，凤生凤，我不是龙，杨晓芸也不是凤，总不能生个耗子，光会打洞？

　　陆涛：就是，找个工作，好好地努力吧，只有付出的人才有回报，虽然这句话老了点，但用在你身上还是挺合适的。

　　华子：就是，现在有好多大学生毕业都找不到工作，你还总算找了一个工作吧，不是我说你，你啊就嘴巴会说。

　　（三个人都不说话了，默默地举杯喝酒。）

　　向南：上次来这个破地方还是米莱和陆涛分手的时候，现在受苦的就是我了。

　　华子：你这家伙，你说自己就够了还把陆涛拉上。

　　陆涛：让他说吧，这样他内心平衡点。

　　华子：那米莱现在去哪里了？

　　陆涛：她出国了。

　　向南：她怎么没有告诉我们？

　　陆涛：你够米莱跟你说的资格吗？

　　向南：行，就你厉害。

　　华子：她出国是很正常的事情，照你这么说走之前你们还见过面？

　　陆涛：说对一半，是我送她上的飞机，她说没有通知你们是怕看见大家分离觉得伤心。

　　向南：她还算有一点良心，那米莱肯定哭得稀里哗啦的，你讲讲那天的情况吧。

陆涛：你就只有这点出息，那天的情况是这样的，我们一起吃过饭，然后我们坐公交车去的机场，米莱说她不想坐家里的车她喜欢坐公交车的感觉，到了机场后——

（灯光变暗。）

机场

机场广播：尊敬的乘客，飞往美国洛杉矶的K8112次航班正在登机，请还没有办理登机手续的乘客到服务台办理登机手续，请还没有登机的乘客抓紧时间登机，飞机将在半小时后即0时45分起飞。

（两个人拖着行李走着。）

陆涛：你的手续都办理好了吧？

米莱：办理好了，就只剩下登机了，等上了飞机后我就真的把自己送出去了，还是送到国外。真好笑，我还以为我自己永远都不会离开我们伟大的祖国。

陆涛：嗯。

米莱：我真的把自己送出去了，陆涛你要想清楚，走了后我就真的很少回来了。

陆涛：我知道，祝福你这个美女海外留学生在美国幸福地生活吧！

米莱：陆涛你真会装傻。

陆涛：我不是装傻，我真的很傻，但我相信傻人有傻福。

米莱：陆涛，我爱你，为了你我可以留下。

陆涛：米莱，你还记得大学的时候我总是与你开的那个玩笑吗？我总是说我们两个不是一个世界的，你是天使我就是海豚，哪怕再怎么互相喜欢，也只能隔海、隔天彼此互相思念，所以我们两个是不可能在一起的。但你的可爱和纯真在大学的时候深深地打动了我，所以我愿意很卖力地从海里跃出来和你在一起，但是这种跳跃是很累的，每一次都让自己受很多伤，这样下去对我们两个都不是什么好事，所以早点结束是最好的。你是个聪明的女孩，我想你知道我说的是什么意思，只不过在那个时候你不想承认罢了。

米莱：陆涛，我懂，但我那个时候想——只要和你在一起，是一天就算一

183

天，我就一直赖在你身边了，你不要我了我就死缠着你，可是没有想到你那么决绝。

陆涛：所以，你还是开心地去美国吧，到时候我去美国溜达溜达还可以找你给我做导游。

米莱：我做导游收费很高的哦！

陆涛：你开个价就行了。

（两个人继续走。）

米莱：陆涛，我就知道你不会把我留下，但我还是想试试，这样我就可以安心地走了，就不怕你会很想很想我而吃不进去饭、晚上睡不着，我才是真的傻。（突然拿出一件衣服）

陆涛：这衣服怎么这么眼熟啊！

米莱：这是你给我买的第一件衣服，虽然这件衣服是我所有衣服里价格最便宜的，也是最难看的，但这是你送给我的第一件衣服，所以我把它带上。你知道吗？你把它送给我的时候我觉得我都要幸福得死掉了。

（陆涛笑。）

米莱：未来优秀的建筑之子，把你的大名写在衣服上吧，免得以后你有钱了就把我忘记了。

（米莱把衣服举到陆涛面前，两个人对视，陆涛掏出笔在衣服上写字，米莱看着他写的字哭了。）

米莱：陆涛谢谢你带给我的美好回忆，哪怕我们分开了，但我还是会永远记得的。（转身离去）

（灯暗，回到茶楼。）

向南：太感人了，陆涛你真是不懂得珍惜，要是杨晓芸能这样对我，我就幸福了，我那现在不知道在哪里的杨晓芸啊。

华子：其实这样也好，两个人都可以好好地生活下去，不然总有一个人会一直受伤。

陆涛：还是华子明白我的想法。

（三个人又一次喝酒。）

向南：对了，我说陆涛，你不是当上什么项目经理了吗？以后我就在你那儿蹭吃蹭喝了，可别说你不认识我。

（华子、陆涛笑。）

陆涛：孺子不可教也！

华子：服务员，结账！

服务员：一共五十八。

向南：哇，真是一笔巨款，咱们以后别这么奢侈了啊。

（陆涛、华子笑。）

陆涛：等你赚了钱，就该你请我了。

华子：得了，你看他这样，别指望他了，一天除了杨晓芸，还是杨晓芸，没出息。

向南：谁说的？我想和谁好，谁也管不了，我想和谁处，谁也管不住。

陆涛：好好好，走吧！

向南：走！

（灯光变暗。）

华子（独白）：我和陆涛、向南不一样，我一开始就知道我想要的是什么。我想要很好的物质生活，在很多人的生活水平之上，可以去很多国家旅行，可以大把大把地花钱，可以在学校校庆的时候很体面地回学校。但是我真的羡慕他们曾经那么深沉地爱过，我想曾经是这样，以后他们还是会这样努力地去爱的，我为陆涛和米莱感到惋惜。80后的我们注定要为了生活而更加现实地去奔波，生活使我们放弃感情和梦想，最后我们仅仅得到了表面的东西。（苦笑）那又有什么办法呢？我们的成长本来就伴随着离别和伤悲。我突然想起陆涛在机场送米莱走的时候，写在米莱衣服上的几个字——阳光灿烂的日子。米莱哭了，我相信如果我在现场看到这几个字也会哭的，哪怕我是个大老爷们儿。我们都曾经在阳光灿烂的日子里生活过，没有工作的压力和生活的烦恼，青涩的大学生活，欢笑的时光，但是现在我们都挣扎着前进，所以我希望我们以后的日子都阳光灿烂吧，只要我们努力和坚持！

【第六幕】

街上

向南（打电话）：陆涛，你在哪？你快过来吧，我在你公司门口，我可真的要傍你来了。我给你说，我找了几家公司了，不是叫我去西部大开发，就是叫我去埃塞俄比亚，这是哪门子的工作，还叫不叫人活啊？

陆涛：行行，你等着，我马上就下来。

向南：快点吧！

（几分钟之后。）

陆涛：怎么样，想到我们公司来？

向南：是啊，不到你公司我来这儿干什么？

陆涛：我说你就不能靠自己吗？

向南：有哥们儿我怕啥，怎么，还不想我来？

陆涛：行行，你先去应聘，我去给你说说，但是关键还是得靠你自己。

向南：行了，你快说说情况，谁是主考官？

陆涛：她叫夏琳，是我们公司的人事部经理，很严格的，这是你的一次机会，是展示自己的时候，把你大学里学的知识都拿出来吧。

向南：女的？天，我最怕的就是女的，我一想到杨晓芸我就……浑身不舒服。

陆涛：怎么，你怕啦？亏你原来和我一样是演讲交际辩论协会的，那就别去了。

向南：别别，行了行了，你快去说说。

陆涛：那你等等，我先去沟通沟通，你整理下你的衣冠。

向南：好好，快去。

（陆涛推门进去，走到夏琳办公桌前敲了两下。）

夏琳：你怎么来了？（有一点兴奋）一边待着去。

陆涛：行，那我走。（往外走）

夏琳（一直办公没有抬头）：你走，你要是走了就别再回来了。

陆涛（站在原地）：那我不走了。

（走到夏琳背后给她揉肩。）

陆涛：舒服吗?

夏琳：还可以。

夏琳：左边。

陆涛：是!

夏琳：右边，你轻点，我那么柔嫩的皮肤会被你的脏手弄破的。

陆涛：是!

夏琳：上边点。

陆涛：是——（这个字发音拖长点）

夏琳：上面。

陆涛：到底哪里啊?（不耐烦地说）

夏琳：怎么不耐烦了啊，有事求我还这个态度?

（陆涛坐到夏琳身边。）

陆涛：你太聪明了，我等的就是你这句话，亲爱的今天晚上我们吃什么?

夏琳：别绕弯子，你哪根头发动了我都知道，我就说嘛，平时我们陆经理那么忙，怎么会有空在工作期间来找我，还给我揉肩，在家里威胁你给我揉，你都找百般理由推辞。

陆涛：我就是喜欢你这样了解我，嗯，是这样的，我有一个哥们儿，他——

夏琳：行，让我试试吧，但不一定成功。

陆涛：你要是成功把他的事说通了，就拯救他们小两口子了。

夏琳：那你把他叫进来。

陆涛：遵命，夫人!

（灯暗。）

（陆涛走出办公室。）

向南：怎么这么慢啊?都快半小时了。

陆涛（出来叫向南）：去吧，别丢我脸啊。

（向南进去。）

向南：你……好。

187

夏琳：好啊，请坐。

向南：哦。

夏琳：建院毕业的？

向南：是。

夏琳：和陆涛是同学？

向南：是。

夏琳：你的梦想是什么？

向南：梦想？

夏琳：你到这里来的目的是什么？

向南：找工作呗！

夏琳：行了，既然你是陆总的同学，我也相信你的能力，我们公司在埃及有个项目，年薪八万美金，如果你想去，你就留下。

向南：埃及——该死的陆涛。

夏琳：如果你不去，那真的很不好意思，你知道现在工作不好找，而且埃及比一般的非洲国家要好得多。

向南：那——什么时候回来？

夏琳：三年。

向南：三年——

夏琳：而且是最快三年，你知道那边环境不是很好，容易发生意外事故。

向南：我——

夏琳：你一个大男人行事拖拖拉拉的，真让我怀疑你到底是不是陆涛的同学，一个学校出来的怎么差距就这么大。

（向南不出声。）

夏琳：这样吧，给你三天时间回去考虑。

向南：不用了——我——答应。

夏琳：那你明天到公司来签合同。

向南：知道了，谢谢。（转身离开）

（灯光暗下。）

【第七幕】

陆涛家

陆涛：我说华子，怎么向南还不来？

华子：我怎么知道，他现在肯定暴跳如雷。

（门铃响了。）

陆涛：他来了。（去开门）

（门一打开，向南冲进来。）

向南：陆涛，亏我把你当哥们儿，你倒好，你的良心都被狗吃了，我真的就变成落水狗了，人见人打？别人我不说，你还串通那个什么夏什么的……

陆涛：夏琳。

向南：噢噢，对，就是，把我派到什么埃及，一待就三年，三年啊老大，还说三年是最快时间，那要是演变成最慢进度我不是要死在那里，那是什么概念，你让我天天在沙漠里对着那几个破金字塔以泪洗面，你心里就开心了。

陆涛：你听我说……

向南：我不听，看到我什么都没有，我也需要温暖，我就剩你们几个哥们儿，我来投靠你，你不让我当什么项目经理我理解，你就是让我在工地当个包工头，我都开心。因为我孤独，我只有你们。现在可好，一走就是那么远，我一个人，三年后我都老了，我回来了，你们可能都不认识我了，我们可能不是朋友了，因为时间长了，人都会变的，你知不知道，陆涛！！

陆涛：你放心，我们绝对不会成为世界上最熟悉的陌生人的。

向南（哭）：华子。（过去拥抱华子）

华子：别哭了，我们永远都是好朋友，那是锻炼你，你从来都没有接受过锻炼你知道吗？你要理解陆涛。

向南：我不理解，不理解。我就不去，我饿死都不去。

陆涛：行，你可以不去，那你出去吧。

向南：你赶我走？

华子：陆涛……

陆涛：现在对你就一个字——滚！

向南：好，好，我走，我走，我走！

华子（一把抱住向南，对陆涛）：陆涛，你怎么了？不去就不去，干吗呢？我们可是好兄弟。

向南：让我走啊，放开我。

华子：我不放，陆涛……

陆涛：让他走，他永远就只有生活在最底层，永远都见不到阳光。

向南：你别以为你了不起，我还真的不稀罕，我呸！

华子：别说了，都别再说了。

陆涛：向南，你的路，你知道该怎么走吗？

向南：我不需要，让我走，让我死吧，反正我什么都没有。

（陆涛走上去啪的一个耳光。）

华子：陆涛……

陆涛（低沉）：不知道，你还记不记得，我们从小就一块偷幼儿园的向日葵……从楼上往过路人身上吐痰玩，那时候，你的胆子最大，你总是冲在最前面，你经常说，"我就是胆子大，我就你大爷"。"天王盖地虎，宝塔镇河妖"，这是你经常说的话。那是什么，那是你的壮志雄心。

向南：怎么着？让我走华子，让我走。

陆涛（走上去抓住向南的衣领）：我告诉你，你在这几年得到过什么？没有工作，没有女朋友，没有家，除了吹牛，你还会什么？你的母亲现在还在医院躺着，她多么希望她有一个自强不息的儿子啊。你去看过她吗？没有，你除了贪小便宜你还会干什么！你可以不要一切！你可以去死，你现在就去，去啊。你的母亲得到的是什么，你又得到了什么，你这个废物，滚！

向南（大哭，坐在地上）：妈妈……

华子：好了，好了，快起来。

陆涛：别管他，这里是机票和护照，我放在这儿，要不要是你自己的事。

向南（哭）：我呸，我告诉你陆涛，你不要忘记我，绝对不要，想都不要想，否则，你到哪儿我跟到哪儿，上厕所都要跟着，别想跑！

陆涛：……

向南：我真的舍不得你们，我什么都没有了。

华子：你还有兄弟，你还有未来。

陆涛：没错，当我们把那缥缈的梦想变成一件件具体的事情的时候，我发现我们离那梦想很遥远，特别遥远，但是我们不会放弃，我们会努力做好每一件事。

向南：我知道，我不会放弃的，我准备找个女朋友，然后结婚，安定下来，该多好！

陆涛：别忘了，你是个男人，你应该志在四方，感情世界纯粹是想象出来的，那里没有高性价比，没有投资回报，没有价值，只有价格，你在那里生活，你脚底下踩的不是一平方米两千块钱的土地，而是云。

华子：向南什么时候走？

向南：明天。

陆涛：管他呢，这可是我们的青春，让我们尽情潇洒吧！

向南：陆涛，我走了，你要好好照顾自己，从小到大，你一直都很优秀、很出色，永远都拿第一名，但是家庭也很重要，你也是时候找个女朋友安定下来了，米莱你没有要，但是我希望有好的女孩子你千万别错过了。

陆涛（笑）：是，是，我的向南少爷。

向南：华子，你也是，别听陆涛乱说，感情也很重要，等我回来的时候我希望你不再是一个人，你要知道，女人几年之后可是全变大妈。

华子（笑）：是，是，你安心地去吧，怎么不哭了？怎么婆婆妈妈的像个女人似的！

向南：你才安心地去呢，你才像个女人似的。

陆涛：像个大妈。

向南：陆涛——

华子：还愣在这里干什么？走啊，去打台球。

向南：行，就打最后一球。

陆涛：别那么悲伤，谁输谁请喝酒。

华子：行，走！

（灯光暗下。）

191

【第八幕】

陆涛家里

（陆涛和夏琳正在吃饭。）

夏琳：向南在那边还适应吧？

陆涛：他啊，前段时间基本上天天给我通电话说他苦啊，骂我没有良心，不过这两天好多了，安分下来了。

夏琳：其实你那个哥们儿还是挺聪明的。

陆涛：你可别夸他，他这个人是禁不住夸的，大学的时候有人说他打台球打得好，他就去和那些高手过招，结果输得连续两周吃泡面。

夏琳：真的假的？

陆涛：骗你今天晚上你就不让我上床睡觉。

夏琳：他真搞笑。

（陆涛电话响了。）

陆涛：我爸爸打的，看他是不是在老家给我找对象了。

夏琳：你美吧。

陆涛：爸！

陆涛爸（说话有点急，声音很沉重）：陆涛，你外婆今天凌晨走了。

（陆涛不说话了。）

陆涛爸：你看你还是回老家一下吧，你外婆那么爱你，喂，喂，儿子别难过，有什么事回来再说，喂，陆涛说话啊。

陆涛：爸，我知道了。

陆涛爸：别伤心了，你回来吧。

陆涛：嗯。（挂上电话）

（夏琳看出了好像有什么事情。）

夏琳：陆涛，怎么了？

（陆涛不说话。）

夏琳：到底怎么了？你倒是说话啊！

陆涛开始哭了出来，一边哭一边说：外婆，外婆，外婆走了。

（夏琳站起身走到陆涛身边把他抱入怀里。）

（灯暗。）

【第九幕】

陆涛老家外婆的墓前

陆涛爸：儿子，你外婆已经安葬了，她走的时候很安详。家里人都不怪你，北京那么远，赶也赶不回来，你外婆泉下有知，看见你回来了肯定很高兴。这个是留给你的，你把它带上，和夏琳一起去和外婆说说话吧，我和你妈在家里做好饭等你们回来。夏琳——

夏琳：伯父。

陆涛把：替我好好看着陆涛，别让他做傻事。

夏琳：放心吧，伯父。

（两个人从幕后走到前台，夏琳拿着一束花，两人一前一后。）

（夏琳先上去把花献了，陆涛站在后面一动不动，突然走上前跪在了外婆墓前，失声哭了出来。）

【第十幕】

机场

（三年后。）

机场广播：从埃及到北京的F734次航班已经开始下机，请接机的朋友们到F区下机处等待。

夏琳：那不是向南吗？

陆涛和华子：这里，这里！

向南：你们都来了，这位是？夏琳，你怎么和——陆涛。

陆涛：怎么样？我可是没有辜负你哦！

向南：好啊，好啊，我怎么就没看出来呢，陆涛，你还真深藏不露。

华子：不错啊，身体结实了，听说你干得不错。

向南：那可不，我给你说……

陆涛：好了好了，打住啊，这一说又不知道说到何年何月了，观众可是没有耐心的。

夏琳：你看谁还来接你了。

（众人让开，杨晓芸出现。）

向南：晓芸——怎么会？

杨晓芸：如果当初不是陆涛叫我离开你，叫我等你，你就不会有现在的成就了，虽然很冒险，但是我还是做了，因为我也希望你成功，但当时的你，根本就没有成功的可能，所以我和陆涛一商量，就决定——我不知道你还爱不爱我，但是，都没有关系。

向南：陆涛，你这个，我……（转身想找家伙）你看我不……三年，你让我们等了三年……

杨晓芸：向南，你还喜欢我吗？

向南：晓芸，在埃及我就想，我要等你，我就等你，你没结婚我等你，结婚我还等你，我现在等你，我以后等你，我永远等你，我等你，我等你，我等到地老天荒。

杨晓芸：结婚事大，接吻事小，要不咱先从小事做起。

（众人起哄。）

华子：好啦，现在可谓是大结局咯，我们去吃饭吧，为向南接风。

向南：我请，咱什么都缺，就是不缺钱，去吃鲍鱼吧！

杨晓芸：我没吃过鲍鱼。

夏琳：不打折的鲍鱼我更没吃过。

陆涛：行，你就负责吃菜，拣爱吃的吃两口。

夏琳：你就负责说话，挑我爱听的说几句……

（播放背景音乐：《我很好》。）

（侯一农）

外国部分

第三篇

主角登场

（独幕剧精品）

作者简介：

戴丽莎·海尔朋（Theresa Helburn，1897—1959），美国著名剧作家、戏剧运动的领袖人物。1897年1月12日生于纽约。曾赴法国，在巴黎大学肄业。回国后在耶鲁大学巴克教授领导的47实验剧场攻习戏剧。初为演员，其后从事戏剧理论研究，经常为《国家》（*Nation*）杂志写剧评。得塔夫特大学硕士学位、哥伦比亚大学文科博士学位。1919年至1932年，任戏剧协会执行主席，1933年以后，任该会董事长。

海尔朋早年写了许多剧本，都是反映美国，尤其是纽约，社会现实的。《主角登场》作于1916年，是她的早期代表作。1920年以后，她忙于剧院事务，几乎没有创作。但在搁笔了二十多年以后，她又活跃于戏剧创作，献身广播剧和电视剧，于1959年8月18日病故，享年七十二岁。

故事背景：

在艺术上，她的剧本构思独特新颖，情节曲折跌宕，既引人入胜，又出人意料。她把"悬念"与"惊奇"这两种编剧技巧交错运用，形成了强烈的戏剧效果。剧本开端处，不断受到热情洋溢的情书和馥郁醉人的鲜花影响的安妮，俨然像一个沉浸于爱情的幸福之中的恋人。而当男主人公哈罗德一上场，立即设立了一个吸引观众的悬念。随后，是一个更大的意外：情书原来都是安妮自己写的，它更加有力地抓住了观众的内心，使观众迫切地想知道这件事将如何收场。安妮的母亲与妹妹的上场，进一步把安妮推到了最尴尬的窘境，也把剧情推向了顶点。就是剧本结尾的余波，也是一个耐人寻味的意外之笔：安妮好不容易渡过了难关，当她刚刚安静下来，她又不由自主地故技重施，伪造起情书来了。这一系列戏剧场面，不仅形成了剧本富于幽默情趣的喜剧风格，而且有效地突出了安妮渴望爱情而不得、只能自欺欺人的可笑形象。

时间：1916年左右。

地点：某小城，一所舒适房子楼上的起居室。

人物：安妮、哈罗德、露丝。

背景：不断受到热情洋溢的情书和馥郁醉人的鲜花影响的安妮，俨然像一个沉浸于爱情的幸福之中的恋人。

（布景是某小城内，一所舒适房子里楼上的起居室。观众左边的墙上嵌着壁炉，壁炉旁边远一点的地方有一扇门通往大厅。舞台背面有一扇突出墙外的窗户，从窗内可以看到街的两头。右边墙上的门通往安妮·凯里的卧室。这间起居室由安妮独自享用，按照女性的风格布置，家具上铺着印花布。一张有几个抽屉的书桌放在屋内显眼的地方，屋内摆着许多惹人注目的花。）

（幕启，舞台上是空的。露丝·凯里，十八岁的漂亮姑娘，匆匆上场，手里提着一个大盒子。她戴着帽子，穿着外套。）

露丝：啊，安妮，又送来一盒花！安妮，你在哪儿呢？

安妮（卧室里传来说话声）：在这儿。我以为你已经出去了呢。

露丝（打开左边的门）：我刚要走，送快件的邮递员就送来了这个，我想看看。（往卧室里看）哦，你的衣服多漂亮啊。你转过身来。真可爱！我打开盒子，行吗？

说话声：行，可是要快一点。时间不早了。

露丝（向姐姐送一个飞吻）：好家伙！几乎像是我自己有了未婚夫一样。两天送来三盒花呦！他真浪费，却又挺可爱的。啊，安妮，多雅致的白玫瑰！快来看！

（安妮从卧室门口上场。她是二十二岁的姑娘。她在舞台上的举止显得神经质，心情激动，却又抑制着。）

安妮：是啊，真好看。取那个花瓶来，露丝。赶快！

露丝：这儿有一张卡片。（她递给安妮一个信封，往门口走去，可又站

住）安妮，他说些什么？我看看行吗？

（安妮带着淡淡的奇怪的笑容很快地念了一下卡片，没转过身来从背后将卡片递给露丝。）

露丝（念）：红玫瑰悄悄诉说热情，

　　　　　　白玫瑰低声吐露爱情；

　　　　　　啊，红玫瑰像是雄壮的鹦鹰，

　　　　　　白玫瑰像是纯洁的鸽子。

　　　　　　可是我送给您一束乳白色的玫瑰花苞，

　　　　　　花瓣尖上带着红晕，

　　　　　　因为最纯洁、最甜蜜的爱情，

　　　　　　它那嘴唇上总带着爱慕的吻。

哦，多美啊！你猜这是他写的吗？我竟不知道他还是个真正的诗人呢。

安妮（她已经把几朵玫瑰花别在她的衣服上）：谈吐雅的人都是诗人。

露丝：写得美极了！（她从口袋里拿出铅笔和小笔记本）我把它抄在我的"哈罗德笔记本"上行吗？

安妮：抄在你的什么上？

露丝：我把它叫作我的"哈罗德笔记本"。他信上的一些话你念给我听过，我把它们都抄在上面，那些可爱的片断太美了，让人难以忘怀。你不会不高兴吧？

安妮：你这个傻丫头！

露丝：这儿，你看这一段……这是从他在里约热内卢写给你的第二封信里摘出来的。我真忘不了那封信。你要知道，我让你给我读过三遍呢。细腻极了，细腻极了。我记得这一段……喏，"一位年轻的姑娘对我来说像一朵花那样柔美脆弱，我总想采一朵归我，又觉得自己像个汪达尔人（5世纪时蹂躏罗马的野蛮民族。在此是残暴的人）。然而，安妮，您的脸总在我眼前出现，以前我太傻体会不到，现在我才知道这是您，完全因为有您，去年冬天我身边一个熟人也没有、孤孤单单的时候，我的生活总算还过得去"。啊，安妮，（狂喜地叹口气）这就是我做梦都想得到的情书。我想我永远也得不到。

安妮（仍然带着奇怪的微笑看着笔记本）：你把这个本子给别人看过吗？

露丝：私下里只给卡罗琳看过。（停住话头，看安妮对这话的反应）可是真的，安妮，人人都知道哈罗德的事。你告诉过玛奇和埃利诺，我敢肯定她们已经告诉别人了。她们没对我们说什么，可是她们对卡罗琳说了，是她告诉我的。（盯着安妮的脸）你不生气吧，对吗，安妮？

安妮：不，有点生气。（然后，极想知道）她们说了些什么？

露丝：唉，各式各样的话都有。当然，有些话很不中听！你不能责备她们，因为那是忌妒。你这种经历正是她们人人都拼命想得到的。我要不是你的妹妹，也要忌妒。照现在这样，我觉得仿佛自己也有点光彩呢。

安妮（辩护，却轻蔑地）：可是每个姑娘迟早都会有这种经历。

露丝：哦，不一定像这样吧。哈罗德做的每件事都美，都合乎理想。珍妮·芬威克给我看过几封鲍勃的信。那些信那么单调，简直毫无诗意！讲的全是他的薪水和玉米收成的事。我厌恶那些信，她看见哈罗德的信，我想，那时候她的感觉和我一样。

安妮：啊，你把这个本子也给珍妮看了？

露丝（有点惊吓）：不，我真的没给她看过。那是卡罗琳干的。有一次我把我的笔记本借给她看一夜。珍妮真该看看。她谈起鲍勃，变得那么骄傲自豪。姑娘们真可笑，是不是？

安妮（她对露丝的这些闲聊非常感兴趣）：你说这话是什么意思？

露丝：姑娘家与其真要个男人，不如要个想象中的男人，只要能够幻想一个他，能够谈一谈他就行了。我料想有一天我会订婚，我每次想到订婚，从没想过真有一个男人吻我，真吻我。

安妮：你在想些什么啊？

露丝：我总想把这个告诉卡罗琳，把戒指给她和玛奇看。啊，玛奇嫉妒得脸色发青。我相信她以为哈罗德有点喜欢她。（安妮转过身去）她在纽约看见他的时候，兴奋得很。她说她想下公共汽车去追他，可是他走进一所房子里去了……安妮，哈罗德从南美洲回来，为什么你不先告诉我们，至少先告诉我！现在我们反而是听玛奇说的。

安妮：这只是因为……我要避开这些……他离这儿只有几小时的路程，可又知道他不能到我这儿来，那是非常不好受的，可是如果没有其他人知道他回

199

来，那就比较好了，你明白吗？

露丝：是啊，亲爱的，我当然明白，不过还是……

安妮（不耐烦地）：露丝，现在四点一刻了。你答应过……

露丝：我就走……马上就走……要不然……啊，安妮，我待在这儿，只偷看一眼，行不行？我不让他看见我，然后我就马上跑开。

安妮：啊，看在上帝的面上，别淘气，别犯傻！现在就走，快走，不然……（突然改变语调）露丝，亲爱的，你处在我的位置上想想看。如果你就要第一次看见你所爱的人，你会觉得怎么样？事情真就是这样。你想想看！两年以前他走的时候我们就是最亲密的朋友了，现在……

露丝：这回你们约好要结婚了吧！啊，这岂不是一件最浪漫的事！当然你要单独跟他谈谈。原谅我。哦，安妮，你多么激动啊！

安妮（带点做作的紧张）：不，真奇怪，我倒挺镇静呢。不过，露丝，我害怕，非常害怕。

露丝：为什么怕？怕什么？

安妮（做作）：我不知道……什么都怕……怕意想不到的事。这些一直多么美妙，万一发生什么事，我想我会受不了，我想我会死的。

露丝：胡说，亲爱的，哪会发生什么事呢？你不过心里紧张罢了。好了，我要走了。我要在内莉大婶家跟妈妈碰头。替我向哈罗德问好。你知道吗？我当他的面从来没叫过他别的，总是叫他劳森先生。这不挺可笑吗？再见，亲爱的。（向安妮送一个飞吻）你多么可爱。

安妮（把双手放在露丝肩上，令人感动地停了一会儿）：再见，露丝。再见。

（她们接吻。露丝下。留下安妮一个人，完全变了样。她转变浪漫的态度。她神经质地下定决心。她很快地把花摆好，把盒子拿出去，等等，收拾好屋子，迅速地在镜子前照了照自己。外面有车轮的声音。安妮走到凸窗跟前往外看。然后她直直地站好，被一种感情控制着，与其说是期待，倒不如说是害怕。听见楼梯上的脚步声，她很恐慌，几乎要跑开，可是她听见说话声就振作起来了，站着不动。）

［男人的说话声（在外面）是这儿吗？对了！］

（哈罗德·劳森走进来，他是个体格健壮、皮肤黑红、二十八岁左右、平平常常的年轻人。他刚进来，没看见人，他走进屋里，安妮从凸窗那边走下来。）

哈罗德：喂，凯里小姐，您好吗？过了这么久又见着您，太好了。（安妮瞧着他，不说话，这时他有点发窘）看来您确实漂亮。您母亲和小露丝好吗？

安妮（慢腾腾地）：欢迎您回来。

哈罗德：哦，谢谢。回到天府之国（美国人对美国的自称）可真畅快。可是这一回也待不长。

安妮：您还要出门吗？

哈罗德：是的，我另有任命了。这一回是到印度的大盐矿去。不错吧，啊？他们告诉我，我在巴西干得挺好。

安妮（神经质地）：坐下。

哈罗德：谢谢。都九月了，天还这么热，是不是？虽然这一回我对炎热应该习惯了。在巴西有的时候温度连续一个礼拜升到一百零八度（华氏温度）。那可不是闹着玩的。

安妮：是啊，确实不是闹着玩的。

哈罗德（舒适地靠在椅背上，讲他自己的事）：您知道，我初到那儿非常不适应。多半是因为那些外国人、讨厌的天气，还有臭虫，我想我永远也不会打起精神。我原想放弃工程，去干任何一种我原先干过的轻松工作，可是过一阵……

安妮：您回国多久了？

哈罗德：大约三个星期了。我真想到这儿来，旧地重游，可是在纽约有事要办，我还得到南方去看一下我家里的人，您知道，时间过得飞快。这时候您来了封短信。您要我到这儿来，我非常高兴。顺便问一下，您怎么知道我回来了？

安妮（停了一下）：玛奇·肯尼迪在纽约看见您了。

哈罗德：她真的看见我了？小玛奇好吗？还有她那个奇怪的弟弟。他还像以前那么傻乎乎的吗？我记得有一次他对我说……

安妮：唉，我约您到这儿不是要谈玛奇·肯尼迪家的事的。

哈罗德（吓了一跳）：对……对，当然不是。您约我来，我正觉得奇怪

呢。您说您要跟我谈点什么事？

安妮（温和地）：您愿意来吗？

哈罗德：哦，当然，我愿意，当然。而且您的信引起了我的好奇，您要我先别见外人，直接到您这儿来。

安妮：您到这儿来跟我在一起高兴吗？

哈罗德：哦，是啊，当然，可是……（停住）

安妮：您听我说，有人好像希望您最先来看我，我自己也很希望这样。您明白吗？

哈罗德（很不安）：不……我觉得我不大明白……

安妮：从您走之前的行动来看，我想您自己也愿意最先来看我。

哈罗德：我走之前的行动？您这是什么意思？

安妮：我的意思您很清楚。最后几星期的宴会啦，我们去看戏啦，您送给我母亲的美丽的花啦，还有信……

哈罗德：可是……可是……是啊，那时候我要走了。您和您家里的人待我非常好，我在这个城里没有一个熟人。我不过是极力做我分内的事罢了。主啊！您的意思总不是说您以为……

安妮（注意地盯着他）：对，这话是实在的。我以为……另外，人人也都以为……这两年我一直等着您回来。（她低头用双手蒙住脸。她的肩膀颤动。）

哈罗德（跳起来）：天哪！我从没想到……啊呀，凯里小姐，我……哦，我非常抱歉！（她继续抽抽搭搭地哭）请您别这样，别这样！我还是走的好，我马上就走，我立刻去印度，我再也不会来打搅您。

（他拿起帽子，带着为难的样子向门口走去，她去拦他。）

安妮：不，您不能走！

哈罗德：可是我能做些什么呢？

安妮（做出悲惨的姿态）：您的意思是说您完全没动心，您从来就没对我动过心吗？

哈罗德：真的，凯里小姐，我……

安妮：看在上帝面上，不要叫我凯里小姐，叫我安妮好了。

哈罗德：凯里小姐……安妮……我……哦，您还是让我走的好，趁人家还不知道我到这儿来，趁她们还没以为……让我走掉的好。

安妮：太晚了。她们已经这样想了。

哈罗德：想什么？您这话是什么意思？

安妮：啊，真可怕！坐下，哈罗德，听我说。（她推他坐在一把椅子上，很快地讲起话来，同时注意看她的话对他造成什么影响）您要知道，您走后，人家就开始谈我们，谈您和我的事，谈您的好意。我让他们谈下去。事实上我相信那些话。我想这是因为我非常希望相信那些话。哦，我真是个傻瓜！我多么傻啊！（她用双手蒙住脸。他站起来，有点想安慰她，可是她以为他又要走，就跳着站起来。）

安妮：现在您要是像夜里的贼那样马上离开，那就留下我让人笑话了！不，不，您不能那么干！您得帮我。您已经伤透我的心。您千万别让我在家人面前丢脸。

哈罗德：凡是我能做的我一定照办，凯里小姐。

安妮：安妮！

哈罗德：对，安妮。可是要我怎么做呢？

安妮（想了一刹那，好像刚想起来似的）：您必须待在这儿。您必须待几天，至多待一个星期，我们假装订婚。

哈罗德：我不能那么办，您要知道。真的，我不能。

安妮（走到他跟前）：为什么不能呢？只不过待几天罢了。然后您就去印度。他们会发现这是个误会。我会把这事了结。当然只是假装如此，可是至少没人会觉得我是个大傻瓜了。

哈罗德（犹豫一会儿）：凯里小姐，我是说，安妮，别的事我都能干，就是这桩不行！一个男子汉不能那样做。您要知道，在巴西有个姑娘，一个英国姑娘，我……

安妮：哦，姑娘！另有一个姑娘！不过，那有什么关系呢？巴西离这儿远着呢。她永远没机会知道。

哈罗德：她也许会听说的。这样的事瞒不过去。不行。我不能冒这个险。在您家里的人回来之前，您还是让我马上离开的好。谁也不需要知道我来过这儿。

（他又向门口走一步。安妮站着不动。）

安妮：您不能走，您不能！这件事比您想象的要严重得多。

哈罗德：严重？您这话从何说起？

安妮：走过来。（他顺从了。她坐在一把大椅子上，可是不看他。她讲她故事的腔调精巧地模仿悲剧女演员）我不知道我能不能让您听明白。这对我来说是那么重要，您应该明白才是……实在太重要了！哈罗德，您要知道，在这儿，在这个小城里生活多么沉闷。您在这儿待了一年，走的时候不是很高兴吗，对不对？是啊，这对一个姑娘来说就更糟，除了坐在家里幻想您，再没别的事可干了。对，这就是我干的事，最后我再也忍不住，就给您写信了。

哈罗德（很快地）：我从没收到过信，凯里小姐。说真的，我没收到过。

安妮：或许没有，可是您回信了。

哈罗德：回信？您说什么？

安妮：您愿意看看您的回信吗？（她走到书桌跟前，从抽屉里拿出一捆信，选了一封递给他）这就是您的回信。您看这是里约热内卢的邮戳。

哈罗德（惊奇地接过信来）：这倒真像我写的字。（念）"安妮，亲爱的……"我说，这是什么意思？

安妮：念下去吧。

哈罗德（念）："我收到您的珍贵的信。这封信飞到我手里好比雨水洒遍了沙漠。安妮，您这么挂念我，是真的吗？我问我自己一百遍，我做了什么事值得您这样挂念呢。一位年轻的姑娘对我来说像一朵花那样柔美脆弱……"我的天呐！您总不会认为我能写出这样的废话吧！到底是怎么回事！

安妮（递给他另一封信）：这是您写给我的第二封信，从矿上寄来的。这是一封很美的信。您念吧。

哈罗德（生气地扯开，念）："夜里我走到外面星斗底下。哦，您要是在这儿多好啊，我的爱！您不在这儿，我忍受矿上的尘土和嘈杂倒还容易，可是我不能跟您共享这种美丽，我的心却像针扎那样痛……"（他把信扔在桌上，转过身来对着她，说不出话来）

安妮（不为所动）：是的，这是特别美的一封。可是还有，还多着呢。您愿意看看吗？

哈罗德：可是我告诉您，我从没写过这些信。这都不是我写的。

安妮：那么这些信是谁写的呢？

哈罗德（非常生气地走来走去）：上帝才知道！这是一种荒谬绝伦的恶作剧。您受骗了，您这个可怜的孩子。可是我们会彻底查清的。您把这件事交给我好了。我去请侦探。我会查出谁在背后捣乱！我会……

（他走过来，跟她面对面站着，发现她平静地看着他，带着一种近乎欣赏的眼神。）

哈罗德：天呐。这是怎么了！您别相信这些信。您别以为是我写的，不然您就不会像老朋友似的，十分自然地接待我了。您明白！看在上帝面上，跟我说清楚吧！

安妮：我尽力……我告诉过您一定得有……回信才行……我不敢把我的信寄给您，可是一定得有回信。（哈罗德盯着她）所以我就自己写了。

哈罗德：是您自己写的！？

安妮：是的。

哈罗德：这些信？就是这些信？

安妮：是的，我不得不写。

哈罗德：上帝啊！（他盯着散乱地放在书桌上的信，茫然无语）可是笔迹呢？

安妮：哦，那很容易。我有您写给母亲的信。

哈罗德：你模仿我的笔迹写的？

安妮（客气地）：那笔迹很好哟。

哈罗德（突然不安起来）：没有人看见过这些信吧，有人看见了吗？

安妮：信是从邮局寄来的。

哈罗德：您是说人家看见信封了。是啊，这够糟的……可是您没把这些信给别人看过吧？（看见她沉默不语，他生气地回过身来对着她）您给别人看过吗？您给别人看过吗？

安妮（她欣赏自己的回答，也欣赏自己的回答对他的影响）：只给人看过一部分，从没给人看过整封信。可是能够跟别人讲一讲您，是非常愉快的事。这是我唯一的乐趣。

205

哈罗德：我的天呐！您告诉别人这些信是我写的？说我们订婚了？

安妮：我不是有意这样，哈罗德。真的，我不是。可是我没法保守秘密。这儿还有您的电报呢。

哈罗德：我的电报？！

（她走到书桌跟前，拿出一捆电报。）

安妮（不害羞地、真诚地说下去）：您每换一回地址，就给我发一个电报。您想得真周到，哈罗德。可是，当然，跟您的信一样我没法保守秘密。

哈罗德（狼狈地站在那儿，那些电报在他手上松开了）：我的电报！主啊！（他打开一封念道）"我离开里约到内地观察十四天。地址：由米盖尔先生转交。"我的电报！

（他把那捆电报使劲扔在桌上，因此几乎碰翻一瓶玫瑰花，他赶快扶好。）

安妮：还有，这些是您送的花。我看出您挺喜欢这些花。

（哈罗德缩回手来，好像花上带了电似的。）

哈罗德：什么花？

安妮：这些……这些……所有这些花。您走后每个星期都送花给我。

哈罗德（惊）：我的上帝啊！

（现在他的惊讶达到顶点，变成嘲笑了。）

安妮：是的。您在花上破费不少，哈罗德。当然，我喜欢花，可是您花那么多钱，我得责备您。

哈罗德：花那么多钱？那你责备我，我说什么来着？

安妮（由于他改变态度，她惊吓了一刹那）：您反而送我比以前更大束的花……等一等……这就是您放在花上的卡片。

（她又走到那张要命的书桌跟前，拿出一捆花商的卡片。）

哈罗德：这些也全是我放的卡片？

安妮：是的。

哈罗德（有点发狂地大笑）：恐怕我确实是有点浪费了！

安妮：这儿有一张！您写道"如果我所有的一切，连我整个身心，都献给您也嫌少，那么这些可怜的花怎么能算多呢？"

哈罗德：那是我写的？很好，很好。我忘记我还有那样的才华呢。

安妮：随后，您马上又送给我这个戒指。

哈罗德（跳起来，吃惊）：戒指！什么戒指？

安妮：我们的订婚戒指。那回您真破费不少，哈罗德。

哈罗德（害怕地瞧着她的手）：可是我没看见……您没戴着……？

安妮：不在那儿……在这儿呢，贴着我的心。（她从上衣里拿出一个挂在链子上的戒指，放在嘴唇上吻了吻，凝视着他）我最喜欢蓝宝石，哈罗德。

（哈罗德的眼睛露出惊怖神情。他开始迎合她。）

哈罗德：是的。是的。当然。人人都喜欢蓝宝石，安妮。这是件漂亮的东西。是的。（他走到她跟前去，很温柔地说话，就跟对小孩一样）您没把您的戒指给别人看过吧，是吗，安妮？

安妮：只给几个人看过，一两个人。

哈罗德：给几个人看过？我的天呐！（然后他控制自己，温柔地拉住她的手，继续说话，就跟对小孩一样）坐下，安妮。我们得稍稍谈一谈，很平静地，您明白吗？很平静地谈一谈。现在先谈这个吧，您什么时候第一次……

安妮（她咯咯地笑着挣脱他的手）：不，我没疯。别担心。我神志非常清醒。我必须把什么都告诉您，好让您看出事情有多么严重。现在您都知道了。您打算怎么办？

哈罗德：怎么办？（他慢慢地直起身来，好像知道她头脑清醒，他就如释重负了）我要乘下一趟火车回纽约去。

安妮：那么留下我一个人在人家面前解释这件事吗？

哈罗德：您不是没有我的帮忙就很完美地干起这件事来了吗，对不对？我的天呐，您冷着心肠假造了这些信……

安妮：不是冷着心肠，哈罗德。记住，我是很动心的。

哈罗德：我不相信。（责难地）您写这些信就是为了取乐！

安妮：我当然喜欢写这些信。我写信就是在想您，谈到您……

哈罗德：胡说！不是想我，真的。您不会认为我真是那种能写出这样的……这样的胡话来的人吧？

安妮（伤心）：哦，我不知道。过一会儿，我想，您和我的幻想就混淆不清了。

哈罗德：可是这真让人讨厌……

安妮：哦，我跟别的姑娘没什么不同。我们都是这样的。（回忆着露丝的话，重说一遍）我们必须有个人，可以幻想一下，谈一谈。我想这是因为我们没什么事可干。此外我们又不像女店员那样有真正惊险的经历。

哈罗德（对这点事实感到吃惊）：说这种话真可笑！

安妮：嗻，这是真的。我知道我干过头了。我一旦着手就再无法收手。我也不想收手。它迷住了我。所以我就一直干下来，至于别人，他们爱怎么想就怎么想吧。可是假如您现在就走，人家发现我干的这些事，那他们就会以为我真疯了，或者出了什么更糟的事。那我在这儿就没法活下去，您要明白，没法活下去了。（哈罗德沉默不语）可是如果您留下，那就好办了。只要一两天就行。然后您就去印度。这点要求算过分吗？（做作）那您就把我救出来，让我不至于丢脸、完蛋了！

（哈罗德还是沉默不语，为难。）

安妮（激动起来）：您一定得帮我忙，一定。我对您那么坦白，现在您不能丢下我不管。我这辈子从没跟任何人像这样……这样坦白地讲过话。您不能丢下我不管！要是您撒下我在这儿，让别人笑话我、讥诮我，那我就不知道会怎么样。我会受不了。要是您稍微仁慈点、讲点义气……啊，看在上帝的面上，哈罗德，帮帮我，帮帮我吧！

（她跪在他面前。）

哈罗德：我不知道……我心里乱得很……好吧，我留下来！

安妮：好！太好了！啊，您真好！我早就知道您很好。现在样样事情就都很简单了。（她面前展开前景）我们可以很平静地在这儿待两天。我们不会见着很多人，因为，当然，这没宣布。然后您再走……我会给您写封信……

哈罗德（听到这话吓了一跳）：给我写一封信？干什么？

安妮（坦白地）：告诉您我错了。解除您跟我的婚约……您就回我一封信……很悲伤，却果断……勉强接受我的决定……

哈罗德：哦，我写一封回信，而且要很悲伤、却果断……我的上帝啊！说不定您终究不放过我。

安妮：别犯傻，哈罗德。我保证放过您。您不信任我吗？

哈罗德：信任您？（他的目光很快地从乱放着信和电报的桌子移到装饰屋子的花上，又回到桌子上，最后移到现在显眼地挂在她胸前的戒指上。她跟踪他的目光，本能地把她的一只手放在戒指上）信任您？哪里的话！不，我不信任您！这是真荒唐，我一分钟也不待了。您对人家爱怎么说就怎么说，反正我走了。这就完了。

安妮（慢慢走到窗前去）：您现在不能走。我听见母亲和露丝来了。

哈罗德：这就更有理由了。（他找他的帽子）我跑出去好了。

安妮（堵住门）：您不能走，哈罗德！别把我逼急了。您要是走，我就要像野猫似的跟您拼了。

哈罗德：拼了？

安妮：是的。您要是现在跑掉，那您就会露脸了。她们会认为您是流氓，彻头彻尾的流氓！她们不是每个礼拜都看见您来信，还有您送来的礼物吗？您也给母亲写过信……我这儿有您的信。她们会把您说得恶贯满盈。她们会说您为了巴西的英国姑娘把我抛弃了。这也会是真的，这会传出去，她会听到，我担保会这样……然后……

哈罗德：可这完全是谎话！我可以解释……

安妮：要解释您的信、您送的礼物和您的戒指，那可够您受的。这儿有很多不利于您的证据。

哈罗德：我说，您要讹诈我吗？啊，这太滑稽了！

安妮：她们来了！我听见她们上楼来了！您怎么跟她们说？

哈罗德：讲事实。我得摆脱这件事。我跟您说……

安妮（突然缠住他）：不，不，哈罗德！原谅我，我刚才只不过是试试您。我会让您离开的。留给我来办吧。

哈罗德（要挣脱她）：不，我什么也不会留给您，决不会。

安妮（还是紧紧地缠住他）：哈罗德，记住我是一个女人，而且我爱您。

（这话使他惊讶得愣了一下，这时有人敲了一下门。）

安妮（放开哈罗德）：进来。（外面的人顾虑地停了一下）

凯里太太的说话声（在舞台外）：我们可以进来吗？

安妮（生气地）：进来！

（哈罗德已经向门口走去，正好碰见凯里太太走进来。她搂住他脖子，亲热地吻他。露丝跟着她进来。）

凯里太太：哈罗德！我亲爱的孩子！

露丝（抓住他的胳膊）：喂，哈罗德。我真高兴。

（哈罗德受到这两个女人的热烈欢迎，一时不好意思起来。他刚要说话，安妮演戏似的抢先说话。）

安妮：等一等，妈妈。您先别说话，我得告诉您，哈罗德和我解除婚约了！

（凯里太太和露丝躲开哈罗德，惊吓不已。）

凯里太太：解除婚约了？为什么……怎么了？

哈罗德：真的，凯里太太，我……

安妮（拦住他的话，走到母亲跟前）：妈妈，亲爱的，对我耐心点儿，相信我的话，我求求您，请您别问我任何问题，请您别问了。哈罗德和我一块儿度过了很艰难的、很痛苦的一个钟头。我想我再也站不住了。

凯里太太：啊，我可怜的孩子，怎么回事？他干了些什么？

（她在一边扶着安妮，露丝赶忙到另一边去扶着她。）

哈罗德：真的，凯里太太，我想我可以解释一下。

安妮：不，哈罗德，要解释也没用。有些女人感觉到的事，那是没法解释的。我知道我做对了。

哈罗德（绝望地）：凯里太太，我向您担保……

安妮（好像快要发神经病了）：啊，哈罗德，请您，请您不要再提异议。我不怪您。妈妈，您要明白，我不怪他。可是我的决定不能更改。我想您明白。我求您走吧。您正好来得及坐下午的快车。

哈罗德：胡说，安妮，你必须让我……

安妮（狂暴地）：不，不，哈罗德！就这样结束了！您明白吗？结束了！（她挣脱母亲和露丝的扶持，走到桌前去）看，这是您的信。我要把信都烧了。（她把那捆信扔进火里）请您别让这种不能忍受的局面再继续下去。走吧，我求求您，走吧！（她几乎歇斯底里）

哈罗德：可是我告诉您，我必须……

安妮（往后倒在她母亲怀中）：让他走，妈妈！让他走！

凯里太太：对，走吧！走吧，先生！您没看见您把这孩子折磨得多苦吗？请您走吧。

露丝：是啊，她的样子很可怕。

（这时候凯里太太和露丝一齐催他走。）

哈罗德（他没法让她们听他说话）：好吧，我走，我不说了！

（他抓起帽子跑出去，砰的一声关上身后的门。安妮离开母亲和妹妹身边，脚步蹒跚，很快地跑到门口，温和地向下喊叫。）

安妮：别生气，我求求您，哈罗德！我不怪您。再见。（可以听见街门砰的一响。安妮用极好的悲剧方式摆出支持不住的样子，喘气）拿水来，露丝。过一会儿我就好了。

（露丝跑到卧室里去。）

凯里太太：啊，我亲爱的孩子，定一定心，妈妈在这儿呢，亲爱的。她会关心你。告诉我亲爱的，告诉我是怎么回事。

（露丝拿着水回来。安妮喝了一点。）

安妮：我会告诉您，妈妈，我会……什么都告诉您……过一会儿吧。（她喝水）现在我得一人待着。亲爱的，请你们出去……一会儿。我得一人待着，（站起来走到炉火跟前去）我的梦破灭了。（她把两条胳膊放在烟囱架子上，脑袋抵在胳膊上）

露丝：来，妈妈！我们走！

凯里太太：是的，我在。安妮，你需要我们的话，我们就在隔壁屋里。一叫就来。

安妮（等她们走出去，抬起头来，嘟囔着说）：一切都化为灰烬！一切都化为灰烬了！（等到她们走出去，安妮慢慢直起腰来。她刚才的表演弄得她心理上很紧张，现在振作起来。随后她看看手腕上的表，得意地深深叹口气。她的目光落在书桌上，她看见那捆当初放在花上的卡片还在那儿。她拿起来，回到炉火旁边，刚要扔进去，她的眼睛忽然停留在其中一张上面写的字上。她拿出来念。然后她又拿另一张，再拿一张。她停住，梦幻似的往远处看。然后她慢慢地走回书桌跟前，把卡片扔进一个抽屉里，锁起来。她沉思着，在书桌旁坐下，她面前铺开的一张纸好像把她的心抓住了。她好像在梦中似的，拿起一

支铅笔。她的眼睛射出渴望创作的目光。她把下巴放在左胳膊上，开始慢慢地写字，嘴里嘟囔着，一边写一边念）"安妮，我最亲爱的……我在火车上……灰心了，泄气了……为什么您这样对待我呢……为什么您使得太阳黯淡无光……为什么您扑灭星星的亮光……扑灭星星的亮光呢……安妮，再给我一次机会吧……我要弥补一下……我向您保证……看在上帝的面上，安妮，不要把我从您的生活中完全赶出来……我受不了……我……"

（在她写字的时候，幕徐徐落下。）

（侯一农）

傲慢与偏见

时间：某天。

地点：班家及舞会场地。

人物：班奈特先生、班奈特太太、简、伊丽莎白（莉兹）、玛丽、凯瑟琳、莉迪亚、威廉·柯林斯先生、女仆。

背景：凡是有钱的单身汉，总想娶位太太，这已经成了一条举世公认的真理。班奈特太太当然也不例外，一心想着怎样把自己的女儿嫁给这样一位如意郎君。但是，在她还没有想到怎样将女儿嫁出去时，一位不速之客却即将到来……

【第一幕】

班家饭厅，班奈特夫妻、班家五女同上，女仆随侍。

旁白：凡是有钱的单身汉，总想娶位太太，这已经成了一条举世公认的真理。班奈特太太当然也不例外， 一心想着怎样把自己的女儿嫁给这样一位如意郎君。但是，在她还没有想到怎样将女儿嫁出去时，一位不速之客却即将到来……

班奈特先生（吃着早饭）：亲爱的，今天的晚饭你叫他们准备得丰盛些，我有客人要来。

班奈特太太（惊奇地）：你是说谁要来呢？我可没有听说有什么客人。即使有，准会是夏洛特·卢卡斯。她吃我们的家常便饭就可以，总比她家吃的强。

班奈特先生：我说的客人是一位先生，并不是熟悉的。

班奈特太太（双眼一亮）：哦，天啊！是位先生，是谁呢？我猜一定是宾利先生。简，这事你怎么就没透过一点口风？这个小滑头！要命！今天恰好没有鱼了。莉迪亚，快拉铃，乖乖，我必须现在就吩咐希尔。亲爱的你怎么不早说？我一定要把晚饭准备得非常丰盛。

班家五女相互私语（杂乱地）：宾利先生要来吗？爸爸怎么不早说？他是来请我们参加舞会的吗？简，他是来看你的吗？

班奈特先生（得意地）：女士们请静一静！（众人安静）不是宾利先生，是我第一次见的客人。（众女表示惊讶）这里有一封信，我收到有一个多月了，回信也快有半个月了。我觉得这封信应该慎重对待。来信的是我的外甥柯林斯先生。等我死后，他就要来继承我的遗产，把你们从这屋子里赶出去了。

班奈特太太：天啊，怎么会有这么惨无人道的事情啊！亲爱的你行行好，别提这个要命的人吧。你自己的亲生女儿得不到你的财产，反倒让外人得去。这世上还有比这更痛心的事吗？你不想办法对付，还让我好好招待他，这像什么话啊？我可怜的神经啊……

简（认真地）：妈妈，这是财产继承法里规定的，我们无权更改。柯林斯表兄是我们最近的亲戚，所以只能由他来继承。

班奈特先生：亲爱的，如果我们有个儿子的话，这样的事情是不会发生的。

班奈特太太（生气地）：你是怪我没有为你生个儿子吗？可是我们已经有五个美丽的女儿了，为什么这样不合情理的事情还会发生呢？要生儿子，你找别人生去！我可怜而又脆弱的神经啊……

班奈特先生：这件事当然有些不太合理，但是你可以看看他的信，看他怎么说的。这样或许你那脆弱的神经会得到一点安慰。

班奈特太太：不行，我怎么可能安慰得了？他的信里一定满是虚伪的谎言。我讨厌这样的伪君子。他老子以前和你吵得不可开交，为什么他不再吵下去？

班奈特先生：我的好太太，你就听一听吧，看起来他还有几分孝心的。（念信）"舅父大人，舅父曾与先父有过嫌隙，一直令外甥深感不安。先父辞世后，外甥常存捐嫌修好之念……外甥蒙凯瑟琳伯爵夫人的青睐，现在本教区教会供职。外甥身为牧师，当以使人之家庭和睦为职责。因此外甥认为舅父对产业将为外甥继承一事定会心存芥蒂，务必接纳外甥所抛橄榄枝。关于令爱因此蒙受损失一事，外甥深感不安。舅父如不嫌弃，外甥将于星期一下午四时至府上拜谒。威廉·柯林斯。"（叠信）所以我的好太太，我们就等着这位先生四点钟来讲和吧。

（众人下场。）

【第二幕】

班家客厅、饭厅，班奈特夫妻、五女同上，女仆随侍。

班奈特太太：不管怎么说，他提到我几个女儿的情况还算合理。如果他真的愿意补偿一点，我倒会很欢迎他。

简：妈妈。虽然不知道柯林斯先生打算对我们进行哪些补偿，但是他有这个心意就难能可贵。

伊丽莎白：我倒觉得他是个怪人。他装腔作势，既要继承产业，又谈什么内疚。爸爸，你说他是个有头脑的人吗？

玛丽（傲慢地）：就他信中的文字而言，倒没什么不妥的地方。橄榄枝的比喻虽不新颖，但却很贴切。

莉迪亚（兴奋地）：爸爸，柯林斯先生会穿军装吗？

凯瑟琳：妈妈，你说，柯林斯先生会和维克汉姆先生一样帅气吗？

（威廉·柯林斯先生上。）

柯林斯先生：舅父大人，舅母大人，非常荣幸能够来您家拜访，外甥感到无比荣耀。

班奈特先生：亲爱的外甥，请随便坐吧。

（班家五女对其回礼。）

柯林斯先生：哦，这五位想必就是我那貌美的表妹们吧。她们的美貌我早有耳闻。现在亲眼见到，果然名不虚传。（看了班奈特太太一眼）我想她们以后一定都能够嫁个好人家！

班奈特太太（满脸笑容）：先生，非常感谢你的好意。我从心底里希望她们以后真能如你所言。要不然，她们就太可怜了。你知道这世上的事总是这样

第三篇 外国部分

215

奇怪的。

　　柯林斯先生：您大概指财产的继承问题吧？

　　班奈特太太：哎呀，说的正是啊！先生，你一定知道，这事对我的五个女儿来说是很不幸的。不是我故意要和你过不去，我也知道现在这一类的事都在于机缘，产业继承要限定，谁能拿到很难说啊。

　　柯林斯先生：太太，几位表妹的苦处我完全能理解。我也正是为此事而来。只是初来乍到不便贸然提及。但我可以说，我是怀着对她们的一片好意来拜访的（从椅子上站起来鞠躬）。现在我们尚且生疏，但等以后熟悉些，或许……

　　（女仆喊开饭，众人来到饭桌前依次坐好。）

　　柯林斯先生：哦，这厅堂布置得真是高贵典雅！那镜子，真是精美！那墙壁，真是……嗯，洁白。哦，看这餐具、这桌椅、头上的吊灯，仿佛就像是在宫廷里一样。啊——

　　班奈特先生：好外甥，你怎么了？

　　柯林斯先生（脸红）：哦，先生，没什么，我想可能是衣摆上的扣子刮伤了我。

　　莉迪亚（笑）：柯林斯先生，你那把椅子有些旧了，应该是钉子冒出来刮了你的衣服吧？

　　（众女笑。）

　　（女仆上菜。）

　　柯林斯先生：哦，看这菜色，多么精美。不知道我是否有幸知道这是哪位美丽表妹的手艺呢？

　　班奈特太太（不悦地）：先生，我们的家境虽然不算好，但是请一两个高明些的厨师还是可以的。我的女儿们还没有到亲自下厨房的地步！

　　（女仆收拾饭桌，众人回到客厅。）

　　班奈特先生：好外甥，你在信中提到的那位凯瑟琳伯爵夫人，是个什么样的人呢？

　　柯林斯先生（无比自豪）：哦，据我所知，没有人比她待人更谦和的了。我非常荣幸承蒙她的厚爱。她还曾两次邀请我去她府上用饭。许多人可能觉得她傲慢，可事实上夫人她非常谦和。她不止一次劝我尽早结婚。她还来过我的牧师府一次，对我的布置提了很多宝贵意见。

凯瑟琳（好奇地）：先生，是怎样的意见呢？

柯林斯先生：就是，在楼上的壁橱里添装几个架子。

班奈特太太：这样好的夫人，她有子女吗？

柯林斯先生：只有一个女儿，是财产继承人呢。（赞美地）我敢说，她是我见过的最漂亮的千金小姐了。就是身体不太好，很少去宫里引见。我有一次对夫人说，因为她的千金去不了伦敦，英国王宫便失去一颗最璀璨的珠宝。夫人听了非常高兴呢！

班奈特先生：你真会说话。能说出这些巧妙的场面话，对你来说的确是值得高兴的事。请问，这是你灵机一动，还是深思熟虑的结果呢？

柯林斯先生：哦，主要都是灵机一动。夫人常夸我的机变，因为我总是把那些话说得不像是经过事先考虑过的一样。

（班奈特先生暗笑。）

玛丽：柯林斯先生，你喜欢谈论书吗？

柯林斯先生：哦，当然，看书是我的最大乐趣了！（接过玛丽递的书，惊讶地）抱歉，我从不谈小说的。（伊丽莎白惊讶，那本书是《唐璜》。柯林斯先生在书架挑选）啊，我看我们来谈论这本书好了。（《女儿经》）

莉迪亚（张大了嘴，十分惊讶）：妈妈，你知道吗？菲利普姨父说要把查理赶出门。我想星期六去姨妈家里。

简：莉迪亚，不要随便打断客人说话。

柯林斯先生（不高兴）：我已经多次发现，年轻姑娘对严肃的书缺少兴趣。尽管这些书都是为她们而写的。对她们来说，明明开导是十分重要的事。当然，我不会勉强我这位小表妹的。

简：先生，非常抱歉莉迪亚打断了您，请您继续说下去吧。我担保不会再出现类似的事了。

柯林斯先生：哦，我不会计较这件事的。我相信这位小表妹不是故意的。我有些累了，要回房休息了。（下场）

（众人随后同下。）

217

【第三幕】

五个女儿的房间、班家的客厅,五女同上。

旁白:班奈特家的五个姑娘从舞会上回来,对舞会上的场面相互讨论。

凯瑟琳:哦,我真讨厌柯林斯先生,他一进门,就对客厅里的所有摆饰赞美一番。我的耳朵都听出茧子了!

莉迪亚:就是,真讨厌他那副酸腐样。

简:可是,菲利普姨妈似乎很喜欢他,她一直都在听柯林斯先生说话。

玛丽:他的言辞倒没什么,只是他的牌技,实在糟糕透了,我从没见过惠斯特牌打得这么糟糕的。明明输了钱心疼得要死,还要说"太太,这只是小事一桩。我的处境并不算坏,五先令不算什么",哦,真是虚伪。莉兹,他似乎一直缠着你呢?我真惊讶你的两支头舞居然是和他跳的。

伊丽莎白(无奈地):是的。柯林斯先生突然间邀请了我,我都来不及拒绝。

简:莉兹,我还看见他和你说话来着。

伊丽莎白(模仿柯林斯先生的腔调):伊丽莎白小姐,你的舞姿真是优美!伊丽莎白小姐,我觉得你真是聪明活泼!伊丽莎白小姐!伊丽莎白小姐!哦!(扶头坐下)简,你知道吗?他居然不经人介绍自己就去找达西先生了!就因为达西先生是那伯爵夫人的外甥!

(其余人惊讶。)

简(慢慢地):我想,柯林斯先生一定没想到在这里会看见凯瑟琳伯爵夫人的外甥,所以一时激动吧。你没有阻止他吗?

伊丽莎白:要我怎么阻止呢?(模仿柯林斯先生)"伊丽莎白小姐,你对你所知道范围内的事总是很清楚的。但是容我解释,牧师和一般人不同,所以所遵循的礼仪也不同。对于这件事,我认为自己比你这样的年轻小姐更会选择进退。更何况凯瑟琳夫人对我如此谦和,相信她的外甥也是一样谦和待人的"。我还能说什么呢?

玛丽(好奇地):那达西先生的表现如何?

伊丽莎白（没好气）：你觉得以达西先生的傲慢劲儿，会有谦和的表现吗？可悲的是，我们的柯林斯表兄似乎还觉得达西先生很看好他。

（众女下。客厅内柯林斯先生和班奈特太太在密谈。）

柯林斯先生：太太，对您的五个女儿的美貌，我早有耳闻，也听说她们都未订婚。我想的是，既然我说了来府上拜访是想一个方法补偿表妹们的损失，那，你看……这个……

班奈特太太（欣喜地）：先生，您想说的我知道！您但说无妨。

柯林斯先生：嗯，按照传统，一般在姐妹兄弟中都是年长的先来……

班奈特太太（微笑）：先生，我的几个小女儿，我不能说——我不能肯定——不过呢，我还没有觉察出什么苗头。不过最大的女儿我得提一提，我觉得我应该说一句——大概过不了多久就会订婚的。所以……

柯林斯先生：哦，没什么。我想，伊丽莎白小姐和简小姐一样美丽可爱。

班奈特太太：先生，您真是有眼光！太有才华了！

（两人下。）

【第四幕】

班家客厅，班奈特太太、班家五女及柯林斯先生同上。

柯林斯先生（上前对班奈特太太鞠躬）：太太，今天上午我能否与你的宝贝千金伊丽莎白小姐单独谈谈？

班奈特太太（高兴地）：哦，那是理所当然的啦！我想莉兹会很高兴的。走吧，女儿们，我们有事上楼去。

伊丽莎白（满脸通红，焦急）：妈妈，你别走，我求你千万别走开。柯林斯先生一定不会怪我的。他没有什么别人不方便听的话。要不，我也走好了。

班奈特太太：那不行，那可不行！这是哪的话？我看你就在这里吧，哪都别去。我非叫你在这里和柯林斯先生谈谈不可！

（其余人下。）

柯林斯先生：亲爱的伊丽莎白小姐，请相信我，你的羞怯不但没有对你造成任何损伤，反而使你显得更完美。你的少许不情愿在我眼里反而显得更为可

爱。有句话我不得不说，我今天找你谈是得到了你母亲大人的认可的。你不可能会怀疑我谈话的目的，因为我的殷勤毫无遮掩，不至于会让人猜错。我一走进这地方，就已经选中你作为我未来的生活伴侣。但是，请先把我们要诉的衷肠放一边，先谈谈我要结婚的原因。是的，挑选妻子的确是我来的目的——

伊丽莎白（忍笑）：柯林斯先生……

柯林斯先生（继续一本正经）：我要结婚的第一个原因是，我觉得每一个无牵无挂的牧师，像我，都应该为他所在的教区树立一个婚姻的榜样。第二个原因是，我相信结婚将是我增进幸福的契机。第三个原因是，凯瑟琳夫人曾不止一次说"柯林斯先生，像你这样的牧师非结婚不可"。表妹，我相信夫人一定会喜欢你的聪明活泼，再加上你也知道何时应该文静沉稳，所以这就是我打算结婚的原因——

伊丽莎白（提高音量）：柯林斯先生。

柯林斯先生：现在我再来谈谈为什么我来浪博恩挑选妻子。其实我那一带有很多可爱的姑娘。无须多言，一旦令尊大人仙逝，我将继承这儿的产业。我想唯有我迎娶了这家的哪位女儿，你家才不至于受到过大的损失。所以如果不这样做，我的内心难以安定。表妹，这就是我的动机和理由。现在，别的事都没什么好谈的了，只有我强烈的爱慕还有待用最有力的语言向你倾诉。我对财产看得非常淡薄，何况你的名下也没有多少财产。你放心，结婚后我没有半句怨言的。

伊丽莎白（非常急切）：先生，你太心急了！别忘了，我还没有给你回答。请你听我说，非常感谢你对我的美意，请务必接受我的感谢。我知道，你提出求婚是我的荣幸，但是，我别无选择，只有拒绝。

柯林斯先生（一挥手）：我早知道，男人第一次求婚时姑娘是会照例拒绝的，即使内心其实很想答应。所以听到你刚才的几句话我并不气馁，仍然满怀希望，等不久之后和你结成百年之好。

伊丽莎白（无语地）：先生，请原谅我的坦率。在我把话说得那么明白之后，你如果还抱希望，就很莫名其妙了。即使有姑娘那么缺乏头脑，认为让男人多求一次婚就会得到幸福，那我也不是那种人。我的拒绝完全是发自内心的。我无法从你那里得到幸福，也肯定不能使你得到幸福。我相信你那位夫人也一定会这样说的。

柯林斯先生（庄重地）：凯瑟琳夫人的看法只是个假设。你等着吧，我回去见到夫人，一定会把你夸个够的。

　　伊丽莎白（焦急地）：先生你不必夸我，我是个怎样的人我自己知道。我的话请你务必相信。我现在拒绝你的求婚是全心全意的成人之美。你既然已经向我求过婚了，那么，你对我家的内疚之心就可以放下了。所以，这事到此完结了。（站起身来向外走）

　　柯林斯先生（尴尬地）：下次我有幸向你提及此事的时候，希望你能给我一个有利的答复。现在我并不怨你太无情。因为我知道女性素来有这个习气，男人第一次求婚时总是拒绝得很巧妙。其实你刚才说的话正好证实了这个习气，给了我再追求的勇气！

　　伊丽莎白（大喊）：柯林斯先生，你这人真是让人无语！如果我刚才说的话让你听了会产生勇气，那我真不知道怎样拒绝才能使你相信这是拒绝！

　　柯林斯先生：我可爱的表妹，你的拒绝不过是走过场。我这样说是因为，我提出的亲事是一门十分理想的亲事。我的社会地位和与你家的关系都是我具备的有利条件。你还是好好考虑吧。尽管你有很多动人之处，但是否有第二个人向你求婚还很难说。实在是因为你的陪嫁太少。所以我才会觉得你拒绝我并不是真的。你只是想让我一时得不到你而更爱你而已。

　　伊丽莎白（气愤地）：先生，我明确告诉你吧，我根本不是那种喜欢玩弄手法、有意为难人的女人。我只是想叫你认可我的诚恳。但要我答应绝对不可能！我无法说服自己。难道我还说得不够清楚吗？请明白我是一个很理性的人，讲出的是出自内心的实话。

　　柯林斯先生（尴尬地）：你总是那么可爱。我相信，只要你的双亲认可，父母命难违，我的求婚就不愁成功。

　　伊丽莎白（生气）：对不起柯林斯先生，我的父亲从来不勉强我做我不喜欢的事情。所以我想你的求婚是绝无可能成功的了。对你的一厢情愿、一意孤行我实在是无话可说了。你就继续在这坐着吧，我有事先走了。（大步出门）

　　（柯林斯先生干坐了一会，悄然而下。）

　　　　　　　　　　　　　　　　　　　　　　　　　（段晓琴）

项　链

【第一幕】

时间：某天上午、下午。

地点：家中、朋友家中。

人物：路瓦栽、玛蒂尔德、女仆、弗莱斯杰。

背景：这是为什么？难道我没有其他女子美丽，不，不是的。哦，天哪！我比任何女子都美丽，可是我却没有过上高雅和奢华的生活，这都是命运的捉弄。为什么我这么命苦？难道我注定要与那个可怜的贫穷的小职员共度一生？

道具：台子、两把椅子、铜镜、汤锅。

（柔和的背景音乐响起，玛蒂尔德上台。）

（淡黄色的光束包围着她，玛蒂尔德开始内心独白。）

玛蒂尔德（带有些许伤感的语调）：（拿起手中的铜镜，用手掠了掠头发，尽力地端详自己，侧对观众）我是一个美丽动人的姑娘，我拥有美丽、丰韵娇媚、天生的聪明、高雅的资质与温柔的性情（放下铜镜）。可是我却生在了一个小职员的家里，我无法让一个有钱的体面人认识我、了解我并爱上我、娶我。（以下这段话语调变激动，与此同时，一脸穷酸气的路瓦栽慢慢地走上台，靠近玛蒂尔德。背景音乐停）这是为什么？难道我没有其他女子美丽，不，不是的！哦，天哪！我比任何女子都美丽，可是我却没有过上高雅和奢华的生活，这都是命运的捉弄！为什么我这么命苦？难道我注定要与那个可怜的贫穷的小职员共度一生……（说着用手指向远方，不料却正指中了路瓦栽，她有些吃惊，但转瞬间就"哼"了一声，一跺脚，侧背着路瓦栽）

路瓦栽（带有一些关心、一些惊讶）：哦，玛蒂尔德，你这是怎么了？

玛蒂尔德（生气地）：哼！

（这时候女仆上。）

女仆（恭敬地）：先生，太太，肉汤煮好了，请用饭。

路瓦栽（温柔地）：来（搂住玛蒂尔德），我们去吃饭吧！

（玛蒂尔德挣脱了路瓦栽，但随同他一起走到饭桌前。）

玛蒂尔德与路瓦栽移到饭桌前的椅子上，女仆把肉汤端到桌上，却不小心把汤溅了些出来。

女仆：哎呀……

玛蒂尔德（埋怨地）：你看你，连一碗汤都端不好！

女仆（恭敬地）：对不起，太太。

路瓦栽（小声地）：快，下去吧！

（女仆想要下台。）

玛蒂尔德（嘟哝着）：勃雷大涅省的贱货！

女仆（转过身来，尽力克制住怒气的样子）：太太，我已经忍受你很久了！从我第一天到你们家，你就百般刁难我，我已经尽力而为了，我实在是不知道为什么您如此看不惯我，我，我不干了！（把身上的围兜解下，摔在地上）

路瓦栽（离开座位，奔上去，赔笑）：别，您别这样。（想把她拉回来）

玛蒂尔德（傲慢地，慢慢站起，指着女仆）：让她走吧，这样的仆人，还留着做什么？

（女仆哼了一声，拂袖而出。）

路瓦栽（焦急地走到玛蒂尔德身旁，关心并带有一丝疑惑）：玛蒂尔德，你怎么了，是出了什么事吗？

旁白（此时灯光要打在玛蒂尔德身上）：可是玛蒂尔德没有回答，现在的她，正幻想着那幽静的殿堂、华美的小室与精美的晚餐。她梦想有朝一日能一边享用着用纯金的餐具切食粉红色的鲈鱼或者松鸡翅膀，一边带着迷人的微笑与最亲密的英俊男友闲谈。她被这些事物所迷醉了。

【第二幕】

人物：玛蒂尔德、路瓦栽。

道具：请柬。

旁白：路瓦栽先生是深爱着玛蒂尔德的，他知道他美丽的妻子一直想要接触上流社会，于是这天……

（玛蒂尔德原本就站在台上，旁白一说完，路瓦栽就上台。）

路瓦栽（快速走到玛蒂尔德身前，欣喜并得意扬扬地）：看呀，玛蒂尔德，这里有些东西给你。

玛蒂尔德（高兴地）：是吗，是什么？

（路瓦栽递给玛蒂尔德请柬。）

玛蒂尔德（抽出请柬）：教育部长乔治·朗伯诺及夫人，恭请路瓦栽先生与夫人于一月十八日（星期一）光临教育部礼堂，参加晚会。（她把信慢慢放下，思索了一会儿，然后把信往丈夫的怀中一丢）你叫我拿着这东西怎么办？

路瓦栽（结结巴巴、手足无措地）：但是，亲爱的，我原以为你一定很喜欢的，你从来不出门，这是一个机会，一个绝好机会。（愁苦地、委屈地）我费了很大力气才弄到手，大家都希望得到，可是很难得到，一向很少发给职员。你在那里可以看见所有的官员。

玛蒂尔德（怨怼地看着路瓦栽，身子一侧，不耐烦地大声说）：你打算叫我怎么去呢？

路瓦栽（快步走到玛蒂尔德面前，结结巴巴地）：你上戏园子穿的那件衣裳，我觉得就很好，照我看……

（玛蒂尔德用手擦了擦眼泪，抽抽泣泣地哭了起来。）

路瓦栽（惊慌失措地）：你，你怎么了？怎么哭了？我亲爱的玛蒂尔德，你怎么了？

玛蒂尔德（哭了好一会儿，终于平静）：没有什么，只是没有一件像样的衣服，我不能去参加这个晚会。你的同事，谁的妻子打扮得比我好，就把这请

束送给谁去吧！（说到这里，又哭了出来）

路瓦栽（也难受起来）：好吧，玛蒂尔德。做一身合适的衣服，你在别的场合也能穿，很朴素的，得多少钱呢？

玛蒂尔德（想了几秒钟，迟疑地）：准数呢，我不知道，不过我想，有四百法郎就可以办到。

（路瓦栽退了几步，抬头看了看天花板。）（音效响起。）

旁白：这个可怜的贫穷的小书记当时有些吓坏了，但是他恰好存着这么一笔款子，预备买一杆猎枪，好在夏季的星期天，跟几个朋友到南戴尔平原去打云雀。然而他为了自己亲爱的妻子，却说——

路瓦栽（决然地）：好吧，我给你四百法郎。（转为温柔地、体贴地）不过你得把这件衣服做得好看些。

【第三幕】

人物：玛蒂尔德、路瓦栽。

旁白：夜会的日子近了，但是路瓦栽夫人显得郁闷、不安、忧愁。她的衣服已经做好了，她丈夫有一天晚上对她说——

路瓦栽（关心地）：你怎么了？这三天来你非常奇怪，是不是得了什么病了？

玛蒂尔德（埋怨地）：我处处带着穷酸气，就算衣服做好了，但是我连一件可以作为点缀的首饰也没有，你叫我怎么去参加这个晚会……

他（想办法）：戴上几朵鲜花吧，别在胸前与肩上装点一下，这个时节是很时兴的！

玛蒂尔德（不依）：在阔太太中，这样的点缀算得了什么呢？难看死了！

旁白：她丈夫为她出了许多主意，最后——

路瓦栽（一拍手，站起，喜悦地）：你不是有一个称为弗莱斯杰夫人的朋友吗？你和她的交情非比寻常，想来你去问她借几件首饰是不成问题的。

玛蒂尔德（站起身围着路瓦栽转了一圈，心花怒放地）：真的呢！我怎么就没有想到！

【第四幕】

人物：玛蒂尔德、弗莱斯杰、仆人。

道具：桌子、椅子、项链幻灯片、钻石项链一挂、镯子、十字架、珍珠项圈。

旁白：第二天，玛蒂尔德到她的朋友家中。

玛蒂尔德（热情地）：哦，弗莱斯杰。

弗莱斯杰（热情地）：哦，你好，玛蒂尔德。

旁白：两人走到桌前坐下了。

（仆人上。）

仆人（恭敬地）：太太，咖啡。

玛蒂尔德（微笑着）：谢谢！哦，弗莱斯杰，你家的仆人也这样懂礼貌。

弗莱斯杰（微笑着）：今天来找我，是为了什么事？

玛蒂尔德（愁苦地）：哦，弗莱斯杰，我遇到麻烦了。

弗莱斯杰（关心地）：怎么了，我亲爱的玛蒂尔德？

玛蒂尔德（感觉难以开口地）：是这样的，我丈夫前几天接到了教育部发来的请柬，请柬上说让我们去参加夜会，我恰好做了一件新衣服所以很乐意去，不过……你是知道的，我平时就很朴素，所以没有什么首饰……

弗莱斯杰（微微一笑离开座位，走到后台，取出一只大匣子，拿过来并打开，甜美地）：挑吧，亲爱的。

玛蒂尔德（高兴地）：哦，太谢谢你了，弗莱斯杰……

旁白：玛蒂尔德边说边做。玛蒂尔德先看了几副镯子，又看了一串珍珠项圈，随后又看了一个威尼斯式的镶着宝石的金十字架，做工非常精巧。她在镜子前试这些首饰，犹豫不决，不知道该拿起哪件、放下哪件。最后她问道——

玛蒂尔德（犹豫地）：没有别的了吗？

弗莱斯杰（微笑着，但有些不耐烦）：还有呢，你自己找吧，我不知道哪样合你的意。

旁白：忽然，玛蒂尔德在一个青缎子盒子里发现一串精美的钻石项链。那是一挂闪耀着透亮光华的钻石项链，一颗颗硕大的钻石平整地镶嵌在纯银的链坠上，璀璨夺目。玛蒂尔德高兴得心快跳出来了。她双手拿着那项链发抖，即使在珠宝店中，她也从未看过这样硕大美丽的钻石，这真是稀世珍品呀……玛蒂尔德心想。她把项链绕着脖子挂在她那长长的高领上，站在镜前对着自己的身影出神了好半天。终于，她开口了——

玛蒂尔德（迟疑而焦急地）：你能借我这件吗？我只借这一件。

弗莱斯杰（微笑着，不假思索）：当然可以。

玛蒂尔德（狂喜地）：哦，你太好了！弗莱斯杰，谢谢谢谢，再见！（带着这件宝物飞奔而去）

【第五幕】

人物：众男宾女宾、男宾一、A、B、C。

道具：个人的舞台服、桌子、高脚杯若干。

旁白：夜会的日子转眼便到了。

（室内，众男宾与众女宾。玛蒂尔德挽住她丈夫的手，步入室门，所有的男宾马上停下讲话，一齐盯着她看，玛蒂尔德微笑着摆出雍容华贵的姿态，马上就有男宾来邀她跳舞。）

男宾一（引诱的神态，微笑着，彬彬有礼地）：小姐，我能请你跳支舞吗？

玛蒂尔德（心中狂喜，尽力地控制自己，脸上还是高贵的样子）：当然可以！（从路瓦栽的臂弯中抽出，踱步上前，把手给男宾）

（圆舞曲放。）（接下来集体跳舞或纷纷拿起台上的高脚杯喝酒。大约维持了一段时间，这期间有人询问路瓦栽。）

A（用胳膊肘碰碰路瓦栽并指指玛蒂尔德）：嗨，她是你女人？

路瓦栽（有些许尴尬）：是啊！

A（讽刺地）：不会吧？果然是一朵鲜花……啊，哈哈……（走开）

（过了一会儿。）

B&C（醉了）：兄弟你也一个人在这里？

路瓦栽：是啊。

B：你老婆呢？

路瓦栽（尴尬地）：在那里跟别人跳舞。

C：哈哈，同病相怜，走吧，我们一起到小客室睡觉去。

（B&C拖着路瓦栽走了……）

（玛蒂尔德依旧狂舞着，场面持续15秒。）

【第六幕】

人物：路瓦栽、玛蒂尔德。

道具：铜镜、演出服、桌子和椅子。

旁白：直到凌晨四点，宴会才散了，玛蒂尔德恋恋不舍地望着这间富丽堂皇的屋子，直到路瓦栽把一件很朴素的衣服披在她的肩上——

玛蒂尔德（冷冷地）：我不要披这件衣服。（把衣服拉下）

路瓦栽（重又把衣服拉上去，温柔地）：不披衣服要着凉的。

（玛蒂尔德还是把衣服拉下，不管丈夫，独自朝门外走。）

路瓦栽（追上去，关心地）：等等，玛蒂尔德，你到外边要着凉的，我去叫一辆马车来。（离去）

旁白：他们费了好大的劲才找到一辆破马车，到家的时候，已是天将拂晓，玛蒂尔德进了屋子，跑到镜子前边，为的是趁着这荣耀的打扮还在身上再端详一下自己，但是，她猛然喊了一声——

玛蒂尔德（极度惊慌地）：啊……

路瓦栽（已脱了一半衣服，也有些惊慌）：什么事情？

玛蒂尔德（极度惊慌地）：我……我……我……我丢了弗莱斯杰夫人的那条项链……哦，天哪！怎么办！

路瓦栽（极度惊慌地，但很理智）：什么……怎么啦……怎么会有这样的事！来，快找找……

旁白：他们在长衣裙褶里、大衣褶里寻找，在所有的口袋里寻找，然而始终没有找到。

路瓦栽（长长叹了一口气）：你确定离开舞会的时候它还在？

玛蒂尔德（惶恐地确认）：是的，在教育部的走廊上我还摸过它呢！

路瓦栽（肯定中带有一些气急）：一定是丢在车里了。

玛蒂尔德（有一些高兴而更多的是惶恐）：是的，很可能，你记得车的号码吗？

路瓦栽（颓废地）：不记得。

旁白：他们惊慌地面面相觑。后来，路瓦栽重新穿好衣服。

路瓦栽（决然地）：我去把我们走过的路再走一遍，看看会不会找到。

（路瓦栽走了出去，玛蒂尔德坐在一张椅子上，一点也提不起精神来。）

旁白：七点钟光景，她丈夫回来了。

（玛蒂尔德一下子从椅子上站起，她与她丈夫相互对视了几秒，她丈夫摇了摇头，她又颓然坐下。）

路瓦栽（平静却有些生硬地）：应该给你朋友写信了，说你把项链的搭钩弄坏了，正在修理，这样我们才会有周转的时间。

旁白：于是，她照他说的写了信。

【第七幕】

人物：玛蒂尔德、路瓦栽、老板。

道具：项链盒子。

旁白：整整一个星期，他们东奔西跑寻找那串钻石项链，可是大海捞针，又怎么能够找到，一下子，路瓦栽好像老了五岁，他们所有的希望都破灭了。

（路瓦栽与玛蒂尔德上到台中心。）

路瓦栽（决然地）：应该想法赔偿这件首饰了。

玛蒂尔德（迟疑了一下）：好吧，只能这样了，我们去那个盛项链的盒子上刻有的招牌字号找找看吧。

旁白：于是，他们来到了那家珠宝店，可是——

（玛蒂尔德递给老板那只盒子。）

老板（仔细地看了那只盒子）：太太，这串项链不是我卖出的，我只卖出了这只盒子。

229

路瓦栽：那么老板，您知道哪里可以买到相同的钻石项链吗？

老板（细想）：根据你的描述，好像我在皇宫街的新珠宝店看见过这串项链……

路瓦栽和玛蒂尔德（欣喜地）：谢谢！（疾步而走）

老板：哎，盒子不要忘了拿走啊！

（路瓦栽回过头再去拿。）

【第八幕】

人物：弗莱斯杰、玛蒂尔德、路瓦栽。

道具：项链。

旁白：于是，他们来到了皇宫街的新珠宝店，在那里，他们看见一串相同的钻石项链，标价四万法郎，老板让了价，只要三万六千法郎。他们恳求老板，三天以内不要卖出去，他们又约定，原来那串如果在二月底以前找着，那么老板可以拿三万四千法郎收回这一串。

路瓦栽现有父亲遗留给他的一万八千法郎，其余的，他得去借。

他开始借钱了。向这个借一千法郎，那个借五百法郎，从这里借五个路易，从那里借三个路易，他不断地在各种借据上签下自己的名字，却不知道能否保证信用。未来的苦恼，将要压在身上的残酷的贫困、肉体的苦楚、精神的折磨，在这一切的威胁之下，他把三万六千法郎放在珠宝店的柜台上，取来那串新的项链。玛蒂尔德送还项链的时候，弗莱斯杰夫人带着一种不满意的神情对她说——

弗莱斯杰（不满意地）：你应该早些还我，也许我早就要用到它了。

（弗莱斯杰夫人没有打开盒子，她的朋友正担心她打开盒子。如果她发觉是替代品，她会怎样想呢？会怎样说呢？她会把她的朋友当作一个贼吗？）

【第九幕】

人物：玛蒂尔德、路瓦栽。

道具：垃圾两袋、盘、碗、碟、抹布、水桶、篮子、笔、纸。

（路瓦栽与玛蒂尔德上台，路瓦栽站着，玛蒂尔德坐着）

路瓦栽（颓废地）：现在我们怎么办？财产没有了，房子没有了，什么都没了，可是我们还要偿还那笔骇人的债款……

玛蒂尔德（打断路瓦栽的话）：我决定了，我要偿还这笔可怕的债款，明天我们就搬走，我会想办法去找工作。

（灯光暗下。）

【第十幕】

人物：玛蒂尔德。

旁白：前部分不变，直到最后。

（灯光全部打在玛蒂尔德身上，玛蒂尔德回过身面向观众。）

旁白：此时的玛蒂尔德回想起了她十年来生活的一切艰辛，回想起了那条璀璨夺目的项链，回想起了那个夜会时的自己。她也曾是一个美丽动人的姑娘。此刻，她终于什么都明白了，这一切的一切都是上天的安排，都是上天要惩罚她的爱慕虚荣而做出的判决，于是她微微一笑。

玛蒂尔德：没关系，现在，我已经不在乎了。

旁白：（放项链幻灯片）人生是多么奇怪、多么变幻无常啊，极小的一件事既可以败坏你，也可以成全你，这就是莫泊桑《项链》一文的最终主题，也是我们今天这部课本剧的主旨。

（郑显祖）

守财奴

【第一幕】

时间：18世纪法国资产阶级革命时期，局势动荡。

地点：家中。

人物：父亲葛朗台、母亲葛朗台妻、欧也妮、拿侬。

背景：

18世纪法国资产阶级革命时期，局势动荡，小手工业者、箍桶匠葛朗台囤积居奇，投机倒把，成了资产阶级暴发户。他专横冷酷，吝啬贪婪，把每一个铜子都视作他生命的全部，成了名副其实的守财奴。

葛朗台有个外甥叫查理，因为父亲破产而投奔葛朗台。查理与葛朗台的独生女欧也妮一见钟情并私订终身。但葛朗台不肯把女儿嫁给一个破落户，于是把查理打发到印度去经商。在查理向欧也妮告别之际，欧也妮把自己的全部积蓄送给了查理，查理也把母亲留下的一个贵重、精美的金饰梳妆匣寄存在欧也妮这里。

幕启：舞台中间是一张床，床右边是梳妆台，梳妆台的盒子里有把刀。

（女扶母上，母咳。）

欧也妮：怎么又咳嗽了？

母（摆摆手）：没啥，几十年的老毛病了。

欧也妮：哼！肯定又是那该死的爹！

母：哦！亲爱的！可别这么说！再怎么说他也是你的父亲！

欧也妮：哎，母亲，不是我不孝，父亲太过分了！昨天他又把查理送到印

232

度去了。

母：噢，上帝！（双手合十）查理可身无分文！他是要害死查理？

欧也妮：别担心，我把我的积蓄全给他了。

（二人走进房间，女关门，扶母坐靠在躺椅上。）

母：欧也妮，我的乖女儿，你做得对，不像你父亲把钱看得比命还重。

欧也妮：查理把他妈妈留下的梳妆匣子送给我了。匣子很漂亮，里面还有他妈妈的照片。

母：是吗？拿给我瞧瞧。

欧也妮：嗯。

（女拿梳妆匣，二人同看。葛朗台上。）

葛朗台：屋子里怎么这么亮堂！该死的拿侬居然点了两盏灯！他是想败了这个家吗？该死！真该死！还有我那臭丫头欧也妮，居然把钱送给查理那个穷光蛋，这不是要我老命？不行！今天我还得教训教训她！

（举手欲敲门，听得有说话声，忙住手，侧耳。）

欧也妮（指照片）：母亲你看，这明明是查理的额角，这是查理的嘴。

母（关上匣子）：这是个十分贵重的梳妆匣，欧也妮，你要收藏好，别让你父亲发现了。

葛朗台（推门，闯入）：什么贵重东西？

母：上帝呀，救救我们！

葛朗台（快步上前，抢过梳妆匣）：噢，是金子！（呵气，擦，仔细看）是真金！（掂量）这么多的金子，有两斤重！噢，我明白了，查理把这个跟你换了美丽的金洋，是不是？为什么不早告诉我？这交易划得来，小乖乖。你真是我的好女儿！

欧也妮：父亲！

母：老爷！

葛朗台：这是查理的东西，不是吗？

欧也妮（站起欲抢回）：是的，父亲，是查理的，不是我的。这匣子是神圣不可侵犯的，是别人寄存的东西。

葛朗台（躲过）：咄，咄，咄，咄！他拿了你的家私，正应该补偿你！

233

欧也妮：父亲……

（父退一步，掏刀，撬金。）

欧也妮：父亲！你要干什么？

（扑过去抢，二人争夺，父将女使劲推倒在地。）

母：老爷！老爷！（父接着撬）

欧也妮（下跪，爬到父身边）：父亲，父亲，看在圣母面上，看在十字架上的耶稣面上，看在所有的圣灵面上，看在你灵魂的面上，看在我性命的面上，你不要动它！这个梳妆匣不是你的，也不是我的，是一个受难的亲属的，他托我保管，我得原封不动地还给他！

葛朗台：要是寄存的话，为什么拿来看呢？看比动手更要不得。（继续欲撬）

欧也妮（怒号）：父亲，不能动呀，你让我见不得人啦！父亲，听见没有？

母：老爷，求你！（父继续撬）

欧也妮（凄厉地）：父亲！

（拿侬上场。欧也妮从手边拿起一把刀子，双手颤抖，握着刀。）

葛朗台（冷笑着）：怎么样？

母（捂着胸口，难受状）：老爷，老爷，你要了我的命了！

欧也妮：父亲，你的刀要是把金子碰掉一点，我就用这刀结果我的性命。（用刀抵着自己的脖子）你把母亲害得只剩下一口气，你还要杀死你的女儿。好吧，大家拼掉算了！

葛朗台：你敢吗，欧也妮？

母：她会的，老爷（一字一顿）。

仆（嚷）：她说得到做得到，先生，你这一生总得讲一次理吧。

（父发愣，母晕过去。）

仆（无奈）：哎，先生，你瞧，太太晕过去了！

葛朗台（不屑）：得啦，太太，你用不着吓唬我！

仆（嚷）：先生，太太真的晕过去了。

葛朗台（走上前看究竟）：好啦，太太，（用手拍欧也妮母亲的脸，看见没反应，慌了）我把匣子还给欧也妮就是了。孩子，拿去吧。（右手递出匣子）

欧也妮（接过匣子，抱紧）：父亲，你快来看看母亲怎样了？

葛朗台：没事，宝贝，你母亲马上就会醒过来的。拿侬，快去请裴日冷医生。

仆：是，先生。（下）

葛朗台：没事了，宝贝，咱们讲和吧。我不追究你把钱送给查理的事了。

欧也妮：真的？父亲，你不再把我关起来，只让我吃干面包、喝冷水了吗？

葛朗台：不了，不了，你爱吃什么就吃什么吧。（母咳）……啊，你妈妈醒过来了。（过去抓起太太的手）啊！她眼睛睁开了。嗳嗳，妈妈，小妈妈，好妈妈，得啦！没有事啦，咱们讲和啦。不是吗，宝贝？哎！（转身抱一下欧也妮）让她把匣子藏起来吧。可是你得长命百岁地活下去啊，可怜的太太。哎哎，你身子动一下给我看哪！告诉你，圣体节你可以拿出最体面的祭桌，索漠从来没有过的祭桌。

母（虚弱）：天哪，你怎么可以这样对待你的妻子和孩子！

葛朗台：绝不了，下次绝不了！可怜的太太！（从袋里拿出一把银币，数了数，拿回一枚）看，欧也妮，太太，这是给你们的。你不会再把这些送人了吧，是不是，欧也妮？

欧也妮（与母面面相觑）：父亲，把钱收起来吧，我们只需要你的感情。

葛朗台：这就对了。（赶紧将钱装到袋里）咱们和和气气地过日子吧，大家下楼，到堂屋里去吃晚饭，天天晚上两个铜子的摸彩，你们痛快玩吧！嗯，太太，好不好？

母：怎么不好？既然你觉得这样快活。可是我坐不起来呀。

葛朗台：可怜的太太，你不知道我多爱你，还有你，我的儿！去把这个匣子藏起来吧。

欧也妮（半信半疑）：真的吗？

葛朗台：去吧，去吧。不用怕，我再也不提了，永远不提了。

（欧也妮抱梳妆匣下。）

葛朗台：走吧！吃饭去吧！我扶你下去！

母：嗯。

（葛朗台扶太太下。）

235

【第二幕】

人物：葛朗台、裴日冷、欧也妮、拿侬。

时间：晚饭后。

地点：客厅。

幕起：客厅里有一张长桌，葛朗台、欧也妮分别坐在桌子的两边，出奇地安静。

旁白：晚饭时葛朗台想尽一切办法让太太高兴起来，但是太太的病还是不允许她在客厅多待一会儿，于是回房间去了，拿侬已经通知了裴日冷，葛朗台、欧也妮在客厅焦急地等待着。

裴日冷（从右边上）：天知道那箍桶将要干什么，以前巴不得老婆早死，现在居然想起我来了！看他那么有钱，一定要好好地敲他一笔！

（裴日冷敲门，拿侬从左上，开门。）

拿侬：先生请跟我来。（前面带路，裴日冷跟上走进客厅）

葛朗台（见裴日冷进来，忙上前迎接）：裴日冷医生，你可来了。

裴日冷：葛朗台先生，听说你太太病得很厉害。

葛朗台：哎，她现在还在床上躺着呢，你可一定要救救她。

裴日冷：愿意效劳，现在能看看病人吗？

葛朗台：当然！请跟我来，（下，边走边说）裴日冷先生，你是有地位的人，我完全相信你，你认为怎样能救她，尽管吩咐！求你救救我的女人！

（裴日冷跟着下。）

拿侬：小姐你就不去看看？

欧也妮：不了，我们就在这里等吧。

拿侬：小姐……你说老爷是真心想治好夫人吗？

欧也妮（用手捂了一下眼睛）：但愿是吧！

拿侬：可是我认为老爷是怕夫人死了你会分了他的家产！

欧也妮：拿侬！闭嘴！

拿侬：是。（退了一步，低着头）

旁白：安静的一会儿，欧也妮好像在思考着什么。

拿侬：小姐，老爷他们出来了！

欧也妮（慌忙站起迎上去）：裴日冷先生，我母亲的病……

裴日冷：我尽力而为吧，别担心。

葛朗台：要不要花很多的钱？要不要吃药呢？先生，要是我女人还有救，请你救救她，即使要我一两百法郎也行。

裴日冷（微微一笑）：不用多少药，调养要紧！

葛朗台：一切都仰仗您了！

裴日冷：我先告辞了！

葛朗台：好吧！

裴日冷（下，边走边说）：不愧是守财奴！这么严重的病，一两百法郎就医好？太小气了吧！我才懒得费力！

【第三幕】

人物：欧也妮、葛朗台、克罗旭。

时间：深秋。

地点：饭厅。

幕启：欧也妮、葛朗台、克罗旭分坐在一张长桌的周围，葛朗台在中间。

旁白：葛朗台的夫人终于坚持不住去世了，忙着张罗后事的同时，葛朗台更关心的是遗产的分配，于是在一天晚上找来了公证人克罗旭，和欧也妮谈判。

葛朗台：好孩子，现在你继承了你母亲啦，咱们中间可有些小小的事情需要办一办。对不对，克罗旭？

克罗旭：对。

欧也妮：难道非赶在今天办不行吗，父亲？

葛朗台：是呀，是呀，宝贝，我不能让事情丢在那儿牵肠挂肚，你总不至于让我受罪吧！

欧也妮（摇头）：哦，父亲。

葛朗台：好吧，那么今天晚上一切都得办了。

237

欧也妮：你要我干什么呢？

葛朗台：乖乖，这可不关我的事，克罗旭，你告诉她吧。

克罗旭：小姐，令尊既不愿意把产业分开，也不愿意出卖，更不愿意因为变卖财产有了现款而付大笔的捐税。所以你跟令尊共有的财产，你得放弃登记……

葛朗台：克罗旭，你这些话保证没有错吗？可以对一个孩子说吗？

克罗旭：让我说呀，葛朗台。

葛朗台：好，好，朋友，你跟我的女儿都不会抢家产的，对不对，小乖乖？

欧也妮：可是，克罗旭先生，究竟要我干什么呢？

克罗旭：你得在这张文书上签个字，表示你放弃对令堂财产的继承权，把你跟令尊共有的财产全部交给令尊管理，收入归他，光给他保留虚有权……（拿出文书）

欧也妮：你对我说的，我一点儿也不明白。把文书给我，（接过文书）告诉我应该在哪儿签字。

葛朗台（眼珠不停地转来转去，不停地抹着脑门上因紧张出的汗）：宝贝，这张文书送去备案的时候要花很多钱，要是对你可怜的母亲，你若肯无条件放弃继承权，把你的前途交付给我的话，我觉得更满意，我按月每月付给你一百法郎的大利钱，这样你爱做多少台弥撒给谁都可以了……嗯！按月一百法郎，行吗？

欧也妮：你爱怎么办就怎么办吧，父亲。

克罗旭：小姐，以我的责任，应该告诉你，这样你自己将一无所有……

欧也妮：嗨，上帝，那有什么关系！

葛朗台（对克罗旭）：别多嘴，克罗旭，（望着女儿）一言为定（抓起女儿的手握在自己手中，拍欧也妮），你绝不反悔，你是有信用的姑娘，是不是？

欧也妮：哎，父亲……

（葛朗台激动地拥抱欧也妮。）

葛朗台：得啦，孩子！你给了我生路，我有了命啦！不过是你该还我的，咱们两清啦，这才公平，人生就是一场交易，我祝福你！你是一个贤德的姑娘，孝顺爸爸的姑娘。你现在爱做什么都可以。

葛朗台（对着已经惊呆了的克罗旭）：明儿见，克罗旭。哦，请你招呼法院书记官预备一份放弃文书，麻烦你照顾一下。

克罗旭：好吧！（下）

【第四幕】

人物：葛朗台、欧也妮、拿侬，克罗旭。

时间：葛朗台临终时。

地点：葛朗台家中。

幕启：舞台中间葛朗台躺在床上，床的一边是一张桌子，欧也妮、克罗旭站在床的一侧。

旁白：葛朗台渐渐老去，渐渐地把生意交给欧也妮打理，现在葛朗台躺在床上，眼睛一动不动，呼吸声弱得几乎听不到，他似乎已经死掉了，欧也妮、克罗旭站在他的床前在争吵什么。

欧也妮：我们没什么可说的。

克罗旭：我知道现在你很悲伤，但是你都快三十了，不能不为自己想想了。

欧也妮：我自己？

克罗旭：是啊！你总不能单身一辈子吧！总得找个依靠！趁现在，你父亲还有一口气，把你的婚事定下来，也好让他老人家走得放心！

欧也妮：我在等我的查理。（一脸黯然）

克罗旭：得啦！他都走了这么多年了！说不定早把你忘了！还是选择我的外甥吧！他人品好，又长得高大帅气，你俩结了婚还能给你家带来巨大的利益，你父亲一定会高兴的！

欧也妮（愤怒）：够了！利益！又是利益！就是因为利益，我父亲让我和查理两地相隔，就是那该死的利益埋葬了我的青春！你能想象吗？一个二十多岁的女孩整天面对冷冰冰的金币、无言的账单，而不是与她的爱人享受浪漫与温馨！

克罗旭：但是……

欧也妮（打断克罗旭的话）：算了吧！教士快来了。

（克罗旭脸上表情丰富，欲言又止，只得安静地等待。）

教士（上）：上帝保佑！阿门！

欧也妮、克罗旭：尊敬的教士。（行礼）

教士（点头示意）：现在就开始吧！

欧也妮：好的，教士请。

（临终法事有条不紊地进行着……银烛台和银圣水壶放在了桌子上。）

（这一刹那，葛朗台那似乎已经死去几个小时的眼睛立刻复活了！目不转睛地盯着那些法器！他的肉瘤也最后动了一动，神甫把镀金的十字架送到他的嘴边，葛朗台不顾一切地想把十字架抓在手里。神甫急忙收回十字架，做了个上帝保佑的姿势。葛朗台挣扎着却无能为力！终于他开始轻声呼唤。）

葛朗台：欧也妮……欧也妮……

欧也妮（迅速跪在父亲的床前，流着泪吻着父亲已近冰冷的手）：父亲！

葛朗台（眼睛始终盯着镀金十字架）：欧也妮把我裹紧一些再裹紧一些，别让人家偷了我的东西！金子！金子！都是我的！

欧也妮（含着泪扯着父亲的被子）：嗯！父亲你就放心吧，没有任何人能抢走你的东西！

葛朗台（依然盯着那闪着金光的东西）：把一切照顾得好好的！到那边向我交账！

（石恒艳）

最后一课

（续编）

时间：19世纪60年代。

地点：偏僻的森林、琳达家中。

人物：小弗郎士、安娜（小弗郎士的妈妈）、琳达（小弗郎士的同学）、韩麦尔先生、伊莉莎（韩麦尔先生的妹妹）、华希特、华生（以前的镇长）、司汤达（从前的邮递员）、安东尼（琳达的哥哥）、詹姆斯（华希特的徒弟）、保罗（德国上校）、普鲁士兵。

背景：19世纪60年代，法国与普鲁士王国为争夺称霸欧洲的地位，斗争日趋激化，终于导致1870年7月19日至1871年5月10日为期10个月的普法战争。战争的结果是普鲁士击败了法国，迫使法国割让阿尔萨斯和洛林两个省的大部分土地给普鲁士。法国著名作家都德正是以阿尔萨斯地区被普鲁士占领后，侵略者强迫当地学校改教德语的事件为背景，通过一个淘气调皮的男孩小弗郎士的叙述，表现了阿尔萨斯地区人民对失去国土和母语的由衷悲痛和对侵略者的无声抗议，表现出他们对祖国的依依深情。

活动内容：

表演形式：舞台剧。

编剧：洪嘉妮。

表演者：部分女生。

主持：郭进、曾佩。

表演前：排练井然有序。

表演中：表演形象逼真。

表演后：演后意犹未尽。

最佳表演者：朱蓉、黄思颖。

最佳导演：左静。

写作背景：

《最后一课》是一篇世界驰名的短篇小说，这篇小说之所以驰名世界，是因为它有着独特的艺术魅力，在欣赏《最后一课》续编之前，我们要先了解《最后一课》产生的历史背景。

剧本展示：《最后一课》续编。

【第一幕】

（一）

（在上完最后一堂法语课回来的途中，小弗郎士走在一条幽静的路上，他对身边的鸟语花香一点也不在意……）

小弗郎士（惊讶）：我这是怎么了？以前我最喜欢来这儿了，有时连逃课也要到这儿来玩，可现在我怎么对这儿的景色一点儿也不感兴趣呢？（叹了口气）唉！国家都要灭亡了，我怎么可能还在意这些花花草草啊。

（小弗郎士灰心丧气地继续往前走着，前方出现了一条大道，他急忙走出这条小路，看见几个普鲁士兵在谈笑。）

小弗郎士（气愤地握紧拳头）：可恶的家伙！你们让韩麦尔先生远走他乡，而你们却用德语在说一些嘲笑我们法国民众的话，简直丧尽天良！

（说着，小弗郎士向旁边狠狠地捶了一拳，这时，一个人悄悄地向小弗郎士走了过来。）

琳达（拍了一下小弗郎士的肩膀）：喂，汤姆（小弗郎士的昵称）你怎么了？别在这儿发呆了，韩麦尔先生的离开是我们谁也没有预料到的啊，别独自难过了，不如到我家去，让我哥哥陪你解解闷吧。

（小弗郎士知道琳达的哥哥是个法国军人，此时不知有什么力量让小弗郎士跟琳达到她家去。）

（二）

（不知不觉中，他们已经到了一片偏僻的森林，琳达的家就在这片偏僻森林的后面，当他们来到琳达家的门口，还没来得及敲门时，房门便"呼"的一声打开了，一个皮肤黑黑的青年在门口站着，他就是琳达的哥哥——安东尼）

安东尼（带着些许疲倦）：哦！是汤姆来了啊，快到屋里头坐，我刚从前线回来，比较疲倦，我正想去河边洗个澡，然后好好地睡一觉，那我不陪你们了，你们自己玩吧，我先走了。

琳达（撒娇）：哥哥别去了，陪我跟汤姆说说话好吗？你就给我们说说前线的事吧。

安东尼（疲乏的脸上泛着光彩）：那好，今天我就满足你们俩的要求，那我们到屋里头去说吧。

（于是，他们三人走到书房，把窗帘拉得紧紧的，安东尼将自己的身子深深地陷进沙发里，似乎只有这样才舒服。）

安东尼（饶有兴趣）：我们有时会被派遣到前线，上阵杀敌，晚上将军还会对我们进行严格的纪律教育……

小弗郎士（打断安东尼的话，疑惑地问）：你们平时怎样保持联络啊？

安东尼（接着话头，兴奋地说）：虽然我们表面上没有什么举动，但私底下我们部队内部保持着密切的联系。我们有一个地下组织，一旦战斗需要我们，我们会毫不犹豫地、勇敢地上前线杀敌。

小弗郎士、琳达（异口同声）：安东尼，你能不能带我们到你们的组织去看看啊？

安东尼（犹豫不决）：这……这……似乎不太好吧。

琳达（央求）：好哥哥，求你了，我是你亲妹妹，小弗郎士是我最信赖的同学，你也是那儿的领导人物，你就让我们去吧。

安东尼（严肃）：除非……

小弗郎士：除非什么，你有什么要求我一定答应。

243

安东尼（郑重）：你们去了，一切行动要听我的指挥，不许私自行动，还有你们去那儿的事，不能随便对别人说。

小弗郎士、琳达（异口同声）：没问题，一切行动听指挥！

（三）

（说走就走，他们三人离开这座隐秘的房子，来到了一家报社。）

琳达（奇怪地问）：哥哥，你确定没来错地方吗？这儿可是一家报社啊。

安东尼（望着琳达，神秘地眨眨眼）：小姑娘，先别妄下定论，等下进去了你就明白了。

（推开门进去一看，小弗郎士惊呆了，里面有郝叟老头、司汤达、华生、华希特、詹姆斯等镇上的人。）

郝叟老头（长舒一口气）：是你们啊，我还以为是普鲁士兵来了，可把我们大家吓坏了。

（小弗郎士和琳达打消了疑虑，大家又各忙各的去了，偶尔也有几个人和他们打招呼，在这里小弗郎士和琳达见到了许多关于反对普鲁士兵的传单，小弗郎士看到这些，觉得自己心中有一股热血在沸腾。）

小弗郎士（好奇地对安东尼说）：你们这个组织可以让爱国的孩子参加吗？

郝叟（打趣）：怎么，小鬼，你也想参加我们这个组织？

（小弗郎士诚恳地点了点头。）

詹姆斯（严肃）：不行，小弗郎士，你还太年轻，你干不了这个。

小弗郎士（坚定地说）：虽然现在我不能上前线杀敌，但是我可以帮你们发传单啊！等我再大几岁，我就可以和你们一起去打仗了。

（詹姆斯看到小弗郎士意志坚定，他也从内心喜欢上了这个孩子。）

安东尼（微笑）：小弗郎士，你既然这么坚定，那你从下周开始就在这儿帮我们发发传单吧，但你可要处处小心哟。

（小弗郎士高兴得边跳边往外走，华生似乎想起了什么，连忙叫住了小弗郎士。）

华生（略微忧伤）：小弗郎士，明天下午3点，韩麦尔先生就要和他的妹妹一起离开这座城市了，到时，你去送送他吧。

（小弗郎士听完华生的话，眼角流出了难过的泪水，他低着头默默地离开了报社。在路上，小弗郎士想起了以前与韩麦尔先生交往的点点滴滴，心中更加难过。）

（四）

（不知不觉到了家门口，妈妈看到小弗郎士泪流满面，连忙迎上去。）

安娜（关切地说）：好孩子，别哭了，妈妈知道你为韩麦尔先生的离开而伤心，你既然喜欢韩麦尔先生，就别难过了，明天去送送他，把你心中最美好的祝福送给韩麦尔先生，让他安心地离开好吗？

（小弗郎士抬头看着妈妈关切的面容，懂事地点了点头，他不知道该不该把发传单的事告诉妈妈，他怕妈妈知道后会大发雷霆。）

小弗郎士（扯着妈妈的衣角，犹豫不决）：妈妈，我想跟您说件事，就是……

安娜（担心）：是什么？孩子，说吧。

小弗郎士（小声地说）：我想加入安东尼他们的地下组织，我想去帮他们发传单，行吗，妈妈？

安娜（大发雷霆）：不行，孩子，你小小年纪怎么能加入那种组织啊？

小弗郎士（哀求）：妈妈，求您了，好吗？

安娜（甩开小弗郎士的手，坚决地说）：只要你敢加入这种组织，你就不是我儿子！

小弗郎士（倔强地说）：我宁愿不做你儿子，也要加入地下党。

安娜（愤怒地说）：你给我滚，从今以后，我们不再是母子关系了！

（小弗郎士听了妈妈的话，倔强地头也不回地走了，安娜一怔，随即号啕大哭。小弗郎士离开家后，在琳达家睡了一晚。）

（五）

（到下午3点时，小弗郎士和琳达来到码头，看到韩麦尔先生和伊莉莎小姐

245

正准备上船。）

小弗郎士、琳达（高兴地挥着手）：韩麦尔先生和伊莉莎小姐，请等等。

（小弗郎士、琳达气喘吁吁地跑到韩麦尔先生和伊莉莎小姐面前。）

小弗郎士（掩藏送别的伤心，微笑着对韩麦尔先生说）：韩麦尔先生，告诉您一个好消息，我被批准加入地下组织了。

韩麦尔先生（高兴）：不错，小弗郎士，我相信你一定能成为一名优秀的战士。

（韩麦尔先生突然想起了什么，从包里拿出一本书来递给小弗郎士。）

勇敢的小弗郎士，我把这本法语书送给你，希望你永远不要忘记祖国的语言。（转身朝向琳达）琳达，你也要加油啊！

（小弗郎士、琳达目送韩麦尔先生和伊莉莎小姐远去，伤心的泪水不知不觉从眼角流了出来。）

【第二幕】

（一）

（十几年后，小弗郎士已经由一名顽皮的小孩子成长为一名优秀的法国军官，参加过几次大型战斗，他以谋略过人而令普鲁士兵闻风丧胆。一次，在战场上，小弗郎士和韩麦尔先生意外重逢。）

小弗郎士（骑在战马上，喜出望外地）：韩麦尔先生，您怎么也到战场上来了啊？

（小弗郎士根本不知道韩麦尔先生此时是奉普鲁士上校的命令，专程来捉拿自己的。）

韩麦尔先生（忐忑不安地搓着手）：是啊，亲爱的小弗郎士，没想到咱们会在这相见啊，你快下来，让老师看看你到底长多高了。

（此时，小弗郎士不知道自己会中计，立刻下了马。韩麦尔先生见小弗郎士走到自己身边，突然从身后抽出一支铁棒，朝小弗郎士的头上狠狠地砸了一下，小弗郎士顿时觉得头晕目眩，什么也不知道了……）

<h1 style="text-align:center">（二）</h1>

（不知过了多久，小弗郎士醒了过来，发现自己被绑在一根柱子上，他也看见他最敬爱的韩麦尔先生正跟敌人站在一起，韩麦尔先生是那么的卑躬屈膝，小弗郎士顿时明白了一切，他真不敢相信眼前所见的是事实。）

小弗郎士（声音颤抖）：韩麦尔先生，这到底是怎么回事？难道你已经背叛了自己的祖国吗？

韩麦尔先生（奸笑几声）：呵呵！世事难料啊，你也不会想到有今天这一步吧！

小弗郎士（悲愤交加）：韩麦尔先生，想不到你是这种人，亏我以前那么敬重你，把你当作爱国之士，算我看走眼了！

（这时德国上校——保罗走了过来，别看他是德国人，却能说一口流利的法语。）

保罗（傲慢）：弗郎士少尉，怎么样？不想死的话，就说出你们这次的作战方案吧，那样我还会留你一条命。

小弗郎士（不屑一顾）：呸！想让我说出作战方案？你们还能得意几天啊！迟早有一天，我们伟大的法兰西会战胜普鲁士的，法兰西万岁！（高呼）

保罗（气得满脸通红）：你……你死到临头了，还这么嘴硬，劝你放老实点，否则你会死得很痛苦。

（说完，保罗命令士兵用皮鞭抽打小弗郎士，小弗郎士坚强地咬了咬牙。保罗觉得这样好像起不了什么作用，于是靠近身边一位士兵的耳边轻声说了几句。不一会儿，只见那位士兵拿来了一条沾满盐水的鞭子，保罗接过这条鞭子，用尽全身所有的力量抽打着小弗郎士。）

保罗（狰狞地笑着）：哈哈哈！弗郎士少尉，没想到你也会落到我的手里，你跑不掉了。

（小弗郎士没有感觉到痛，因为他心里的伤痛已远远超过肉体的疼痛，他的内心仿佛被插上了千万把利剑。此时，韩麦尔先生在保罗的耳边嘀咕了几句，保罗立刻停止了鞭打，不一会儿，韩麦尔先生用钳子夹着一块烧得通红的

铁块，走到小弗郎士跟前。）

韩麦尔先生（阴笑着说）：小弗郎士，看在你以前是我学生的份上，我还给你一次机会，不然你吃不了兜着走。

小弗郎士（愤怒）：呸！休想，你这个卖国贼，法兰西人民是不会放过你的！

（韩麦尔先生听了恼羞成怒地把烧红的铁块放在小弗郎士身上，小弗郎士很快就晕过去了。）

（三）

伊莉莎（轻声）：小弗郎士，小弗郎士，快醒醒，赶快醒醒啊！

小弗郎士（慢慢地睁开眼）：伊莉莎小姐，你怎么在这儿啊？

伊莉莎（一边解开绳子一边说）：可怜的小弗郎士，你都昏迷三天了，嘘！小声点，换上这套普鲁士兵的衣服跟我走，别让他们发现，快走，等下就来不及了。

（这时，小弗郎士容不得多想，换上衣服，乖乖地跟着伊莉莎小姐走，就在他们快要逃出去时，在门口，一个普鲁士兵正好走了过来。）

普鲁士兵（指着伊莉莎小姐）：他是谁？

伊莉莎（吞吞吐吐）：他是……他是……

（这个普鲁士兵觉得很奇怪，于是，他吹了一下口哨，黑暗中猛然窜出一群普鲁士兵包围住他们，小弗郎士知道自己此时不能硬拼，只能智取，突然他灵机一动。）

小弗郎士（镇定）：喂！喂！你们这是干什么啊？我可是保罗上校的侍卫，保罗先生要我请伊莉莎小姐去有点要事商议，耽误了时间你们可担当不起啊！

普鲁士兵（相互望望，半信半疑）：这是真的吗？我们怎么不认识你啊？

小弗郎士（冷静）：你们当然不认识我，保罗上校经常派我去执行一些机密任务，我的身份是不能公开的，不信，你问伊莉莎小姐，他哥哥可是保罗上校身边的大红人，你们难道连伊莉莎小姐也不信吗？

（伊莉莎小姐面色苍白地点了点头。）

普鲁士兵（和颜悦色）：哦！原来是场误会，对不起，请二位原谅。

（就这样小弗郎士和伊莉莎小姐顺利地逃了出来。）

小弗郎士（担心）：伊莉莎小姐，感谢你救了我，可你回去，他们会杀了你的，不如你跟我一起逃走吧。

伊莉莎（恢复平静）：不了，我之所以这样做，一方面是因为我十分佩服你的勇气，我既然敢把你放出来，就有勇气面对一切，放心吧，我没事，你快走吧，法兰西人民翘首企盼你回去呢；另一方面，我想通过我的行为为我哥哥赎一些罪过。

小弗郎士（痛心）：韩麦尔先生的罪孽太重了，他已无法得到法兰西人民的谅解了。

伊莉莎（激动）：不，我哥其实有许多难言之隐，保罗威胁我哥哥，如果我哥哥不给他当参谋，保罗就要杀掉我全家，我哥哥这么卑贱，全是为了我们一家，我知道我哥哥应该舍小家为大家，可他太软弱了，他做不到。

（四）

（小弗郎士没有说什么，此时他的头脑一片空白，他挣扎着回到了自己的营地，一到这儿，小弗郎士再度昏迷过去了。等小弗郎士醒来，已经是第二天早上了，小弗郎士准备从床上坐起来。华生见小弗郎士醒来了，赶紧扶他躺下。）

华生（关心）：小弗郎士你别动，好好躺着，这一段时间你不能上前线了。

（小弗郎士在营地只养了几天伤，伤口还没有痊愈，便急着上战场了。）

（五）

（小弗郎士骑上他那匹心爱的战马上了战场，冤家路窄，小弗郎士遇见了他最不愿遇见的人——韩麦尔先生。）

小弗郎士（跳下战马，怒斥）：你这个卖国贼，你卖国求荣，卑鄙无耻！

韩麦尔先生（辩解）：小弗郎士，我也是被逼无奈啊！

小弗郎士（讥笑）：少废话，你以为你这样说就会换得法兰西人民的原谅

吗？无耻！咱们今天必须决一死战。

（说完，小弗郎士拔出剑刺向韩麦尔先生，韩麦尔先生同样拔出剑刺向小弗郎士，不愿看到的情形总在特定的时间发生，双方的剑都刺中了对方的心脏，就在他们要倒下的一刹那，小弗郎士和韩麦尔先生的眼角都流下了一滴晶莹的泪珠，是那么闪亮……）

（段晓琴）

课本剧
教学随笔

第四篇

让高中语文课本剧教学焕发出青春的魅力

高中语文教学怎样才能使学生主动学习？怎样才能进一步提高学生正确理解和运用祖国语言文字的水平，使他们养成适应实际需要的阅读能力、写作能力和口语交际能力？结合高中学生的身心特征，作者认为，编演课本剧是高中语文教学的有效途径。对此，作者进行了可行性研究，并结合自己的教学实践谈一些体会。

一、编演课本剧是高中语文教学的有效途径

一些高中学生不喜欢上语文课，极不重视语文课，把语文视作副课中的主课，极端者甚至提出取消高中语文课。作者以为，造成高中学生不喜欢语文课的原因有以下三点：

（1）人文性缺失。语文课程的基本特点是"工具性和人文性的统一"，但当前的语文教学，只注重工具性而忽视语文学习丰富的人文内涵，课堂教学没有把学生当作有巨大能动性、创造性的活生生的人来看待。

（2）过多注重文字技巧的训练，缺乏情感交流。当前的语文教学把学生视为知识的容器，而不是接受教育熏陶、情感浸染、文化陶冶的人。

（3）教学形式单一，教学内容枯燥。当前的语文教学把生动活泼的充满人性的语文课堂搞得千人一面，把活生生的人性教育退化为机械教育。

高中语文教学怎样才能使学生主动学习？怎样才能进一步提高学生正确理解和运用祖国语言文字的水平，使他们养成适应实际需要的阅读能力、写作能力和口语交际能力？

《全日制普通高级中学语文教学大纲（试验修订版）》指出："要重视学

生的实践活动，让学生在教学过程中主动学习、探究。教师要善于激发学生的学习兴趣，创造性地开展多种形式的教学活动。"

什么形式？怎样与生活实践相结合？作者认为，结合高中学生的特点，编演课本剧是其中一种有效的方式。因为高中生正当青春，他们风华正茂，充满生机和活力。

二、编演课本剧是激发兴趣的重要途径

1. 形式新，学生学课文有兴趣

改编剧本？选哪一篇？怎样编？自己来演什么角色？能不能演好？一系列的问题都需要学生去思考，需要学生在认真阅读课文后才能解决。要编演课本剧，戏剧的有关知识是基础中的基础。过去学生不愿学习戏剧常识，现在他们能够主动学习了，并且把几篇戏剧体裁的课文认认真真地读下来了。

2. 内容新，学生学语文基础知识有兴趣

编演过程对学生的语文知识的要求是多方面的，必须要有扎实的语文基础知识。要把记叙性文章改编为戏剧，剧本里要有简单的舞台说明，大部分是对话。对话语言要规范，要求用词准确，句子完整。表演时读音要准确，对话要与人物性格相符合。这些要求的落实都要求学生有较扎实的语文基础知识。编演过程是学生主动学习语文基础知识的过程，也是训练得到提高的过程。

3. 表现新，学生对提高能力有兴趣

改编课文为剧本，要把很多叙述性语言转化为对话，对话语言强调个性化，学生就需要对人物性格进行把握并注意对话语言表达的技巧。表演中的动作也是如此。

4. 思维新，学生对创造性活动有兴趣

编演课本剧同时又是一种创造性活动。改编是一种创造，表演更是一种创造。"一千个读者就有一千个哈姆雷特"，每个学生对课文都有自己独特的体会。改编后进入表演，个人的创造性发挥达到巅峰，围绕剧情的推进和人物性格的表现，动作、表情、对话都达到高度的个性化。会演时，观看的学生把台上形象与自己创造的形象进行对照，把别人对形象塑造、表现的技巧与自己的努力结果相对照，不断调整充实，使其形象更为丰富，台上台下，交流创新成

果，共同提高语文素质水平。

三、编演课本剧是新课标的要求

新课标在"课程性质与地位"中明确指出："语文是最重要的交际工具。"这就是说，学语文的目的是为了"用"，达到表达思想、交流情感、传承文化的目的。

编演课本剧正是实实在在地"用"。它要求学生对课文有正确的感知、深刻的理解，对剧情有大胆的发挥和较强的记忆，它可以帮助学生把书面文字转换成适合舞台的口头语言、形体动作，变死的课本知识为活的演出实践；同时要求学生发挥想象，培植感情，磨炼毅力，还要求学生有很好的相互协调与配合的能力。演出一台戏，光靠少数人不行，要大伙儿通力协作才能成功。学生中擅长表演的，就当演员或导演；擅长丹青图画的，就搞布景或化妆；会乐器的，就配乐伴奏；懂电工的，可搞音响和照明；会电脑的，就搞文字编辑或录像剪辑；工于写作的，就改编或写剧本……各扬其长、相互配合，可加强学生的集体观念和集体荣誉感。而且，学生还要学会处理平时排演中许许多多琐碎的事务，如服饰道具的筹集、保管，海报的策划、张贴以及相关的宣传和有关方面的联系，等等。所以，演出语文课本剧，不仅可以培养学生听说读写的语文能力，而且是培养学生的活动能力、组织能力、创造能力和良好品质的有效途径之一，应当受到教育界的重视。

四、编演课本剧能促进高中学生的身心健康发展

语文课一定要研究学生，贴近学生的生活实际、思想实际和心理特点，这样才能激起他们的兴趣，使他们喜欢。

（1）高中学生自我意识愈来愈强。他们希望独立地判断是非善恶、解决问题，不愿轻信别人的结论，不愿盲从，爱评论和争论。倘能让他们通过自身努力去解决疑难，辨明是非，他们会从心理上感到很大的满足。

（2）高中学生的自强心理、成就心理也十分突出。他们对未知领域有强烈的求知欲和征服欲，"外面的世界真精彩"。倘能挖掘新奇的东西，必将刺激他们去认识、去探寻，从而满足他们的探索心理和猎奇心理，满足他们的成就感。

（3）高中学生的表现欲也很强。他们希望引起异性的注意，他们迫切需要参加不同类型的群体活动表现自我，他们常对活动充满热情，城市音乐广场、俱乐部他们都喜欢参加，真可谓"有青年的地方就有表演"。倘能组织团体活动，学生一定踊跃报名。

另外，他们在注意外在形象的同时，内在审美体验也明显加强。他们强烈追求真、善、美的事物，按照社会培养，以自己初步建立起来的审美情趣评价着周围世界，希望社会净化，环境净化，世界美好，自己变得更美好。倘能唤起他们的审美冲动，一定能把学生带入理解美、追求美、创造美的理性思维中去，达到不必说教而产生"善善而恶恶"的理想境界。

"舞蹈涂鸦青春告白"活动参与率之高就是一个明证。飞利浦电器公司与全国青年理事会联合举办以"表达"为主题的大赛。"表达"的方式是青春奔放的街舞（breakdance）和淋漓尽致的涂鸦（graffiti）艺术。青年公园里人头攒动。热情强劲的音乐声中，鼓掌声、喝彩声一浪高过一浪。高难度的街头舞蹈、色彩鲜艳的涂鸦艺术、充满青春活力的hip-hop，体现了年轻人寻求自我表现的强烈欲望。

如果把学生的生活体验、心理因素比作一潭水，那么，我们的课本剧编演，就好比是投水之石，石击才能浪起。它将为学生打开一个新的活动天地，从而激活千百万颗蓬勃向上的心。在那里，他们可以大显身手，他们年少旺盛的精力也将得到正当有益的引导。在教师的指导下，排演课本剧，换个味道学课文，学生们定会觉得"不一样"。

五、提倡课本剧和学生演剧有着深厚的文化底蕴

孔子早在两千多年前就十分重视艺术教育，他认为艺术教育可以作为人格修养的手段，乃至作为人格形成——达到"仁"的境界的一种功夫；艺术教育可使蕴藏于生命深处的"情"发掘出来，使生命变得充实。从某种意义上说，课本剧以及学生演剧也当被视为艺术教育！陶行知先生更是推崇"教学做合一"。他说："做是学的中心，也是教的中心。"他指出"只有手到心到，才是真正的做"。苏霍姆林斯基在帕夫雷什中学担任校长的几十年里，亲自为学生制定并实行了一套全新的学生作息制度，其中有一条就是让学生在晚间进行

第四篇 课本剧教学随笔

255

各种文娱活动。他认为，学生拥有可以自由支配的时间是促使其个性发展的重要条件。

课本剧及学生演剧受到社会各界的热烈欢迎，它的社会作用不应被轻视。课本剧本身取材于语文教材，大多是经过时间筛选的传统名篇，有着良好的文学底蕴；又经过戏剧这种综合艺术的再创造，它的教育感化作用更强烈。它通过音乐、舞蹈、文学、美术、表演、雕塑、建筑等多学科的有机结合，既作用于人的视觉，又作用于人的听觉、嗅觉等感官，融语言艺术、形体艺术、时空艺术于一体，其影响不是单纯的书面文字所能达到的。

现行的中学语文教材中许多记叙性强的课文已有许多被改编成了新颖生动的课本剧。它们内容广泛，形式多样，深受人们的喜爱；尤其是在提倡素质教育的今天，课本剧理应成为语文教学中一个活跃的组成部分而受到人们的重视。

六、学生排演课本剧有历史渊源，提倡课本剧和学生演剧在今天同样有重要意义

19世纪末，在时代大潮的激荡中，学生演剧为中国文明新戏的出现拉开了序幕。据有关资料记载：上海、天津的学生早在1899年就演出了自己编排的以"官场丑史"为内容的新戏，以后又有反映"戊戌六君子"和义和团内容的"时事新戏"。学生凭着一颗赤子之心，自编自演了许多抨击社会黑暗的时装剧，引起了相当大的轰动，推动了戏剧改良运动的发展，成为中国戏剧近代化的标志——文明新戏的先驱。改良派先驱梁启超对学生演剧这件教育界、文艺界的革命性事件给予了充分的肯定。当时许多学生踊跃参加戏剧社团活动，积极投入"文明新戏"的排演之中，成一时之风尚；虽是在课余，但影响巨大，其中的一些人以后成为各行各业的佼佼者。老一辈革命家中，如周恩来、邓颖超、萧楚女、廖承志以及著名的戏剧工作者曹禺、金乃千、欧阳逸冰、郑邦玉等，都是当时学生戏剧队的积极分子。他们率先冲破封建藩篱而勇敢地走上舞台，在把"文明新戏"推向大众化、推向普及的浪潮中成为出色的弄潮儿，他们不愧是中国学生参加现代戏剧表演的先驱。

在五四时期，在北伐战争的硝烟中，在抗日战争的烽火里，在中华民族的

危急关头，学生们放下课本，走出教室，时装剧、街头剧、活报剧也成为抗争黑暗、唤醒民众的一支支熊熊火炬，照耀在中国近代史的舞台上。事实证明，在近代戏剧的发展史中，学生演剧不是可有可无的一笔，而是有着可歌可泣内容的一章。

提倡课本剧和学生演剧在今天同样有重大的意义。当前，随着生活节奏的加快，在迅猛发展的现代影视业的激烈竞争中，传统戏剧正面临着愈来愈强有力的挑战。与以前相比，进戏院看演出的观众渐渐少了，青少年中对戏剧茫然无知者却一天天多了，人们对戏剧的兴趣正在逐渐减弱。许多有远见的戏剧家深切地感到：让戏剧到青少年学生中去，事关戏剧事业的未来。为此必须创造条件，提供方便，不但要演给他们看，而且要让他们自己演，让美好的戏剧艺术之花成为校园中一道万众瞩目的风景线，让中小学的课堂里、教室中经常有观看文明戏剧的笑声、鼓掌声，也让那些有演出才能的青少年受到锻炼，脱颖而出，成为戏剧队伍中的后继者和新生力量，为中学语文教学改革做出一份应有的贡献。

综合上述，作者认为，课本剧的出现是必然的，课本剧受到欢迎也是预料中的。

七、课本剧编演的一点尝试

作者组织了一个课本剧兴趣小组，并开展了一系列课本剧活动。

我让学生自由组成若干小组，让每一个小组的学生根据剧本编写的要求，在课文中找出要改编的篇目，讨论编写剧本，在改编过程中我随时巡视、答疑。我看到学生的积极性很高，常会为一个细节的处理争得面红耳赤。由于他们兴趣大，所以改编的速度很快。在批改过程中，我欣喜地看到了学生在写作能力方面的提升，而且他们能够大胆创新，传统剧、方言组、现代版、音乐剧，花样翻新，出人意料。尤其是方言组和现代版，夹杂了许多现代时髦语言、英语甚至许多教师也看不懂的网络语言，又有妙语穿插其间，真是"弟子不必不如师"啊！

剧本写好后，我就组织学生排练、演出，要求把剧本内容高质量地展现出来。在排练过程中，学生认真严肃，常常利用休息时间练习表演，十分投入。

第四篇 课本剧教学随笔

他们分工合作，各司其职，各显其能，配合默契。他们准备充分，考虑周到，设计细致，其用心之良苦令很多教师非常感动，也令我深切地感受到学生身上蕴藏着不可低估的潜力。

《守财奴》剧组将老葛朗台这个活宝演得活灵活现："金钱就是万能的！钱真是个好东西呀，每天晚上睡觉，我都要抱一袋金币，不然，我可睡不着。什么？骂我是守财奴？那又怎么样？别看我穿得不咋样，可我有的是钱！钱就是上帝！钱就是一切！"

与这铜臭味构成鲜明对比的是：学生们把《边城》演绎得简直就是一块脱离尘寰的"世外桃源"。在世外桃源中生活的人们充满了原始的内在的"爱"，湘西小城、酉水岸边茶峒里的"几个愚夫俗子，被一件普通人事牵连在一处，各人应得的一份哀乐，为人类'爱'字作了一度恰如其分的说明"。

《孔雀东南飞》中的封建家长制权威，《罗密欧与朱丽叶》中狭隘的封建家族利益，也被处理得恰到好处，无论是刘兰芝和焦仲卿，还是罗密欧与朱丽叶，都以那灿烂的毁灭来证明爱情的崇高、专一和难以逆转，都以他们那短暂却闪耀着夺目光辉的一生强烈地震撼人心，定格在历史和人心的深处，使人看到大胆追求自由理想、幸福爱情的人性之美与青春之光，看到了封建伦理道德的罪恶和卑鄙。

玛蒂尔德的形象也十分动人，她确实迷恋过上流社会，她以为"她生来就是为着过高雅和奢华的生活"，她也梦想着"宽敞的客厅""精美的晚餐""漂亮的服装"，她又是多么"希望得人欢心，被人艳羡，具有诱惑力而被人追求"……然而，当厄运降临时，她毅然放弃了不切实际的幻想，以自己的诚实劳动迎接命运的挑战。在信誉与破产之间，她选择了信誉，选择了人格与尊严，体现了崇高的人性之美。

（侯一农）

高中语文课本剧教学模式新探

　　戏剧是最能体现语文学科人文性的体裁，对学生审美人格的培养有促进作用，但在高中语文教材中所占的比重却远不及小说、诗歌、杂文、散文等。人教版《高中语文》必修仅第四册中有三篇戏剧节选，分别是曹禺的《雷雨》、关汉卿的《窦娥冤》和莎士比亚的《哈姆雷特》，代表着西方戏剧、中国古代戏曲及现代话剧。戏剧单元的教学常被视为与小说文本等同的课文进行阅读与讲解，换来的只有学生茫然无措或慵懒厌倦的表情。但是，戏剧文学教学需按其艺术规律进行，以台词作为叙述语言的戏剧与小说大相径庭，紧凑集中的戏剧结构、多重矛盾的人物性格、丰富斑斓的内心世界、纷繁芜杂的历史社会背景全部依靠人物的对话、独白、旁白支撑并体现。既然表演性是戏剧文学区别于其他体裁的特征，那么，教学也应选取与其相适应的方法。

　　那么，教师将如何进行戏剧单元的教学？如何使学生有效地接受？我国语文教学界在探索戏剧教学方面，并没有深度与广度上的探讨与延伸。本文作者作为高中一线教师，尝试在课堂上将表演作为辅助教学的方式，通过教师引导，学生自导自演，在互动学习中完成对戏剧的理解、知识的提升、阅读方法的掌握和人生价值观的树立，让学生在学习过程中获得快乐，感受文学的情感与审美，并以课堂实践为源头，试图探索一项课本剧教学模式。

　　在课堂设计的基本程序中，最重要的环节当然是表演。但是在其之前的引领与之后的总结工作等，则是衡量表演是否有效的重要途径。根据教师的课堂实践与经验，以组织表演之前的"观"与"读"作为知识的输入，以表演之后的"评"与"写"作为知识的输出，至关重要，下面将分别介绍以表演为中心、为驱动的"观、读、演、评、写"几个步骤。

第四篇　课本剧教学随笔

一、把握全局的读与观

王国维说戏曲是"以歌舞演故事"，不论是西方戏剧还是中国古代戏曲，都是将叙事的文学文本在舞台之上演绎出来。只读课本节选如同"盲人摸象"，仅看到一个场景，容易产生片面理解，所以，对剧目有一个全局性的把握非常重要。在学生策划表演之前，要利用自习时间，组织学生集体观摩全剧，如北京人艺版的话剧《雷雨》、英国TNT剧院的《哈姆雷特》、黄梅戏《窦娥冤》，专业演员对感情与节奏的把握可以为学生提供良好的示范，专业布景可以成为供学生参考的设计方案。

有了全面把握剧情的基础，要鼓励学生以快速阅读的方式，在课下限时通读全剧本。精读课文选段，泛读全剧本，这是对课内阅读的举一反三，对培养学生的阅读基本功和语文综合能力大有好处。正如中国人民大学附属中学特级教师于树泉指出的："真正的语文教育必须扩大阅读面，增加阅读量，去引导学生'读整本的书'，把世界当作课本，而不是把课本当作世界。"（于树泉，《学好语文，一定要抓住阅读的根》，在北京市名著阅读现场会"走近文学经典名著，推进语文课程改革"上的发言）所以，课本仅仅提供一个例子，是对阅读方法的一个指导，需要以节选课文为诱饵，激发学生的阅读兴趣，让学生知道故事的全貌。总之，在课本剧教学实践中，读与观是准备阶段，是表演的基础和起点，假如没有表演，剧本以及这种阅读就苍白且失去了依托。

二、组织表演

教育思想家约翰·杜威指出："教育全部活力的主要源泉在于孩子的天性与本能。儿童无以计数的自发的活动，如假扮、游戏、模拟等，都应被教育所运用，都是教育方法的基石。"而戏剧亦是一种游戏，在游戏中学习，让学生参与游戏之中，易于调动学生的积极性和兴趣。

表演是对戏剧文本最好的呈现方式，使课本上静态的剧本与台词不只停留在纸页上，而成为真情实景，能帮助学生更好地体会故事的动人之处。表演不同于分角色朗读，因为表演者必须将角色的每一句台词都背下，并且加入动作与个人情感；表演又不同于背诵，却高于背诵，因为每个学生不仅要将自己角色的台词烂熟于心，还要与他人默契配合，了解对方的台词，并融情于文。这样的表演训练就更加能够使学生体会个性化的人物语言，加深对整体篇章的把握和理解。

教师在排演前要精心设计活动，分析研究课本剧编演过程中各环节的实施策略，将班级分为若干小组，每组确定学生导演、演员、剧务等，分工明确，合作协调，有条不紊地按照个人的角色和任务进行前期排练和汇报演出。例如，在《雷雨》中，有周朴园与繁漪、侍萍一线，周萍和繁漪一线，四凤的身世与周萍、周冲一线，等等，这重重感情线交错编织成一张结构严密的大网，周家大宅中所有矛盾在一天之内集中爆发，高潮迭起，学生们在表演中亲身感受这场淋漓尽致的暴雨。又如，《哈姆雷特》中亦有复杂的多重人物关系，新国王与老国王的兄弟杀戮，王子对叔叔及母后的质疑和复仇，以及奥菲利亚的绝望自杀，都诱发对人性的拷问，最终舞台上所有人都在重重纷繁的矛盾中倒地身亡，陷入苍凉与悲哀。而戏剧中每个人物的善恶美丑，无论是从道德评判还是从审美价值上看，都是立体而丰富的。

在课本剧编演活动中，学生是主体，活动是中心，教师是主导。教师要"全员参与、全程跟踪、全力配合"，对学生进行科学、有效的全程指导。全班学生都要积极参与戏剧的排演，各组之间还可进行比赛，使课堂富有生机与活力。学生通过自己的努力将编排的成果展示出来，不仅有益于增强其自我表达能力、自我表现力和自信心，还可以在小组的合作中体验到团队意识的重要作用，增强与他人沟通协调的能力以及解决问题的能力，此外，学生在表演中进行文本的探究，走进自己所演绎角色的命运和内心世界，引起心灵的共鸣，尤其可以在剧中人物迷惑、痛苦时，以"同情之理解"去领会他人的感情；还可以借助自己的体悟将自己在学习、生活中的情感或者压力通过剧中人物释放出来。总之，开放式、合作式的课本剧编演活动必将对教学理念的转变、师生文学素养的提升有所帮助。

三、思维拓展评读

在表演的基础之上，要对人物形象进行再分析，提炼语言台词，剖析剧本的情节结构，揭示其艺术价值，力图在戏剧文学的教学中注入新活力。

亚里士多德在《诗学》中认为悲剧的六要素是"情节、性格、言词、思想、形象、音乐"。教师正可以根据这些不同的角度和层面分析、解读课本中的戏剧作品。但是，戏剧教学不能仅仅局限于单方面的知识传递，更应培养学生的思辨能力，给学生提供广阔的思维空间，提高学生的审美和情感价值观。例如，在《雷雨》的评读中，可以借鉴著名学者对剧本主题的不同解读方式，比较孙绍振的人性与命运视角、蓝棣之的文化与宗教视角和钱理群的阶级与社会视角，进一步拓展学生的思维深度和思维宽度。而且，人物形象越丰富，就意味着人物情感越复杂，情感价值与道德的善和科学的真之间的"错位"就越大，需要学生挖掘和深度思考的内容也就越多。

教师除了对于课堂上戏剧文学作品的体验表演的指导之外，还应在课下对剧本编写给予指导。例如，教师可以要求学生尝试进行小片段的戏剧编写，以情节和人物为中心去设计，可以以写作人物的对话开始。学生要在一段人物的对话中将故事的情节讲述出来，并且通过对话将人物的性格体现出来。教师可以指导学生，创作的对话要符合人物所处的场景，符合人物一贯的行为动作的风格，可以课文为例，模仿进行。在教学当中要随母本的需要而即兴创作表演情节剧。要对教材进行二度创作，将课文转化为适合课堂表演的课本剧剧本，再运用舞台表演要领，通过团队协作，流畅自如地进行舞台表演。例如，可以让学生以学校和社会作为背景进行创作，以平常的生活小事，或学校生活，或与父母的矛盾，或社会关注的焦点（如医患矛盾）为切入点，想象并准确地描述各种人物、人物关系以及生活环境，用不同的形体动作和音高、语调、节拍模拟各种人物，根据个人经验、想象、见闻等构思一个片段或一部小作品。这样的过程一方面可以让学生体验自主学习和团队合作的乐趣，另一方面可以提高学生利用和整合各种资料、资源的能力。

此外，还可以进一步拓展思路，指导学生将其他文体的小说或经典名著改编为课本剧。教师以此为例讲解戏剧文学的结构特点，提高学生的阅读能力和鉴赏能力，让学生学写戏剧评论，力求表达出自己的独特感受和新颖见解，从而加深学生对戏剧深层次的体悟。学生在读通原著的基础上，自己真正参演了文字中的角色，体会了人物情感，才能"如有源头活水来"，写出活灵活现的小剧本。在这样的写作过程中，学生可以全方位提高其求知欲、创造力和探究能力。

　　戏剧中情节的编织与人物的塑造都源自作者对生活的思考，凝聚着人们对生活的深刻体验和对人性的理解。生活自身的复杂性反映在剧本中，正所谓"人生如戏，戏如人生"。因此，对戏剧文学作品的改编与创作可以激发学生的想象力，提高他们的创造力和写作能力，这是在实践、体验中获取知识和提高能力的重要手段。

参考文献

　　［1］杜威.艺术即体验［M］.程颖，译.北京：金城出版社，2011：87.

　　［2］亚里士多德.诗学［M］.罗念生，译.上海：上海人民出版社，2005：31.

（段晓琴）

高中语文课本剧观后感写作漫谈

近年来，高中语文学习与数、理、化相比，因在短期内收效慢而被学生视为"副科"，语文教学在多数情况下陷入了教师单边作战的尴尬境地。怎样激发学生学习语文的兴趣，使学生主动学习，从而提高学生正确理解和运用语言文字的水平，形成适应社会实际需求的阅读能力、写作能力和口语交际能力是摆在广大语文教育工作者面前的难题。根据高中生的身心特点，将课本剧纳入高中语文教学是突破当前语文教学瓶颈的有效方法之一。

课本剧是指以语文课文为素材，以角色演出为基本形式对课文内容进行演绎的戏剧形式。引导学生进行课本剧观后感创作，对激发学生深入研读作品的兴趣、拓宽学生思维广度、提高学生写作能力至关重要。

一、课本剧观后感创作的必要性

1. 调动学生语文学习的兴趣

熟悉的地方没有风景，置身在汉语的大环境中，很多学生感受不到语文能力培养的重要性，语文学习主动性不强，再加上传统课文学习与实际的联系不太紧密，学生在语文课堂上总是表现不佳，发挥不了应有的主体性。现在把课文改编成剧本，要学生自己来表演，学生成了活生生的演员，学生的兴趣自然就来了。要想演好角色，学生要去思考，要认真阅读课文，揣摩人物的语言、动作、心理，他们自然就会主动去学习。如果说表演是少数人的事，那么写观后感就是全员参与，将会调动全体学生学习语文的兴趣。

2. 解决语文教学长期以来存在的效率低下的问题

长期以来，语文教学效益相比其他学科一直不明显，语文教学的有效性很难在传统的教学模式中体现。将课本剧引进课堂，不仅能活跃课堂气氛，更能够让学生以主人翁的态度参与到编、演、观、悟之中，发挥学生的主体性，提高学生的能力，不断提高学生的审美情趣，从而大大提高语文课堂教学的有效性。

3. 培养学生的写作能力

高中语文写作教学一直是一个比较棘手的问题，高中语文必修教材虽然在编写过程设置了单元专题作文教学内容，但在实际教学过程中，教师与学生很难面面俱到地将之落实到位。即使少数教师重视作文教学，也会因作文教学本身的抓手不牢，最终走过场将作文教学流于形式。写作如游泳，你在岸上将下水动作学得再熟，如果没有长时间的实际游泳行动，最终还是逃脱不了溺亡的结果。学生近距离观看同学参演课本剧，然后写观后感，就会有鲜活的写作素材，不会面对空洞的材料，挖空心思，执笔不前，此时，只要教师引导恰当，学生选取的切入角度正确，言之有物，就会写出满意的作品。久而久之，学生的写作能力就会大大提升。

二、当前学生课本剧观后感创作的误区

因缺乏系统的指导，多数学生写作的课本剧观后感不尽如人意，要么跑题，要么面面俱到，没有观点，没有细节，甚至写成"豆腐块"。一教师在课本剧《项羽之死》演出完毕后要求学生评价参演学生表现，并选择一个侧面写观后感，作品收上来后检查发现，有将近20%的学生将观后感写成了"豆腐块"，连最基本的字数都没达标。另20%学生基本上在翻译原文，没有自己的观点，没将课本剧再创造的精彩部分描述出来，更不必说其观后感主题切合原著了。少数学生字数达标，主题选择较恰当，但写作过程中不仅涉及了项羽、虞姬等人物语言与动作，也涉及了舞台道具设置、演员演技，处处发感慨，没有重点。

三、如何正确引导学生进行课本剧观后感创作

"一千个观众就有一千个哈姆雷特"，每个学生在观看课本剧演出时，对课本剧中的相关元素都有自己独特的见解。引导学生写观后感需要做到以下几点。

1. 让学生明确观后感写作的内容

课本剧观后感可以就导演的独特构思、声音画面、剧情蕴含的深刻道理、时代意义、背景音乐、戏剧的表演技巧、戏剧中的角色等进行评论，抒发感悟。写作过程可结合课本剧具体内容和剧本在构思、结构、技术、人物等方面的最为闪亮之处摆观点、抒感慨。

2. 明确写作要点

要想让学生写好一篇观后感，首先应当要求学生认真观看演出，并记录演出过程中的关键细节、重要人物，找出戏剧演出的闪光点以及新颖之处。一篇观后感能否吸引人就在于其有没有别人意想不到的内容，有没有自己的创造。

3. 明确观后感写作的步骤

①拟好题目。好的题目是作品的第一闪光点，一个好的观后感题目，能准确传递学生在观后感中想要表达的信息。在看完课本剧后教师首先要引导学生找一个好的切入点，从题目入手，注重文题创新，让读者一看见题目就有读下去的冲动。②精雕凤头——开端。读者都有一个习惯：非常注重作品的开头。一篇习作中间部分写得再好，如果开头很差劲，那么整个作品在读者心目中的印象就会大打折扣。在观后感的开头，可以开门见山地介绍所要写的课本剧最闪亮的地方，也可以直接写课本剧的高潮或结局，引起读者的兴趣，还可以运用"兴"的手法，或先插入一戏剧名家的名言增添作品的内涵。③稳住狮步——中间。这一部分是观后感的核心内容。此部分应该注意多分析、少叙述，以想要表达的内容为中心，摆论据，层层推演。④捋顺豹尾——结尾。写完主体内容之后不能就此结束，还应当有一个响亮的结尾。在结尾我们可以进行总结，抒发自己的感想，表达自己对整个课本剧的理解，也可以引用名言、托物言志，拓宽观后感的广度，提升观后感的内涵。

总之，将课本剧引入课堂教学的最终目的是服务语文教学，正确地引导学生写课本剧观后感不仅可以提高学生理解文本的能力、写作的能力，还可以提高学生的思维品质，让学生在审美体验的基础上不断提高艺术鉴赏、审美能力，最终达到提高语文教学有效性的目的。

（段晓琴）

浅析《玩偶之家》

　　《玩偶之家》是易卜生创作的名剧之一，此部剧作品是社会问题剧的典型代表。所谓"社会问题剧"是指丹麦评论家勃兰克斯提出的"文学要有生气，就必须提出问题来"，用现实主义方法描写现实生活的一系列戏剧。社会问题剧作品中的人物不具有单独的审美价值，而只是代表某个问题或某种思想的符号，剧作家通过这些符号和问题来表达主题。《玩偶之家》贯彻了这一特点，通过鲜明的人物性格、行为来具体抒发主题的内容。海尔茂、娜拉都是易卜生塑造的这类典型，易卜生也正是通过对两人的动作、语言的描述，从而表现出作品的思想内涵。这使得作品更加有品位，能够使读者自觉地去思考、领悟作品所传达出的意义，使其能够有一个较为深刻持久的印象，甚至影响读者在现实生活中的行为，20世纪的欧洲、中国都是受其影响较大且突出的地区，可见其影响力。《玩偶之家》作为一部社会问题剧取得了巨大成功，但其原因何在？我认为应归功于主题思想的深刻性，主题思想贯穿于整部剧作当中，任何读者想要真正去了解作品，这都是不可回避而且需要认真感悟的。《玩偶之家》主题深刻性具体表现在三大主题上，即本篇文字需讨论的三大方面。

一、妇女平等权利问题

　　这部戏剧开篇将甜腻的恋人般的夫妻关系展现在读者面前，娜拉被海尔茂亲密地称为"小鸟儿""小宝贝""小松鼠"，而娜拉表现出来的同样是甜蜜可爱，这一切似乎都是在告诉读者，这是一个幸福的家庭。而当"灾祸"来临之时，这一切都土崩瓦解了，甜蜜的爱情不过是过眼云烟，令读者的心颓然坠落。以现在的眼光来看，这时的"灾祸"不过是娜拉对海尔茂爱的表现，娜拉

眼中的奇迹不会黯然失色，而应该是海尔茂作为娜拉丈夫被深深地感动。而这里所说的一切没有实现，而是成了另一番景象——爱情、家庭都破碎了。从某种方面来说，这样的结果并不是作者易卜生故意而为，而是由剧中人物的性格决定的。海尔茂虽对娜拉极其体贴，但其内心其实是以自我为中心的，并没有真正考虑过娜拉的想法，一切以自我喜恶为标准，且使得娜拉在某种程度上成了他的"玩偶"，也使得妇女的平等权利受到了侵犯。娜拉在该剧开篇之时，对海尔茂表现得十分依顺，但是随着娜拉事迹的败露，即为借贷给海尔茂治病而伪造父亲签名（这在当时是违背法律的），当柯洛克斯泰以此为要挟时，海尔茂大发雷霆，觉得这将毁灭自己的名誉与前途，因此不顾一切地对娜拉予以指责，称娜拉是"伪君子""不讲道德，没有责任心"，并称"你把我的幸福全都葬送了，我的前途也让你葬送了""我这场大祸都是一个下贱的女人惹出来的"。海尔茂丝毫不顾及夫妻之情，将娜拉作为所有问题的始作俑者，但是，当柯洛克斯泰将借据归还时，海尔茂又重新对娜拉亲昵起来，这正显露出海尔茂的虚伪，娜拉真切地看到了海尔茂的懦弱、妥协，也看到了海尔茂对她的不尊重。这是对当时社会的真实状况的映射，社会上并没有树立起女性平等的权利观念，依旧以男子为世界的主导，只将妇女当作男子的附庸。当娜拉的危机解除之后，娜拉已经彻底地看透了所谓的爱，不只是与海尔茂之间的夫妻爱情，更有父女之间的亲情——"我在家跟父亲过日子的时候，他把他的意见告诉我，我就跟着他的意见走，要是我的意见跟他不一样，我也不让他知道，因为他知道了会不高兴。他叫我'泥娃娃孩子'，把我当作一件玩意儿，就像我小时候玩的泥娃娃一样"。联想海尔茂所说，娜拉真正从内心清醒过来，她不是自己，而更像是一个玩偶，她意识到自己并没有受到平等对待。这也正与社会现实（妇女在社会中玩偶般地存在着）相呼应，也是《玩偶之家》影响之大的原因之一。

二、浪漫主义爱情观的死亡

娜拉是一个虔诚的浪漫主义爱情观的笃行者，她对爱情充满了"奇迹"般的幻想，对自己的爱人海尔茂予以生命般的呵护，这也就不难理解为什么当面对柯洛克斯泰的威胁时，娜拉近乎抱着自杀的心态去面对一切——珍视、不舍自己的丈夫、孩子。更重要的是，娜拉想着可以为保护自己的丈夫而死去，呈现出一种怪异的思想——害怕却高兴——她称之为"奇迹"，这使得娜拉真正成了一个虔诚的浪漫主义爱情观笃行者。可现实并没有想象般美好，海尔茂发现娜拉为其假冒签名之后，大发雷霆，对娜拉恶言相向，这完全打破了娜拉内心的美好幻想，使得娜拉不得不重新审视自己及自己所拥有的爱情，她自己可以为对方去死、牺牲生命，而对方却为了自己的名誉而责怪、诅咒她。这一切完全把娜拉灵魂的精神支柱摧毁了，她不再相信奇迹，即使后来危机解除，娜拉也不再渴望回到从前的生活，她得到了自我的觉醒，也是以娜拉为代表的浪漫主义爱情观的失败。如果说娜拉的"奇迹"般的爱情幻想破灭，是因为海尔茂太过自我、心胸狭隘，那浪漫主义爱情观便是因受资本主义社会观念的排挤而消失的。资本主义的生产关系将所有感情、精神都物化，造成黑格尔所描绘的浪漫主义爱情观念死亡。这不仅仅是娜拉一个人的悲剧，更是整个社会的情感精神的败局，一个以物质为中心的社会的产生，便是人类的一大可悲——情感缺失、人际关系趋于冷漠使人与人的距离越来越远。

三、性疾病对社会的影响

剧本中出现了阮克医生，他每天都要来到这个家庭，似乎海尔茂与娜拉都离不开他一般。但是剧本中并没有交代阮克医生为何可以自由穿梭于这个家庭间，但是显而易见的是，阮克医生对娜拉有着爱恋的情愫，并在某个时候对娜拉表达了他的爱意，可是，深爱着海尔茂的娜拉直接拒绝了阮克。娜拉的拒绝可以理解，她有着她深爱的丈夫（至少在事件没有暴露前）、可爱的孩子们。而此时也可以引入另一个方面，那便是阮克遗传了他父亲的花柳病而导致其患上脊髓痨，即将不久于人世。荒淫导致的死亡，给予人们隐晦的提示：人的本能的性欲造成的压抑我们无法摆脱。阮克医生寂寞地走向了坟墓，便是一种无声却震撼的爆炸，晃动着这个被压抑着的世界，试图将人们惊醒，而人们似乎不能发觉，像是鲁迅先生在《呐喊》中所说的"铁屋子"一样，人们死沉死沉地睡去了，竟没有窗子可以通风、可以打破，窒息即将吞没在铁屋子里睡着的人们。《玩偶之家》里表现的这种压抑感正如同在铁屋子里的人，而大部分人却难以察觉自己深陷其中，所以也不难理解它的隐秘。

　　《玩偶之家》以剧本、表演两种艺术表现形式将它的影响传播到更远的地方，将它所蕴含的独特的思想传达给更多的人，告知妇女她们并不是"玩偶"，而是独立自主的一个人；当社会中缺失了某种必需的精神，它以人物的对话予以投诉或痛斥。这是《玩偶之家》的独特魅力，更是对社会所施的一剂良方。这便是优秀作品所涵盖的精神内涵，需要我们在其中汲取更多的营养。

（郑显祖）

浅谈如何演好课本剧

传统的语文课堂教学往往是教师在上面讲，学生在下面认真地听或者异口同声地回答问题，这是语文教师最习惯的一种教学方式。这只是把学生当作了课程的接受者，学生只是被动地学习。新的课程标准强调，课堂教学要较多地注重师生互动，平等参与。教师要实现角色的转换，教师不再只是知识的输出者，而应是课堂的组织者、指导者和参与者，最大限度地调动学生的积极性和主动性。教师在教学工作中可以运用各种有效的方式激发学生的学习兴趣，培养学生自主探讨、自主学习的能力，同时教师还应创设更好的学习环境，有效地结合实际，使每个学生积极主动地参与到语文学习活动中来，让学生在课堂中展现自我，互相提高，促进友谊。在各种比较有效的教学方式中演出课本剧，便是一个很好的让学生尽情展现自我的舞台。作者认为演好课本剧有以下几个小环节是值得探讨的。

一、熟悉课本内容及其相关背景

熟悉课本的内容是演出课本剧的前提。在课本剧的阅读中，教师应首先立足课本，放眼课外，指导学生通过各种形式，在课前广泛搜集相关的背景资料，在班级交流中进行分析交流，处理所搜集到的信息，这样既激发了学生对课文内容探讨的热情，也拓宽了学生演剧前的想象空间。

二、根据课文内容编写剧本

课文中往往只会出现简单的人物对话，而课文的篇幅也不长，学生也不需要像专业演员那样演得出神入化。但演好课本剧，简单的台词对白及人物出场

的先后顺序是演出的基本条件，教师必须当好导演和编剧这两个角色，哪个人物在什么时候说什么话，说话时的语气动作表情都要一一兼顾，仔细揣摩怎样演出才有味道，才不会死板，才有模有样。设计台词是为了自然合理，可以不用照搬课本中的人物对话，可以考虑在班中分组，每个小组设计一个或几个人物对白，可以在原有人物对话的基础上添些油、加些醋。

三、课本剧的角色分配

剧本有了，就由演员来演。角色的挑选对演好人物有一定的影响，不求形似、但求神似是必要的，所以在挑选演员时，可以先确定文中人物的性格特征、外形特点，再与班中学生的形象进行比较，力求符合文中人物的特点要求。例如，《晏子使楚》的演员晏子，应选矮小机灵的学生担任角色，演楚王的演员就要挑选身材高大、相貌威武点的学生担任。同时教师必须努力给每个学生提供参与的机会，可以在角色分配的时候，增加角色的数量，班级人数在35人以下的，可以全班参与，人数多的可以轮换。

四、课本道具的准备

有了剧本、演员，简单的道具准备也是必要的，这样学生们演起来才会有滋有味。准备道具可以根据人物的身份特征，分组制作简单的表演道具，材料可以是身边随手可取的玩具、面具、纱巾、纸盒、报纸等。可以参照平时在电视、书本上所见到的物体形状来进行制作，根据特定的人物来进行创新。道具的准备不但培养了学生的想象力、动手能力；还很好地调动了他们的学习积极性、协调性，促进了学生间的合作交流，让学生在充分表现自我的同时也培养了他们发现美、创造美和审视美的能力。

五、课本剧的表演

万事俱备，只欠东风。做好了各项准备工作后，就是正式的表演了。而在正式表演前还要彩排一两次。在表演的过程中，教师要起到组织协调和指挥的作用，否则就会乱成一锅粥。例如，在演出过程中，催场工作、学生的组织、观众情绪的控制等，都需要教师的指挥协调。指挥协调得当就会收到事半功倍的效果，否则大家就只是嘻嘻哈哈地走过场罢了。

六、课本剧的评价

演出后的反思，是演课本剧的最终目的。正确的评价可以促进学生的进步，激励学生的语文学习，让学生认识到自己的学习策略、思维及优点和不足。正确的评价还可以帮助学生认识自我、建立自信，促进学生在原有的基础上发展，而且有助于学生自我表现的发展与优势潜能的发挥，同时也能使学生感受到被赏识的快乐，感受到老师和同学们的信任和认可。评价的形式是多样的，有分小组讨论评价、学生代表评价、教师直接评价等形式。这样评价既能让学生加深对课文的熟悉和理解，也达到了演出的目的。实践证明，课本剧的表演加深了学生对文字的理解，使学生在不知不觉中理解了课文内容，既让学生学得轻松、学得扎实，也让学生在实践体验中增长了知识，丰富了想象力、表现力，加强了合作交流，促进了友谊的发展，同时让快乐充满课堂，让每一个学生都体验到成功的快乐。这种美好的体验，会对学生们以后积极参与语文教学活动起到很好的激励作用。

（郑显祖）

第四篇 课本剧教学随笔

金钱、爱情与婚姻——《傲慢与偏见》赏析

　　《傲慢与偏见》出自英国18世纪末19世纪初的小说家简·奥斯汀之手，也是她最早完成的作品。整部作品以班奈特家几个女儿的婚姻经历为基点，以伊丽莎白与达西的感情经历为情节主线，展示了18世纪中后期英国社会贵族阶层的婚姻状况。本文从社会女性主义观点切入，检视奥斯汀小说的社会背景，探索并讨论影响婚姻的主要因素，从而反映奥斯汀本人的婚姻观：为了财产、金钱和地位而结婚是错误的，而结婚不考虑上述因素也是愚蠢的。因此，她既反对为金钱而结婚，也反对把婚姻当儿戏。她强调理想婚姻的重要性，并把男女双方感情作为缔结理想婚姻的基石。

　　择偶的动机决定择偶的标准，动机不同，标准也就有所侧重。自古以来，人们的择偶标准既要遵循婚姻的自然属性，又不得不受婚姻的社会属性的影响。婚姻的社会属性决定了人们在择偶时要考虑对方的身体、经济、宗教、道德等因素。根据择偶标准的差异，历史学家劳伦斯·斯通在其名著《英国家庭、性和婚姻（1500—1800）》中将当时英国人的择偶动机分为四类：为了巩固家庭的经济、政治和社会地位；为了个人的感情、友情和情意；性的吸引；激情之爱。在《傲慢与偏见》里，作者所塑造的几种婚姻关系中，大都可以从中找到与之相符合的类型。

一、莉迪亚和威客姆的婚姻：盲目地追求激情享乐

　　这段婚姻是最不被看好的。莉迪亚是班奈特家的小女儿，举止放诞。威客姆是达西家老管家的儿子，他外表风流倜傥，实质却是一个花花公子。他追求伊丽莎白不成，攻击达西，还欠下一堆赌债。因为贪恋美貌和金钱的缘故，

莉迪亚与威客姆私奔，后经达西搭救两人才勉强成婚。婚后不久就"情淡爱弛"，男的常去城里寻欢作乐，女的躲到姐姐家寻求慰藉。两个人之间很难有真正的爱情，即使有，也只能算是由"肉欲之爱"产生的盲目激情。奥斯汀对这样的婚姻持批判态度，这种以性爱为基础的带有鲜明个性的婚姻是缺乏基础的，所以失败是注定的。

二、夏洛特与柯林斯的婚姻：向现实妥协

在《傲慢与偏见》中，阐述金钱对于婚姻的选择，一个最典型的例子就是柯林斯牧师与夏洛特的结合了。

柯林斯选择夏洛特为妻子，显然不是因为爱上了她，他在向伊丽莎白求婚时就说明了他要结婚的理由："第一，我认为每个生活宽裕的牧师（像我本人），理当给教区在婚姻方面树立一个榜样；第二，我相信结婚会大大增加我的幸福；第三，这一点或许应该早一点提出来，我有幸奉为恩主的那位贵妇人特别劝嘱我要结婚。"因而在向伊丽莎白求婚遭拒绝后，他立即将结婚的对象定为夏洛特。他并不在乎结婚的对象是谁，他结婚只为完成他所崇拜的凯瑟琳夫人布置的一项任务。

柯林斯也不懂得如何去经营爱情和婚姻。他看上去笨拙可笑，缺少男子汉气概又自负。聪明的夏洛特当然知道他是这样的人，但她还是选择嫁给了他，因为这种婚姻是女人最适宜的保险箱，能确保不至于挨冻受饥，也不用担心丈夫会变心，至于婚姻幸福就要放在次要位置了。夏洛特也并不把他放在心上，似乎只要他不存在，就有一种舒适的气氛。这就是夏洛特与柯林斯的婚姻，维系这段婚姻的要素显然是金钱。这是一段以"牺牲一切高尚感情，来屈就世俗利益"的不幸婚姻，两人之间没有幸福温暖的感觉，只是平淡而又枯燥地生活着。但以现代的视角来看，夏洛特做出这样的选择，也是迫于现实的无奈。

三、伊丽莎白与达西的婚姻：情投意合，感情与理智的完美结合

伊丽莎白年轻貌美、聪明活泼，是班奈特家最有个性的小姐。她在一次舞会上受到达西的冷遇而对他怀有偏见，加上威客姆对达西的恶意攻击，这种偏见逐渐加深。达西一表人才、出身高贵、门第显赫，加上家财万贯，因而生性

傲慢。他发现伊丽莎白与众不同，不久对她产生好感，但见她的母亲和妹妹谈吐粗俗、缺乏教养，亲戚也都门第卑微，就不想俯身屈就，可后来无法抑制对其的爱慕，就大胆求婚。可是此时伊丽莎白对达西的偏见已经不可收回了，断然拒绝了求婚。两人几经波折，终于将误会消除，幸福地走到了一起。

伊丽莎白与达西的婚姻是《傲慢与偏见》中最成功的。事实证明，初次印象是不可靠的，而偏见比无知更可怕。他们的结合并不排除经济和相貌方面的考虑，但彼此更注重对方的品质、美德，因而婚后尽管还存在门第上的差异，但情感却十分融洽。

四、永恒的话题：追求美好的婚姻

奥斯汀的时代已经远去了，但人们追求美好婚姻的共同人生诉求却没有任何改变。《傲慢与偏见》中诠释的婚姻观念也并没有完全脱离我们的时代，仍然给我们启迪。通过奥斯汀的描写，我们认识到，在当时的社会环境下，感情不得不服从于对现实的无奈。但现代社会又何尝不是如此呢？人们在谈婚论嫁时又何尝没有进行着金钱与爱情的权衡呢？现代社会的人们，是沉迷于激情，追求一时的快乐呢？还是安于现状，过着平淡的生活？或者大胆追求爱情，为建立幸福美满的家庭而奋斗？无论做出怎样的选择，都会有自己的理由。有人问苏格拉底是否要结婚，得到的回答是"无论你怎样做，你都会后悔"。或许这就是《傲慢与偏见》留给当代人永恒的话题吧。

（林建军）

《文姬归汉》之拙见

蔡文姬是中国历史上有名的才女之一。作为诗人，她为后世留下了《悲愤诗》以及《胡笳十八拍》等不朽之作。

一、《胡笳十八拍》

曹操自从赤壁失败以来，经过几年整顿，重振军威，自封为魏公。公元216年，又晋爵为魏王（都城在邺城）。在北方，他的威望很高，连南匈奴单于也特地到邺城来拜贺。曹操把单于留在邺城，像贵宾一样招待他，让匈奴的右贤王回去替单于治理国家。

南匈奴跟汉朝的关系和好了，曹操就想起了他一位已经死去的朋友——蔡邕，他有一个女儿还留在南匈奴，想把她接回来。

蔡邕是东汉末年的一个名士，早年因为得罪了宦官，被放逐到朔方（在今内蒙古杭锦旗北）。董卓掌权的时候，蔡邕已回到洛阳。那时候，董卓正想笼络人心。他听到蔡邕名气大，就把他请来，封他做官，对他十分敬重，三天内连升三级。蔡邕觉得在董卓手下，比汉灵帝时候强多了。

到了董卓被杀，蔡邕想起董卓待他不错，叹了口气。这样一来惹恼了司徒王允，王允认为他是董卓一党的人，把他抓了起来。尽管朝廷里有许多大臣都替他说情，王允还是不同意，结果蔡邕死在监狱里。

蔡邕的女儿名叫蔡琰，又叫蔡文姬，跟她父亲一样，是个博学多才的人。她父亲死后，关中地区又发生李傕、郭汜的混战，长安一带百姓到处逃难。蔡文姬也跟着难民到处流亡。那时候，匈奴兵趁火打劫，掳掠百姓。有一天，蔡文姬碰上匈奴兵，被他们抢走。匈奴兵见她年轻貌美，就把她献给了匈奴的左

贤王。

从此以后，她就成了左贤王的夫人，左贤王很宠爱她。她在南匈奴一住就是十二年，生下了两个儿子，虽然过惯了匈奴的生活，但她还是十分想念故国。

这一回，曹操想起了蔡文姬，就派使者带着礼物到南匈奴把她接回来。

左贤王当然舍不得把蔡文姬放走，但是不敢违抗曹操的意志，只好让蔡文姬回去。蔡文姬能回到日夜想念的故国，当然十分愿意，但是要她离开在匈奴生下的子女，又觉得悲痛。在这种矛盾的心情下，她写下了著名诗歌《胡笳十八拍》。歌中写道：

我生之初尚无为，我生之后汉祚衰。天不仁兮降乱离，地不仁兮使我逢此时。干戈日寻兮道路危，民卒流亡兮共哀悲。烟尘蔽野兮胡虏盛，志意乖兮节义亏。对殊俗兮非我宜，遭恶辱兮当告谁？笳一会兮琴一拍，心愤怨兮无人知。

二、舍身救夫

蔡文姬到了邺城，曹操看她一个人孤苦伶仃，又把她嫁给一个屯田都尉（官名）董祀。

哪知道时隔不久，董祀犯了法，被曹操的手下抓了去，判了死罪，眼看快要执行了。

蔡文姬急得不得了，连忙跑到魏王府里去求情。正好曹操在举行宴会。朝廷里的一些公卿大臣、名流学士，都聚集在魏王府里。侍从把蔡文姬求见的情况报告曹操。曹操知道在座的大臣名士中不少人都跟蔡邕相识，就对大家说："蔡邕的女儿在外流落了多年，这次回来了。今天让她来跟大家见见面，怎么样？"

大伙儿当然都表示愿意相见。曹操就命令侍从把蔡文姬带进来。蔡文姬披散头发，赤着双脚，一进来就跪在曹操面前，替她丈夫请罪。她的嗓音清脆，话又说得十分伤心。座上有好些人原来是蔡邕的朋友，看到蔡文姬的伤心劲儿，不禁想起蔡邕，感动得连鼻子也酸了。

曹操听完了她的哭诉，说："你说的情形的确值得同情，但是判罪的文书已经发出去了，有什么办法呢？"

蔡文姬苦苦央告说："大王马房里的马成千上万，手下的武士多得像树林，只要您派出一个武士、一匹快马，把文书追回，董祀就有救了。"

曹操就亲自批了赦免令，派了一名骑兵追上去，宣布免了董祀的死罪。

三、蔡文姬的文化贡献

那时候，正是数九寒天。曹操见她穿得单薄，就送给她一顶头巾和一双鞋袜，叫她穿戴起来。

曹操问她："听说夫人家有不少书籍文稿，现在还保存着吗？"

蔡文姬感慨地说："我父亲生前给我四千多卷书，但是经过大乱，散失得一卷都没留下来。不过我还能背出四百多篇。"

曹操听她还能背出那么多，就说："我想派十个人到夫人家，让他们把你背出来的文章记下，你看怎样？"

蔡文姬说："用不着。只要大王赏我一些纸笔，我回家就把它写下来。"

后来，蔡文姬果然把她记住的几百篇文章都默写下来，送给曹操。曹操看了，十分满意。

曹操把蔡文姬接回来，在保存古代文化方面做了一件好事。历史上把"文姬归汉"传为美谈。

（侯一农）

第四篇 课本剧教学随笔